子どもの育ちMap（0・1・2歳児） 0〜5歳児の年齢ごとの子どもの姿をまとめました。子どもの発達を理解し、見

0歳児

前半 / **後半**

健やかに伸び伸びと育つ

感覚を通して外界を認知する
周囲の人やものをじっと見つめたり、声や音がするほうに顔を向けたりする

「気持ちいい」感覚がわかる
おむつ交換や衣類の着脱を通して、清潔になることの心地よさを感じる

座る、はう、立つ、つたい歩きをする
体を動かすことが楽しくなる

生活のリズムができる
食事の時間、睡眠の時間が次第にそろい、生活の流れができあがってくる

身近なものと関わり感性が育つ

身近なものに興味をもつ
何かをじっと見つめたり、手にしたりして、身近なものに興味をもってかかわる

授乳から離乳食への準備が始まる
ミルクを飲むことから、離乳食に少しずつ慣れる

ものとの新しいかかわりを発見する
身の回りのものにさわってみたいと向かっていき、つかんだり叩いたりして遊ぶ

様々な食材と出会う
離乳食が完了期へと移行し、徐々に形や固さのある食べ物に慣れ、食べることを楽しむ

絵本に興味をもつ
保育者と一緒に絵本などを見て、絵本のイメージの世界を味わう

歌に合わせて体を揺らす
歌やリズムに合わせて手足や体を揺らして楽しむ

身近な人と気持ちが通じ合う

身近な人の顔がわかる
身近な人の顔がわかり、優しく語りかけられると喜ぶ

体の動きや泣き声、喃語で気持ちを伝える
手を伸ばしたり、笑いかけたり、声を出したりして自分の欲求を伝えようとする

ほかの子どもに関心をもつ
保育者との安定した関係を基盤として、ほかの子どもに関心をもつようになる

身振りで気持ちを伝える
自分の気づいたことを指差しなどで保育者に伝えようとする

通しをもった保育・幼児教育につなげてください。※子どもの発達には個人差があります。この通りに育つというわけではありません。

4歳児

複雑な動きができるようになる
走りながらジャンプしたり、ボールを蹴ったり取ったりするなど、様々な動きを組み合わせて遊ぶ

身の回りのことを自分で行う
園生活の仕方がわかり、自分の持ち物の片づけや着替えなどの身の回りのことを自分で行い、手洗いやうがいも自発的に行動する

ルールのある活動を楽しむ
鬼ごっこやボール遊び、カードゲームなど、ルールのある遊びを知り、ルールの中での活動を楽しむ

新しい方法を試す
普段よく使う工作の素材や道具に、初めて見る素材や道具を加えて、試したりする

絵本の表現を楽しむ
絵本のストーリーを理解し、絵本を通して言葉の表現を楽しもうとする

表現する喜びや楽しさに気づく
絵を描いたり、リズムに合わせて踊ったりと、友だちと一緒に表現することの喜びを味わい、楽しさに気づく

5歳児〜

主体的にくり返し取り組む
自分なりの目的をもってなわとびやコマ回しなどに挑戦し、それを達成するために工夫しながらくり返し取り組む

自分の役割を果たす
動物や植物の世話や給食の当番活動をすることで、しなければならないことを自覚し、それを認められることで達成感を味わう

友だちと話し合って遊びを進める
自分の考えや気持ちを伝え、友だちとイメージを共有して、試行錯誤しながら工夫して遊びを進める

話し合って、役割やルールを決める
グループの中で話し合って役割を決めたり、遊びのルールをつくったりして、みんなで遊びを発展させる

地域社会とのつながりを意識し、地域や小学校と交流する
住んでいる地域社会とのつながりを意識するようになり、地域の行事に参加したり、小学校に行って就学を意識したりする

見通しを立てて製作や遊びを工夫する
「こうすればこうなる」という見通しをもって製作をしたり、友だちと意見を出し合って遊びを工夫していく

命の大切さや自然の不思議に気づく
自分たちで虫や動物を飼育したり、植物の世話をする中で、動植物に愛着をもってかかわり、命の大切さや自然の不思議に気づき、いたわる気持ちや畏怖の念をもつ

遊びの中で文字や数量を使い、興味・関心を深める
友だちに手紙を書いたり、買い物ごっこやトランプやカードゲームをしたりし、文字や数量を使った遊びを楽しむ

経験や考えを伝える
自分の経験したことや考えたことなどを言葉にして相手に伝えたり、相手の話を聞こうとする

自分の表現を工夫する
自分が表現したいことを言葉や身ぶりを通して伝え、友だちの意見を取り入れながら、劇や歌、作品作りなどの表現活動に取り組む

健康 / 自立心 / 協同性 / 道徳・規範 / 社会生活 / 思考力 / 自然・生命 / 数量・図形・文字 / 言葉 / 感性・表現

子どもの育ちMap（3・4・5歳児） 0〜5歳児の年齢ごとの子どもの姿をまとめました。子どもの発達を理解し、見

3歳児

健康

様々な身体能力が高まる
散歩に出たり園庭の固定遊具で遊んだりして、体を十分に動かして楽しむ

自分でしようとする
着脱や食事など生活に必要な活動を自分でやってみようとし、できたということを喜ぶ

人間関係

友だちと遊ぶことを楽しむ
自分の好きな遊びも友だちと一緒だとさらに楽しいことに気づき、友だちと楽しもうとする

生活にきまりが あることを知る
手洗いやうがいなど生活にきまりがあることを知り、意識して過ごす

様々な人とのふれ合いを楽しむ
保育者や友だち、年齢の違う子どもたち、友だちの保護者、地域の人など、様々な人とのふれ合いを楽しむ

環境

素材や道具の使い方を知る
様々な素材や道具の使い方を知り、それを使って遊びを楽しむ

言葉

自然物を使った遊びを通して 自然に興味をもつ
花や実を集めたり、それらを使った遊びを通して、自然や植物、虫などに興味をもつ

生活や遊びを通して 形や数量に興味をもつ
同じ形の積み木だけを選んで並べたり、ものを数えたり、友だちと分けたりする中で、形や数量に興味をもつ

自分の思いや経験を言葉で伝える
生活や遊びの中での思いや自分の経験したことなどを言葉にして相手に伝えるようになる

表現

様々な素材にふれ のびのびと表現を楽しむ
砂や水、絵の具やクレヨン、折り紙、粘土、積み木など様々な素材や道具を使い、その感触や特性に気づき、のびのびと表現することを楽しむ

4

友だちが自分と違う考えを もっていることに気づく
自分の考えを伝えながら、友だちにも考えのあることに気づき、一緒に遊びを楽しむ

かかわりの中で 相手の気持ちを理解する
年下の子の世話をしたり、友だちを手伝ったりする中で、相手の気持ちを考えたり、思いやりをもったりするようになる

季節による変化を感じる
季節による変化を感じ、植物や虫を育てたり観察したりすることで、親しみをもつ

遊びや生活の中で 文字や数を意識する
お店屋さんごっこでメニューを作ったりする中で、文字や数に興味をもつ

通しをもった保育・幼児教育につなげてください。※子どもの発達には個人差があります。この通りに育つというわけではありません。

1歳児

2歳児

全身を使った遊びを楽しむ
段差から飛び降りようとしたり、傾斜のあるところを歩いたり、遊具を押したりしながら遊ぶ

午睡が1回となる
食事や午睡の生活リズムが整ってきて、遊びの時間が充実してくる

好奇心や探究心をもってかかわる
何気ないものの動きを一心に見つめ、手で動きを止めたり変えたりして、探索意欲を発揮する

積み木を積む
積み木を重ねたり、横に並べて四角く囲いを作ったりする

水や土、砂で遊ぶ
水の冷たさや砂や泥の感触にふれ、楽しむ

子ども同士でかかわり始める
子ども同士のかかわりが増え、ほかの子どもの表情や動作をまねたり、ものを介したやり取りが生まれる

「おはよう」のあいさつをまねる
保育者の朝の笑顔やあいさつに気づき、自分もまねてかかわりをもとうとする

自我が芽生える
自我が芽生え、強く自己主張することが増える

絵本の言葉を取り込み、使う
くり返し読んでもらう絵本の簡単な言葉を自らも口ずさむ

自分から片言でしゃべる
保育者の言葉におもしろさや魅力を感じ、自分から片言でしゃべることを楽しむ

自分で衣服を着ようとする
生活の習慣が身につき、自分なりに工夫をして、簡単な衣類の着脱をしようとする

トイレで排泄ができるようになってくる
タイミングよくトイレに誘うと、トイレで自分で排泄ができるようになってくる

小さな玩具を色ごとに並べる
色や形の違いがわかり、指先を使って並べるなどの細かな遊びを楽しむ

自分の持ち物を意識する
自分のものという所有意識が明確になり、友だちの持ち物もわかるようになってくる

記憶する力やイメージする力が育つ
おやつの時間に保育者がテーブルを出して準備を始めると、自ら椅子を出すのを手伝うなどその先をイメージして行動する

興味のあることを自分なりに表現する
クレヨンなどで、思いのままに画用紙に描いて遊ぶ

ほかの子どもとかかわりをもつ
自分と異なる思いや感情をもつ存在に気づき、保育者の仲立ちで自分の思いを相手に伝える

周囲の人のまねをする
年上の子どもや保育者のまねをして、遊びにも取り入れる

ごっこ遊びを楽しむ
保育者と一緒に遊具を別のものに見立てたり、何かのふりをしたごっこ遊びをする

言葉のやり取りを楽しむ
単語数が増え、言葉のやり取りを楽しむ

健康　環境　表現　人間関係　言葉

保育に役立つ０・１・２歳児の絵本24冊

子どもの姿ベースの保育に役立つ絵本をご紹介します。（絵本選定

01

動きや言葉をまねて

赤ちゃんから楽しめる絵本。だるまさんの動きをまねて、保育者と一緒に動くことを楽しめます。言葉をまねるのもおもしろい。

だるまさんが
かがくいひろし／作
ブロンズ新社

02

パンツのない姿にクスッ

パンツをなくしてしまった、しろくまくんの不安な気持ちを共有しながら、でもつい笑ってしまいます。身近な生活への関心にもつながります。

しろくまのパンツ
tupera tupera／作
ブロンズ新社

03

大人も楽しいシュールさ

赤ちゃんから5歳児まで楽しめる絵本。形や言葉、音のおもしろさ。想像を超えた動きなど、シュールな展開を大人も楽しめます。

もこ もこもこ
谷川俊太郎／作、元永定正／絵
文研出版

07

あむっと食べる幸せ

差し出された果物をうそっこであむっと食べるやりとりのおもしろさ。まるで、先生から食べさせてもらっているような幸せを感じる絵本。

くだもの
平山和子／作
福音館書店

08

電車に乗った気持ちで

まるで自分が電車に乗ったような気持ちになれる絵本。電車の中の絵を見ることもおもしろい。電車好きでなくても大好きになります。

でんしゃにのったよ
岡本雄司／作
福音館書店

09

工事車両の迫力いっぱい

工事現場で働く車の魅力が、緻密に描かれた絵と迫力のすばらしさ。車好きの子どもたちが何度もくり返し読みたくなる名作です。

ブルドーザとなかまたち
山本忠敬／作
福音館書店

▶16

動物の動きに、思わず笑顔

動物が飛ぶ時の動きのおもしろさ、そしてその表情のおもしろさ。大人も子どもと一緒に思わず笑い、一緒に動きたくなる絵本です。

はじめてのぼうけん1 ぴょーん
まつおかたつひで／作
ポプラ社

▶17

どんな乗り物かな？

いろいろな乗り物の写真の一部が切り抜かれた絵本。写真の一部分からその乗り物を想像します。乗り物の音（擬音）を言うことも楽しめる。

のりもの なあに？
小賀野 実／写真、秋野純子／絵
フレーベル館

▶18

行列の先には何がある？

50の動物が出てくるだけで、小さな子どもたちにはたまりません。つい指差して、動物の名前を言いたくなります。行列の先には何がある？

なんのぎょうれつ？
オームラトモコ／作・絵
ポプラ社

▶22

迫力満点のだんごむし

絵が大きくて、視覚的にうったえてきます。食べている姿など迫力があり、小さな子どもも関心をもちやすい。だんごむしがもっと好きになる絵本。

だんごむし
布村 昇／監修、寺越慶司／絵
フレーベル館

▶23

「おんなじ」がうれしいね

友だちへの意識が芽生える時期。「おんなじ」ものがあるってなんてうれしいことでしょう。指差しながら、「おんなじだね」とつぶやきたくなる。

おんなじ おんなじ
多田ヒロシ／作
こぐま社

▶24

ページをめくって、大笑い！

サンタさんは穴あきの窓から見える体の一部を見て、つい早とちり。ページをめくるおもしろさ、間違うごとに大笑い。しかけ絵本の醍醐味です。

まどからおくりもの
五味太郎／作
偕成社

保育に役立つ0・1・2歳児の絵本24冊

▶13

くり返しの言葉にワクワク

たまごの中から出てきた赤ちゃんはだれ？と、くり返しの問いかけにワクワクする絵本です。つい、出てきた赤ちゃんの鳴き声も一緒にマネしたくなります。

たまごのあかちゃん
神沢利子／文、柳生弦一郎／絵
福音館書店

▶14

動き回るって楽しい！

動き回ることが楽しくなってきた自信満々の時期の絵本。でも、本当はうまくいかないこともいっぱい。この時期の子どもの心に響きます。

どんどこ ももんちゃん
とよたかずひこ／作・絵
童心社

▶15

色の魅力が溢れています

真っ赤なバスから降りてきたのは、真っ赤なトマトやタコ。様々な色の魅力と、ユニークな展開にページをめくるのが楽しい絵本。

いろいろバス
tupera tupera／作
大日本図書

▶19

ピヨピヨと買い物気分

ピヨピヨたちは、スーパーにお買い物。好きなお菓子をどんどん入れてしまい――。自分が買い物に行った時と重なり、何度も絵を見て楽しめる絵本。

ピヨピヨスーパーマーケット
工藤ノリコ／作
佼成出版社

▶20

動物が飛び出してきます

男の子がバナナを持ってサルくんのおうちを探します。扉から飛び出す動物の迫力と愛らしさ。あてっこ遊びのおもしろさもある絵本。

バナナをもって
浦中こういち／作
クレヨンハウス

▶21

ホットケーキが大好き！

みんなが大好きなホットケーキ。そのホットケーキがだんだんできていく過程に引き込まれます。「ぽたあん」「ぴちぴちぴち」などの音も魅力です。

しろくまちゃんのほっとけーき
わかやまけん／作、もりひさし／作、わだよしおみ／作
こぐま社

〈大豆生田啓友・絵本と保育の研究会、コメント／大豆生田啓友〉

▶04

にらめっこ顔で勝負！

フレーズのくり返し。だるまさんの歌を一緒に歌いながら、にらめっこでいろいろな人と勝負！ おもしろい顔をやりとりしましょう。

あっぷっぷ
中川ひろたか／作、村上康成／絵
ひかりのくに

▶05

空を見上げるとお月さま

ネコのシルエットや、夜の色や朝の色などの美しさ。「おそらがくらいくらい」と言いながら、空を見上げることが増えそうです。

おつきさま こんばんは
林 明子／作
福音館書店

▶06

午睡後は、おばけと一緒に

園での午睡後に読みたい絵本。まだちょっと眠い子たちと「めざましや〜」「きゃー」のやりとりを楽しめます。おばけって楽しい、と思える絵本。

はやおきおばけ
くろだかおる／作、せなけいこ／絵
フレーベル館

▶10

繊細な絵の美しさを

ちょうちょを待つお花のお話。繊細に描かれた絵の美しさ。小さな子の目線で描かれ、まるで目の前に自然があるようでひきこまれます。

ちょうちょ はやく こないかな
甲斐信枝／作
福音館書店

▶11

歌いながら色を楽しむ

色への興味をもち始めたら読みたい絵本。おなじみの歌を子どもと一緒に歌いながら楽しめる。ものの名前を指差しながら、やりとりしよう。

どんな いろが すき
100%ORANGE／絵
フレーベル館

▶12

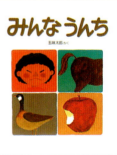

うんちというだけで……

うんちというだけで楽しめる絵本。様々な動物のいろいろな色や形や大きさがおもしろい。最後は人間（自分）につながるのもいいです。

みんなうんち
五味太郎／作・絵
福音館書店

0・1・2歳児 子どもの姿ベースの指導計画

無藤 隆　大豆生田啓友／編著

高嶋景子　齊藤多江子　和田美香／執筆

新要領・指針対応

フレーベル館

はじめに
「子どもの姿ベース」から始めてみよう！

無藤 隆

「子どもの姿ベース」の計画的保育とは

「子どもの姿ベース」とは、子どもが園の環境の中でいろいろなおもしろいこと、楽しいこと、不思議なこと、夢中になることをやっているのに目をつけて、それをもっと伸ばしていこうという考えです。しかし同時に、それは広い意味で子どもが育ち学んでいってほしい方向を保育者が意識していて成り立つものです。その育ってほしいことにはたくさんの要素があり、「保育内容5領域」で表されています。それが育っていくプロセスは、育ち学ぶ力である「資質・能力」で示されて、乳児にはそれらの元となる「3つの視点」があります。それらで子どものおもしろがっていることを位置づけ検討して、計画を作り変え、環境構成を修正すると子どもの活動はもっと豊かになります。

ツライ計画から、楽しい計画へ

指導計画ってなんか大変で、ツライ感じってありませんでした？　書かなければならないので、義務的に書いていたりして。指導計画の雑誌や本から丸写ししたりするだけでも、大変ですよね。もうそれ、やめませんか？　「子どもの姿ベース」は、今週「散歩でドングリ拾いが楽しかった」。だから来週は「来週もその続きを大事にしよう」。じゃあ、「好きなものを入れるポシェットを作って散歩に行こう。きっと楽しくなるぞ」って感じです。子どものワクワクから、保育者のワクワクをデザインするのです。だから、もう意味もなくびっしり埋める計画もやめませんか？　予想外の姿が生まれたら、それを後で書き込んだっていいのです。計画って、その通りにさせることじゃないんだから。そう考えると、なんか、計画がちょっと楽しくなってきませんか？

大豆生田啓友

編著者

無藤 隆
（むとう たかし）
白梅学園大学大学院特任教授。みんながリスペクトする、3法令の改訂・定のキーマン！　趣味は、美術館巡り、落語、全国の園に講演などで呼ばれた際に子どもたちのすてきな姿を写真に収めること。「子どもの姿ベース」が保育に根付くといいなと日々願っている。

大豆生田啓友
（おおまめうだ ひろとも）
玉川大学教授。各地の指導で全国行脚し、保育現場から絶大な信頼を寄せられている研究者。メディアでも活躍。趣味は、ボブ・ディランをはじめとしたロック、犬の散歩など。黒を基盤としたファッションにも一家言あり。「子どもの姿ベース」の保育を目指す園を応援している。

Contents

0・1・2歳児　子どもの姿ベースの指導計画
新要領・指針対応

はじめに …2
指導計画 月案の書き方 …4

指導計画のきほん

「子どもの姿ベース」の指導計画のきほん …6
「子どもの姿ベース」サイクルで指導計画を作ろう！ …8
「3つの視点」と「5つの領域」で「子どもの姿ベース」の活動を計画しよう！ …10
「子どもの姿ベース」から生まれる計画の具体的な展開のために …12
「子どもの姿ベース」の指導計画作成のポイント …14
もっと、「子どもの姿ベース」の指導計画 …16
「子どもの姿ベース」の環境デザインのポイント …20
安全・安心な環境と保育のチェックリスト～事故や感染症を防ぐために …22

0歳児の月案と資料 …25
0歳児の遊びの環境　大切にしたいポイント …76

1歳児の月案と資料 …81
1歳児の遊びの環境　大切にしたいポイント …132

2歳児の月案と資料 …137
2歳児の遊びの環境　大切にしたいポイント …188

指導計画 月案の書き方

指導計画は、園種や地域によって記入項目に差異があったり、園で決められた記入用紙があったりしますが、基本となる項目とその考え方は同じです。本書の例を指導計画立案の参考にしてください。

※本書は、協力園の既存の指導計画を参考に、「子どもの姿ベース」の計画としてまとめたものです。年齢によって協力園が違うため、行事などが統一されていない部分があります。
※本書では、①0歳児、②1歳児・2歳児4月〜9月、③2歳児10月〜3月で、3つの異なるパターンのフォーマットで作成しています。

A 前月末の子どもの姿
前月の終わりのクラスの様子や子どもの姿です。顕著に現れた発達や、興味・関心、かかわり合いを記します。

B 月のねらい
その月のクラス運営の柱となるものです。資質・能力の「3つの柱」を意識し、子どもの発達過程を考慮しつつ、どのように育ってほしいかを考えて立てます。年間計画にある「その時期のねらい」も反映させます。

C 健康・安全・食育の配慮
健康・安全・食育の配慮について記入。

D 行事
その月の主な行事をまとめて記入。

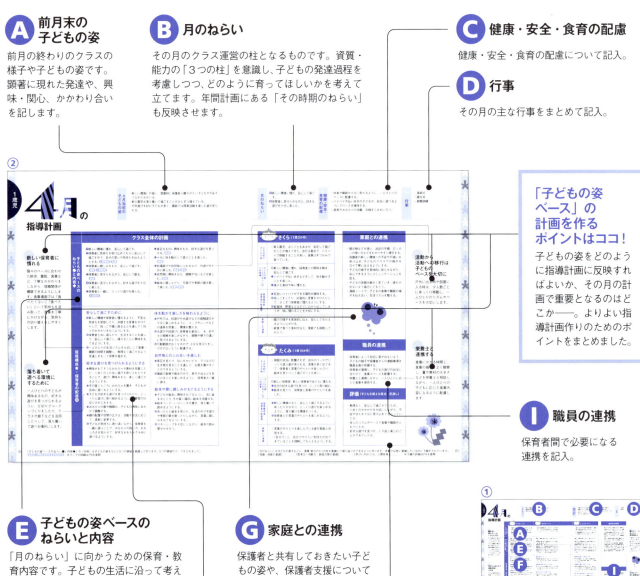

「子どもの姿ベース」の計画を作るポイントはココ！
子どもの姿をどのように指導計画に反映すればよいか、その月の計画で重要となるのはどこか――。よりよい指導計画作りのためのポイントをまとめました。

E 子どもの姿ベースのねらいと内容
「月のねらい」に向かうための保育・教育内容です。子どもの生活に沿って考えます。内容を考える際は、0歳児は「3つの視点」、1・2歳児は「5つの領域」の視点をもつことが大切です。

F 環境構成・保育者の配慮
「子どもの姿ベースのねらいと内容」のために必要な環境構成と保育者の配慮です。「環境構成」「保育者の配慮」に分けて考えるため、マークをつけています。

G 家庭との連携
保護者と共有しておきたい子どもの姿や、保護者支援について記入。また2歳児の後半のフォーマットでは地域や学校との連携についても記入します。

H 評価（子どもを捉える視点・見通し）
その月の保育を見直し、「月のねらい」に対する評価を記入します。

I 職員の連携
保育者間で必要になる連携を記入。

指導計画の
きほん

ここでは、「子どもの姿ベース」の指導計画で大切にしたいポイントを新しい要領・指針を参考にしながら解説していきます。また、これまでの指導計画や記録のあり方を見直し、保育がもっと楽しくなり、子どもがさらに生き生きするための具体的な方法を紹介します。

「子どもの姿ベース」の指導計画のきほん

指導計画は保育に欠かせないものですが、皆さんが考えるより、ずっと柔軟なものでよいのですよ。子どもの姿や思いに沿って、臨機応変に保育の計画を作り変えていきましょう。「子どもの姿ベース」の指導計画の作り方を丁寧に解説していきます。

同じ「春の自然に親しむ」という
ねらいで保育をしても、虫探しが好きな子もいれば、
花を摘むのに夢中な子もいるし、外で体を動かして
遊ぶことを楽しんでいる子もいるんですよね

記録や職員間の話し合いから
子どもの育ちつつある姿を
捉えられたようだね

その姿から来月の指導計画のねらいを
考えていこうね

STEP2 ねらいを考える

その時、参考にしてほしいのが、
資質・能力のキーワードだよ

「気付く・分かる」「考える・試す」
「意欲をもつ・粘り強く取り組む」などの
キーワードを意識して、ねらいを作ってみよう

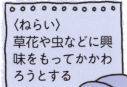

〈ねらい〉
草花や虫などに興味をもってかかわろうとする

キーワードを意識すると
具体的な姿がイメージ
しやすいですね

STEP3 内容を考える

〈内容〉
園庭で春の草花や虫などに出会い、見たりふれたりして楽しむ

次に、その姿を伸ばしていくためには、
どんな活動を計画するといいだろうね？

保育指針や教育・保育要領を見てみよう。
0歳児は「3つの視点」、
1〜3歳未満児は「5つの領域」の言葉が
参考になるよ

STEP4 環境や配慮を設定する

これらの「ねらい」「内容」に対して、
どんな環境が必要で、どのように保育者は
かかわっていけばいいかな？
これも想定してみようね

〈環境構成〉
見つけた草花や虫の写真を掲示する

〈配慮〉
それぞれの子どもの発見を丁寧に受け止める

STEP5 評価・修正・発展

そしてまた、子どもをよく見て、
保育を振り返ってみよう
この時、複数の保育者で振り返り、
計画を修正・発展させていくことが
できるといいね

明日からの保育が
楽しみです！

※新しい教育要領・保育指針などのポイントや、「資質・能力」や「3つの視点」「5つの領域」については、シリーズ1巻『子どもの姿ベースの新しい指導計画の考え方』で詳しく解説されていますので、併せてお読みください。

「子どもの姿ベース」サイクルで指導計画を作ろう！

毎月の指導計画を作成する上で大切なのは、目の前の子どもの姿を捉え、そこから計画を作成していくことです。「資質・能力」「3つの視点」「5つの領域」などの要素を実際の子どもの姿に照らしてみることで、子どもたちに育っている力、これから育てていきたい力が見えてくるでしょう。

STEP❶ 子どもの姿を捉える

日々の保育での様子や記録から子どもの姿を捉え、特にこの時期に現れてきた姿を「前月末（4月当初）の子どもの姿」に記入します。

STEP❷ ねらいを考える

子どもの姿から育ちつつある部分を踏まえ、「月のねらい」を立てます。その際、「資質・能力」のキーワードを参考にすることで、子どもが伸びていく方向を意識することができます。

> 「ねらい」は後から変更してもいいのです。「子どもの姿ベース」で柔軟に考えましょう。

「子どもの姿ベース」サイクルで！

> 指導計画が赤ペンで真っ赤になりましたか？「子どもの姿ベース」サイクルを何回転もするうちに、発展していくのです。子どものしているおもしろいことや出会いをうまく組み入れていきましょう。「全体的な計画」は年1回ほどは職員全員で見直しましょう。

STEP❺ 評価・修正・発展

子どもの育ちと保育者の保育について振り返り、評価します。指導計画が適切か考え、よかった部分を取り出します。これを修正・発展させ、次の計画のベースとします。

STEP❹ 環境や配慮を設定する

「ねらい」「内容」に対して、どのような環境が必要で、どのようにかかわっていくか、「環境構成」「保育者の配慮」を考え、記入します。

資質・能力　キーワード	
知識・技能の基礎	・気付く　・分かる　・できるようになる　・自らつくり出す ・取り入れる　・感じとる　　など
思考力・判断力・表現力等の基礎	・考える　・試す　・工夫する　・表現する　・見通しをもつ ・振り返る　・役立てる　・活用する　　など
学びに向かう力・人間性等	・意欲をもつ　・頑張る　・粘り強く取り組む　・挑戦する　・協力する ・やり遂げる　・自己調整する　・折り合いを付ける　・大切にする ・自分の考えをよりよいものにする　・面白いと思う　など

0歳児では「3つの視点」、1歳以上3歳未満児では「5つの領域」を参考にします。

STEP❸
内容を考える

「ねらい」に向かうために必要な活動を考えます。年齢ごとに「3つの視点」「5つの領域」のねらいの言葉を参考にしながら、子どもの姿に即した活動を考えましょう。

3つの視点・5つの領域　ねらい

0歳児 3つの視点	健やかに伸び伸びと育つ（自分）	・身体感覚が育ち、快適な環境に心地よさを感じる。 ・伸び伸びと体を動かし、はう、歩くなどの運動をしようとする。 ・食事、睡眠等の生活のリズムの感覚が芽生える。
	身近な人と気持ちが通じ合う（人）	・安心できる関係の下で、身近な人と共に過ごす喜びを感じる。 ・体の動きや表情、発声等により、保育者等と気持ちを通わせようとする。 ・身近な人と親しみ、関わりを深め、愛情や信頼感が芽生える。
	身近なものと関わり感性が育つ（もの）	・身の回りのものに親しみ、様々なものに興味や関心をもつ。 ・見る、触れる、探索するなど、身近な環境に自分から関わろうとする。 ・身体の諸感覚による認識が豊かになり、表情や手足、体の動き等で表現する。
1歳以上3歳未満児 5つの領域	健康（健康）	・明るく伸び伸びと生活し、自分から体を動かすことを楽しむ。 ・自分の体を十分に動かし、様々な動きをしようとする。 ・健康、安全な生活に必要な習慣に気付き、自分でしてみようとする気持ちが育つ。
	人間関係（人間関係）	・園での生活を楽しみ、身近な人と関わる心地よさを感じる。 ・周囲の園児等への興味・関心が高まり、関わりをもとうとする。 ・園の生活の仕方に慣れ、きまりの大切さに気付く。
	環境（環境）	・身近な環境に親しみ、触れ合う中で、様々なものに興味や関心をもつ。 ・様々なものに関わる中で、発見を楽しんだり、考えたりしようとする。 ・見る、聞く、触るなどの経験を通して、感覚の働きを豊かにする。
	言葉（言葉）	・言葉遊びや言葉で表現する楽しさを感じる。 ・人の言葉や話などを聞き、自分でも思ったことを伝えようとする。 ・絵本や物語等に親しむとともに、言葉のやり取りを通じて身近な人と気持ちを通わせる。
	表現（表現）	・身体の諸感覚の経験を豊かにし、様々な感覚を味わう。 ・感じたことや考えたことなどを自分なりに表現しようとする。 ・生活や遊びの様々な体験を通して、イメージや感性が豊かになる。
3歳以上児 5つの領域	健康（健康）	・明るく伸び伸びと行動し、充実感を味わう。 ・自分の体を十分に動かし、進んで運動しようとする。 ・健康、安全な生活に必要な習慣や態度を身に付け、見通しをもって行動する。
	人間関係（人間関係）	・園の生活を楽しみ、自分の力で行動することの充実感を味わう。 ・身近な人と親しみ、関わりを深め、工夫したり、協力したりして一緒に活動する楽しさを味わい、愛情や信頼感をもつ。 ・社会生活における望ましい習慣や態度を身に付ける。
	環境（環境）	・身近な環境に親しみ、自然と触れ合う中で様々な事象に興味や関心をもつ。 ・身近な環境に自分から関わり、発見を楽しんだり、考えたりし、それを生活に取り入れようとする。 ・身近な事象を見たり、考えたり、扱ったりする中で、物の性質や数量、文字などに対する感覚を豊かにする。
	言葉（言葉）	・自分の気持ちを言葉で表現する楽しさを味わう。 ・人の言葉や話などをよく聞き、自分の経験したことや考えたことを話し、伝え合う喜びを味わう。 ・日常生活に必要な言葉が分かるようになるとともに、絵本や物語などに親しみ、言葉に対する感覚を豊かにし、保育者等や友達と心を通わせる。
	表現（表現）	・いろいろなものの美しさなどに対する豊かな感性をもつ。 ・感じたことや考えたことを自分なりに表現して楽しむ。 ・生活の中でイメージを豊かにし、様々な表現を楽しむ。

※新要領・指針からまとめた「資質・能力」のキーワード、「3つの視点」と「5つの領域」のねらい（一部改変）を一覧にしました。保育所、幼保連携型認定こども園は「園」、保育士、保育教諭は「保育者」に統一しています。

「3つの視点」と「5つの領域」で「子どもの姿ベース」の活動を計画しよう！

環境
周りにあるものに好奇心をもって、かかわっていけるようにします。スプーンと容器のふれる音に気付いて、何度も容器を叩くことをくり返していたので、食後に、棒と遊び用のいろいろな器などを用意して、叩く遊びが始められるようにします。

健康
いろいろなことを自分でやってみることを楽しみます。食事では、使いやすい器やスプーンで食べきれる量を用意し、1人ですくって食べることを見守ります。周りにこぼれてもすぐに拭き取れるようにしておき、食べようとする意欲を大事にします。

人間関係
担当する保育者との応答的な関係が、ほかの大人、さらに子どもへと広がっていきます。自分にしてもらったことをほかの人にもするようになります。大人や年上の子どもの遊ぶ様子を見られるようにして、それを自分でもやれるように環境を整えましょう。

身近な人と気持ちが通じ合う
保育者が子どもを抱っこすると、子どもが安心している様子があります。ふれ合う機会をつくりましょう。子どもと向き合って抱っこして、目と目が合ったらうなずいたり、いないいないばあをしたり、頬にふれたりして、笑顔になるように援助し、声が出るようにしていきます。

健やかに伸び伸びと育つ
おむつを交換すると伸び伸びと気持ちよさそうです。おむつを替える時、目が合うようにして、終わったら、「よかったね」と微笑んでみます。子どもがくつろぎ、ゆったりとした気分だったら、声をかけて、反応を引き出します。

身近なものと関わり感性が育つ
離乳食が始まり、味の違いを感じます。歯ごたえのあるものを混ぜたり、果物のジュースを用意したりします。「つぶしたおイモだよ」のように、まずそれが何であるかを見せて、食べ終わった後も、その名前を言いつつ、お皿に少し残ったところを見せて、気付きを誘います。

０・１・２歳児の活動を「３つの視点」（０歳児）と「５つの領域」（１歳以上３歳未満児）の視点でイメージしてみましょう。目の前の子どもの姿から育てたい姿を描き、それが伸びていくための活動と環境構成・援助を計画します。

言葉

２歳になると、保育者が絵本を読むと簡単な筋なら理解して楽しみます。少人数の子どもへ絵本を読む機会をつくりましょう。子どもが耳で聞きながら、絵をじっくりと眺めて反応できるよう、ゆっくりと子どもの様子を見ながら読んでいきます。

人間関係

おもちゃを取られそうになって相手を叩いてしまう子どもがいます。叩きそうになった時に止め、また泣いている子どもを慰められるよう、保育者は注意します。また、子どもがほかの手立て、特に言葉で意思を伝えるように援助します。見ている子どもが発言できるよう促します。

表現

なぐり書きを始めるようになりました。そこで、筆記具を増やし、クレヨン、色鉛筆、サインペンなどと大きめの紙や色紙をたくさん用意します。描いた後、つぶやきを認めます。子どもの作ったものは保育室にすてきに掲示して、誇りを感じられるようにします。

環境

庭の草花に興味をもって触るようになりました。葉っぱをちぎり取って遊んでいる子どももいます。プランターを増やすことを考えてみましょう。やたらに取ってしまうのではなく、そっと触って感触の違いを感じる姿があります。ダンゴムシなどがどこにいるかなと探します。

表現

水をすくったり、流したりして、砂場に入れる子どももいます。水道のところに小さいバケツを置き、コップやヒシャクなども用意します。たくさん遊んだ後、水色の絵の具を準備しておきましょう。フィンガーペインティングで水の流れを表現します。

「子どもの姿ベース」から生まれる計画の具体的な展開のために

「子どもの姿ベース」の指導計画とは、具体的にはどんなふうに作っていけばよいのでしょうか。また、長期の計画、短期の計画を「子どもの姿ベース」の視点でつなげていくために、どんなふうに進めていけばよいのでしょうか。一緒に考えてみましょう！

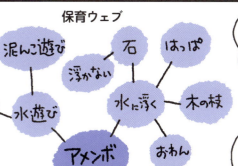

「子どもの姿ベース」の指導計画作成のポイント
～保育がワクワク楽しくなる指導計画に変えませんか?

皆さん、毎月の指導計画作り、大変ですよね。でもそれって、本当に保育に活かされていますか? 本当に子どもの姿に即していますか? 計画を立てることは大事なことですが、頑張りすぎて疲れてしまっては本末転倒! 柔軟に、ちょっとだけ工夫したこんなやり方で、「子どもの姿ベース」の計画にしていきましょう!

提案❶ まずは子どもの姿や実態を押さえよう!

頑張らなくてOK!
簡単に写真とメモで記録しよう

　子どもは今、あるいはこの時期、何に興味や関心があるかな? また、どのような姿があるかな? まずはこれを押さえよう。例えば、外で水や砂にふれて、友だちと一緒に遊ぶことが楽しいなど。後から参考にできるように、簡単な写真やメモで記録してみよう。

提案❷ 次への展開の予測をしてみよう!

図(保育ウェブ)で書いてみると、こんなにイメージが膨らむ

　次にどのような活動が展開していく可能性があるかをイメージしてみよう。しかも、何通りかの可能性を書き出してみるといいよ。例えば、水遊びでは、①様々な容器を使って、水を入れたり出したりして遊ぶ、②草花で色水にして遊ぶ、③砂場で水を流して遊ぶ、など。保育ウェブという図にして書いてみると、わかりやすいよ。

※保育ウェブの具体的な書き方はシリーズ1巻『子どもの姿ベースの新しい指導計画の考え方』を参照してください。

提案❸ 遊びが豊かになる環境を考えてみよう！

環境図（マップ）に書き込んでみよう！

　いろいろな活動を予測できたら、どのような環境を準備してあげたら、その遊びは豊かになるかを考えよう。容器で水や砂を出し入れをするなら、どのような容器を出してあげたらいいか。色水遊びだとすれば草花をつぶす道具。砂場で水を流すとすれば、スコップなどの道具が必要か、など。環境図（マップ）に書き込むのもOK。

提案❹ 次の月案（週案）の作成は今月（今週）の姿から

今月（今週）の姿から展開を考えよう

　月案の作成では、今月の姿から、来月はどんな展開があるかなと考えてみよう。今月は外で色水や砂場遊びをしたけど、来月はもっと全身で水にふれる遊びになっていくかなあ、など。じゃあ、どんなふうに全身で水遊びさせるとおもしろいかな。昨年度はどうしていたか、年間計画にはどう書いていたか（行事、季節など）も参考にしてみよう。でも、無理をせず、できるだけ時間をかけずにね！

提案❺ 本書を参考に。でも、丸写しをやめてみよう！

楽ちんで楽しい月案にしてみない？

　さあ、書き方がわかったかな？　この本の月案例も参考にしてみよう。でも、月案をそのまま写すのは労力もいるし、あまり役に立たないよ。できるだけ、時間短縮して、簡単に作っちゃおう。今月の大切にしたいポイントや、これは押さえておかなければいけないというポイントがわかれば、それでOK。しかも、「やらねば」ではなく、「やってみたい！」を中心に。

もっと、「子どもの姿ベース」の指導計画
～計画・保育の実際から、指導計画を考えよう！

「子どもの姿ベース」の指導計画と保育を進めていくために、大切にしたいポイントを解説します。鳩の森愛の詩保育園の1歳児リーダー・岡本薫先生に、1歳児クラスで様々に展開していった色水遊びのお話をうかがいました。

なぜ、色水遊びだったの？

**月齢ごとに発達の差が大きい時期に
それぞれの子どもが遊び込めるように**

○1歳児クラス
　9名（進級児）、3名（新入園児）　計12名
　※うち11名がきょうだいが同園に通っている。
　担任：常勤3名（うち1名は新人）＋短時間勤務1名
・4月当初の子どもたちの姿
　1歳児クラスでは、4月生まれから1月生まれまで月齢の差が大きく、子どもの興味もバラバラ。まだ園に慣れず、不安そうな姿も見られる。

1歳児クラスの4月当初は、散歩などの外出は難しい時期です。まずは、園や保育者に慣れるように、活動を考えていこうと、担任同士で話し合いました。
私が0歳児クラスからのもち上がりだったので、昨年の夏は、タライの水にふれて遊んだり、色水を入れたビニール袋を触ったりして楽しむ姿が見られたことを、まずは担任間で共有しました。その上で、子どもたちが好きな「感触遊び」からスタートさせていくことになりました。月齢の大きい子にも小さい子にもフィットしたらいいなと、絵の具を使ったスタンピングや米粉の粘土、色水遊びの道具など、複数の遊びを準備した中で、子どもたちがいちばん楽しんだのが、色水遊びだったのです。

どのように計画作りや話し合いをするの？

**月・週・日の計画は、
子どもの姿を見ながら柔軟に変更**

○クラスで作成する計画
　年間計画、月案、週案、日案（日誌と同じシート）
　※月案はリーダーが作成
○クラス会議で計画を検討
　月1回（月初か前月末）、午睡時（13:00-14:30）

毎日の午睡の時間や隙間時間に、担任間で子どもの姿についてよく話し合っています。そこで話した内容や日誌、個々の連絡ノートなどを見ながら、リーダーが翌月の月案を作り、月1回のクラス会議で共有します。
週案や日案も作りますが、当日の子どもたちの様子を見て、ちょっと疲れているなと思えば、「お散歩は中止にして園庭でゆっくりしよう」というように柔軟に予定を変更しています。また、前日の段階で変更が必要だと判断したら、日案を書き換えることもあります。子どもたちの姿に沿った活動であることを大切にして、その時の子どもの姿にフィットするように、計画を臨機応変に変えていきますし、「全員での散歩は難しいけれど、元気な子どもだけ連れて行こう」というように、柔軟な保育を行うようにしています。
また、週1回発行するクラスだよりに翌週の週案を掲載します。それを見て保護者が活動に興味をもち、楽しみにしてくれたり、子どもの姿を共有したりすることができます。

計画からどんなふうに保育が展開したの？

**4月　園庭での遊び
前年度の姿をもとに**

一人ひとりの興味がバラバラでした。0歳児クラスの時に好きだった遊びを参考に、環境を準備。まずは園や保育者に慣れることができるように、ゆっくり見守ります。

水を少し入れたタライで水の感触や、園庭の砂の感触を楽しむ子どもの姿などがありました。水への抵抗感はなく、これが色水遊びに発展していくきっかけになりました。

5月　色水遊び初日
低月齢児：色水をこぼすのが楽しい

色水をただこぼすことが楽しい！　色水遊びの初めの一歩です。ジュースと思って口に入れて確かめ、味がしないと怒る子もいました。

> 色水は口に含んでも大丈夫なように食紅で作り安全性にも配慮します。

5月　月間指導計画より
ねらい：絵の具を使った遊びを楽しむ。
内容：絵の具で表現することを楽しむ。手や道具を使って様々な表現をしてみる。

5月2日の保育日誌より
ねらい：色水を混ぜたりすくったりして楽しむ。
準備：透明カップ、ペットボトル、食紅（3色）、レンゲ、カメラ
振り返り：（水に）少し色をつけただけでも興味のもち方が違ったと感じる。大きい子はすくったり移し変えたり……。今回カップが普通のものだったので、次回は透明のものを用意してあげたい。

高月齢児：
道具に手を伸ばして……

レンゲやスプーンを使って色水をすくいます。

> 砂場で使っている道具で遊びます。

> 月齢ごとに楽しみ方も違います。それぞれの姿を受け止め、次の遊びへと展開していけるようにしましょう。

6月　色水遊びの展開
みんながそれぞれ夢中になって遊ぶ

別の道具を出したら、どんな反応をするかな、と100円ショップで透明なシャンプーボトルを購入。子どもたちの様子、どうかな……？

> 4月生まれのAちゃんはすぐに使い方がわかり、ボトルから水を出していました。それを隣で見ていた7月生まれのBくんも「押したら出る！」。成功！　友だちの姿から学び合っています。

> 9月生まれのCちゃんも水を出したい。でも、まだ力が足りません。倒したら出るかな、傾けたら出るかな。普段なら保育者に助けを求めてきますが、この日は泣かずに試行錯誤していました。この思いを大切にしたくて、手を出さず見守りました。この日はとうとう、出せずに終わりましたが、よい表情をしていました。

6月　月間指導計画より
ねらい：色水遊びで様々な道具を使ってみる。
内容：色水遊びをくり返し楽しみ、道具の使い方を体で感じたり、考えたりする。

6月 また次の色水遊びの日
くり返し、くり返しチャレンジ

水を出せるようになったBくんは、次なるチャレンジへ。

> Bくんは今度は水をカップに入れたいけれど、なかなか入れられない。保育者がカップを持って補助しました。やった！できた！

6月4日の保育日誌より
ねらい：道具を使って、考えて遊ぶことを楽しむ。
準備：食紅、ペットボトル、容器、水差し、カメラ、ゴザ、テーブル
振り返り：いつもとは違って月齢の低い子が長い時間集中して遊び続けている姿がうれしかった。考える姿、それを通して、子ども同士でやりとりをする姿が広がっていること、くり返しの楽しさだと感じる。

> 魅力的な遊びと出会うことで、自分でやろうとする姿が見られました。シャンプーボトルとの対話にじっくり取り組んだ子どもたちの成長が見えますね。どんな出会いをつくるか、ここは保育者の腕の見せ所です。

7月 プール遊びになって
自分でできた！

粘り強く頑張ったCちゃんは、3か月後の7月にとうとう水を出すことができました。

> できた瞬間、保育者を見上げてにっこり。今まで保育者が見守ってきたことがわかっていたのでしょうね。担任だけではなく、園全体で「よかったね！」と共有しました。

こんな姿も見られました！

保育者が持った水差しのホース部分に手を添えて、できたような気分になったFくん。

別の日。偶然手をずらして押すと、本当に自分で水が出せた！　自分でできた手応えが表情に表れていました。

「水差しの水が真っ直ぐに飛ばない。なんでだろう？」。

次にやった時は……。

コツをつかんできました。

できたうれしさを友だちと共有します。

水差しで水を出すDちゃん（7月生まれ）。それを見ていたEくん（10月生まれ）。

僕にも入れてと、カップを差し出します。

> 子どもって、周りの子をよく見ている！

それぞれの子どもが見ている世界を大切にしてあげたい

0・1・2歳児は月齢によって発達の差が大きな時期です。色水遊び1つとっても、それぞれの子どもの興味は異なります。一人ひとりの子どもの興味を広げていくことの大切さ、楽しさを、子どもたちの姿から教えてもらいました。急いで大人が答えを教えることは必要ではないのです。自分で発見して、学んで得たことが、その子の力になっていきます。「いつ気づくかな」「いつできるかな」と、楽しみに待っていたいですね。

子どもたちの遊びや学びは深まったか

翌月の月案を作成する前に、前月のねらいは、子どもたちの育ちに表れていたかどうかを振り返ります。子どもの姿に即して、修正・発展させて、翌月のねらいへとつなげていきます。

7月 月間指導計画より
ねらい：大きなプールでの水遊びに少しずつ慣れ、水で遊ぶ楽しさを味わう。
内容：大きなプールでの水遊びを楽しみ、一人ひとりのペースで水の気持ちよさや楽しさを感じていく。

> それぞれのクラスで起きていることを共有することは、とても大切です。ほかのクラスの活動を見て、連鎖的に活動が展開することもありますし、日々の共有が園全体として子どもを語る文化につながっていくでしょう。

色水遊びからプールでのダイナミックな水遊びへと展開しました。自分でできたという気持ちを味わえた子どもたちは、また新たなことにチャレンジしていきます。

園のみんなで保育！

日々の子どもたちの様子、うれしかったこと、楽しかったことの共有を毎日の30分会議で行います。クラスの担任だけで保育をするのではなく、園のみんなで保育をしていくのだと考えています。いろいろな職員がいる中で保育の方針など、意思統一を図ることも会議の中で行います。保護者にもクラスだよりで翌週の活動を共有します。

クラスの様子を共有して、さらに活動が発展

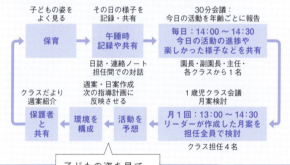

> 子どもの姿を見て、後から変更もOK！

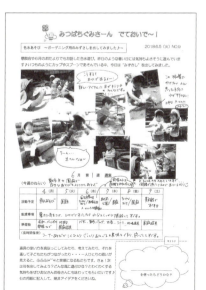

みつばち組（1歳児）のクラスだより。

> 鳩の森愛の詩保育園の事例には子どもの姿ベースの指導計画のポイントがたくさんあります。それは特に以下の3点です。
>
> **この時期にふさわしい遊びの計画**→色水遊びをなぜこの時期に出したか。それは、前年度などの実績から、「感触遊びがふさわしい」と考えていたのです。まずは、大雑把に週案や月案、年間計画でこの時期に提供したい遊びを押さえておくことがポイントです。
>
> **子どもの興味・関心で臨機応変に変える**→実際の子どもの姿を見て、色水に関心があることがわかったので、色水遊びを提供しています。しかも、道具を使って遊ぶことに興味があることがわかると、今度は様々な道具を出すなど、臨機応変に対応しています。
>
> **話し合いで共有した計画作り**→みんなで今日の姿、最近の姿を話し合うことが重要です。そして、次にどうしていこうかと計画が生まれます。みんなが同じ思いで明日の保育に向かうことができます。短時間で話し合うようにしましょう。

「子どもの姿ベース」の環境デザインのポイント

温かく落ち着いた環境

0歳から入園した子どもも安心して過ごせる環境をつくりましょう。子どもたちが長時間過ごす場所は温かく落ち着いた家庭的な雰囲気の場としたいものですね。オーガンジーの天蓋で天井を低くしたり、観葉植物を置いたりしてみましょう。床にはカーペットや畳を敷き、クッションなどもあるとくつろげるでしょう。そして何より、保育者の温かな援助が大切です。

感性を育む環境

子どもたちの感性はとても豊かです。子どもの五感に働きかけ、子どもが興味をもってかかわれる環境を意識しましょう。光、影、匂い、色、音、様々な手触りの素材など、たくさんの不思議と出会える環境となるといいですね。

なりきって遊べる環境

ごっこ遊びで大事なのは、なりきって遊べることです。家庭と同じような道具を準備してあげましょう。食事にかかわる道具、役割になりきれる衣装や人形、見立て遊びができる素材や道具など、実際の生活をイメージしながら、子どもの興味に応じて準備してあげたいですね。子ども自身が手作りするという視点も大事です。

じっくり絵本が読める環境

くつろげる場をつくり、じっくり絵本を読めるようにしましょう。保育者がひざに抱いて絵本を読んであげることで、子どもとのふれ合いの時間が生まれます。この年齢の子どもが手に取りやすいように、厳選した絵本を表紙や中のページが見えるように配列しましょう。お気に入りの絵本から次の遊びが生まれることもあります。

手や頭の動きを促す環境

構成遊びができる環境をデザインしましょう。市販の積み木やパズル、手作りのぽっとん落としなど、手指を使う遊びが楽しくなってくる頃です。少人数でじっくりと遊べるよう、棚で空間を仕切るなど、工夫してみましょう。子どもたちが自分で取り出して、片付けられるよう、おもちゃはゆったりと配置しましょう。

「子どもの姿ベース」の指導計画を考えていく上で、環境構成はとても重要です。
子どもたちが思い切り遊び込めて、学びにもつながっていくような環境はどのようにデザインしていけばよいでしょうか。0・1・2歳児の環境構成のポイントを紹介します。

室内でも体を動かせる環境

この年齢の子どもたちには、室内で安全に体を動かして遊べるスペースが大切です。ハイハイからつかまり立ちになる時期に、つかまることができる柵や遊具があるといいですね。さらに歩くことが楽しくなる時期には登ったり、降りたり、くぐったりできるような少し段差のある環境をデザインしていきましょう。

やりたい気持ちに応える環境

絵の具や粘土の感触を楽しむうちに、子ども自ら何かを表現したい気持ちになるような環境を整えたいですね。子どもたちが手がけた作品は額に入れて飾りましょう。きっと誇らしい気持ちになって、また別のことを表現しようと思うでしょう。無理にではなく、子どもの姿をよく見ながら、やりたい気持ちに応える環境をつくっていくことが大切です。

センスが感じられる環境

保育室は子どもたちの生活の場ですから、家庭と同じようにセンスのよい落ち着く環境にしたいものです。子どもたちの活動写真や作品、子どもたちが散歩で拾ってきた「宝物」などを壁や棚にすてきにディスプレイしてみましょう。また、天井から手作りのモビールを下げたり、オブジェを飾ってみたりしてもいいですね。

いろいろな自然とふれ合える環境

砂場遊びや泥んこ遊びも思い切りさせてあげたいですね。0・1・2歳児専用の砂場がなくても、大きい子どもと時間を分けて遊ばせるなど、安心して遊べる場を考えましょう。砂場にシャベルやカップなどを準備します。子どもは泥んこ遊びが大好きです。汚れを気にせず、たっぷり感触を味わえるとよいですね。

多様な動きが保障できる環境

安全な場所でたっぷり体を動かせるような園庭の環境を考えてみましょう。木の枝にぶらさがったり、築山に上ったり、溝を跳び越えてみたりなど、多様な動きができるといいですね。特別な遊具が必要なわけではなく、起伏のある場所を歩くだけでも楽しめる年齢です。安全面に十分配慮しながら、運動や探索ができるようにしていきましょう。

安全・安心な環境と保育のチェックリスト
～事故や感染症を防ぐために

監修：猪熊弘子（名寄市立大学特命教授）

プール
- □ 柵・床が破損していたり滑ったりしない
- □ 水をためたり、排水がスムーズ
- □ プール内外がきちんと清掃されている
- □ プール内外に危険なもの・不要なものが置かれていない

注意点
- □ 監視者は監視に専念する
- □ 監視エリア全域をくまなく監視する
- □ 動かない子どもや不自然な動きをしている子どもを見つける
- □ 規則的に目線を動かしながら監視する
- □ 十分な監視体制の確保ができない場合、プール活動の中止も選択肢とする
- □ 時間的な余裕をもってプール活動を行う

- □ 遊離残留塩素濃度が0.4～1.0mg/Lに保たれるよう毎時間水質検査を行い、適切に消毒する
- □ 低年齢児が利用する簡易ミニプールも塩素消毒を行う
- □ 排泄が自立していない乳幼児には、個別のタライを利用する等他者と水を共有しないよう配慮する
- □ プール遊びの前後にはシャワー等で汗等の汚れを落とし、お尻洗いも行う

正門
- □ スムーズに開閉する
- □ ストッパーがついている
- □ 鍵がきちんとかかる
- □ 子どもが1人で開けられないようになっている
- □ 外部から不審者が入れないように工夫してある

砂場
- □ 砂場に石・ガラス片・釘など先の尖ったものや危険なものが混ざっていないようにチェックしている
- □ 猫の糞便等による寄生虫、大腸菌等で汚染されないよう衛生管理に気をつける
- □ 遊んだ後は石けんを用いて流水でしっかりと手洗いを行う
- □ 猫等が入らないような構造にし、夜間はシートで覆う等工夫する
- □ 動物の糞便、尿等を発見した場合は速やかに除去する
- □ 定期的に掘り起こして砂全体を日光消毒する

乳児室
睡眠
- □ 必ず仰向けに寝かせ、子どもだけにしない
- □ やわらかい布団やぬいぐるみ等を使用しない
- □ ヒモ状のものを置かない
- □ 口の中に異物やミルク・食べたもの等の嘔吐物がないか確認する
- □ 5分おきなど定期的に子どもの呼吸・体位、睡眠状態を点検し、仰向けに直す

おもちゃ（誤嚥）
- □ 口に入れると窒息の可能性がある大きさ、形状のおもちゃや物は乳児のいる室内に置かない
- □ 手先を使う遊びには部品が外れない工夫をして使用する
- □ 子どもが身につけているもので誤嚥につながるもの（髪ゴムの飾り、キーホルダー、ビー玉やスーパーボールなど）は、保護者を含めた協力を求める
- □ 窒息の危険性があるおもちゃ等は保育者間で情報共有して除去する

寝具
- □ 衛生的な寝具を使う。尿や糞便、嘔吐物等で汚れた時は消毒する
- □ 布団カバーをかけ、布団カバーは定期的に洗濯する

おもちゃ
- □ 直接口にふれる乳児の遊具は、使った後、毎回湯等で洗い、干す
- □ 定期的に消毒する
- □ 午前・午後で遊具を交換する
- □ 適宜、水（湯）洗い・水（湯）拭きをする

調乳室
- □ 部屋を清潔に保ち、調乳時には清潔なエプロン等を着用する
- □ 調乳器具は、適切な消毒を行い、衛生的に保管する
- □ 乳児用調製粉乳は、70度以上のお湯で調乳する。調乳後2時間以上経ったミルクは廃棄する
- □ 調乳マニュアルを作成し、実行する
- □ 冷凍母乳等を扱う時は衛生管理を徹底する。保管容器には名前を明記し、他児に誤って飲ませないように十分注意する

おむつ交換室
- □ 糞便処理の手順を職員間で徹底
- □ おむつ交換はプライバシーにも配慮し、手洗い場や食事をする場所等と交差しない一定の場所で行う
- □ おむつの排便処理の際には使い捨て手袋を着用する
- □ 下痢便時のおむつ交換は使い捨てのおむつ交換シートを敷く
- □ 特に便処理後は、石けんを用いて流水でしっかりと手洗いをする
- □ 交換後のおむつはビニール袋に密閉した後に蓋付き容器等に保管する
- □ 交換後のおむつの保管場所を消毒する

保育室（食事・おやつ）
食物アレルギー
- □ アレルギーがある場合、保護者から申し出てもらう
- □ 食物の除去は完全除去を基本とする
- □ 家庭で摂ったことのないものは与えない
- □ 食後に子どもがぐったりしている場合、アナフィラキシーショックの可能性を疑い、必要に応じて救急搬送を行う
- □ 除去食、代替食の提供の際は、献立、調理、配膳、食事の提供という一連の行動においてどこで人的エラーが起きても誤食につながることに注意する
- □ 人的エラーを減らす方法をマニュアル化する

※「保育所における感染症対策ガイドライン（2018年改訂版）　厚生労働省　2018（平成30）年3月」、「教育・保育施設等における事故防止及び事故発生時の対応のためのガイドライン【事故防止のための取組み】～施設・事業者向け～（平成28年3月）」（厚生労働省）を参考に作成。各園の状況に合わせて取り組んでください。イラストはイメージです。

子どもたちが日々遊びに集中できるようにするためにも、安全・安心に過ごせる環境はとっても大切です。
保育環境の安全面のスペシャリスト、猪熊弘子先生に監修していただきました。
ポイントを押さえて保健・安全計画にも反映させ、事故や感染症の発生を防止しましょう！

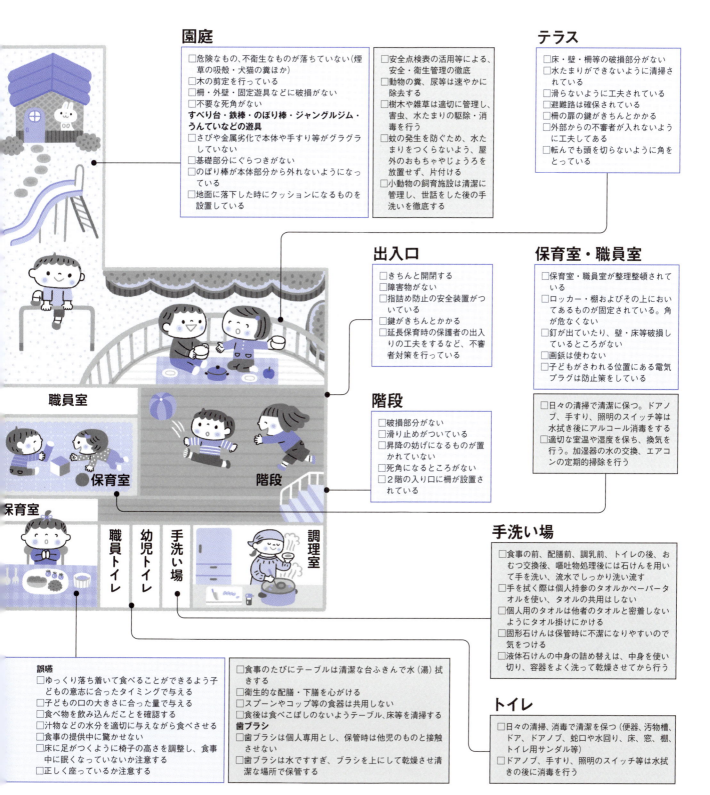

園庭
- □ 危険なもの、不衛生なものが落ちていない（煙草の吸殻・犬猫の糞ほか）
- □ 木の剪定を行っている
- □ 柵・外壁・固定遊具などに破損がない
- □ 不要な死角がない

すべり台・鉄棒・のぼり棒・ジャングルジム・うんていなどの遊具
- □ さびや金属劣化で本体や手すり等がグラグラしていない
- □ 基礎部分にぐらつきがない
- □ のぼり棒が本体部分から外れないようになっている
- □ 地面に落下した時にクッションになるものを設置している

- □ 安全点検表の活用等による、安全・衛生管理の徹底
- □ 動物の糞、尿等は速やかに除去する
- □ 樹木や雑草は適切に管理し、害虫、水たまりの駆除・消毒を行う
- □ 蚊の発生を防ぐため、水たまりをつくらないよう、屋外のおもちゃやじょうろを放置せず、片付ける
- □ 小動物の飼育施設は清潔に管理し、世話をした後の手洗いを徹底する

テラス
- □ 床・壁・柵等の破損部分がない
- □ 水たまりができないように清掃されている
- □ 滑らないように工夫されている
- □ 避難路は確保されている
- □ 柵の扉の鍵がきちんとかかる
- □ 外部からの不審者が入れないように工夫してある
- □ 転んでも頭を切らないように角をとっている

出入口
- □ きちんと開閉する
- □ 障害物がない
- □ 指詰め防止の安全装置がついている
- □ 鍵がきちんとかかる
- □ 延長保育時の保護者の出入りの工夫をするなど、不審者対策を行っている

保育室・職員室
- □ 保育室・職員室が整理整頓されている
- □ ロッカー・棚およびその上においてあるものが固定されている。角が危なくない
- □ 釘が出ていたり、壁・床等破損しているところがない
- □ 画鋲は使わない
- □ 子どもがさわれる位置にある電気プラグは防止策をしている

- □ 日々の清掃で清潔に保つ。ドアノブ、手すり、照明のスイッチ等は水拭き後にアルコール消毒をする
- □ 適切な室温や湿度を保ち、換気を行う。加湿器の水の交換、エアコンの定期的掃除を行う

階段
- □ 破損部分がない
- □ 滑り止めがついている
- □ 昇降の妨げになるものが置かれていない
- □ 死角になるところがない
- □ 2階の入り口に柵が設置されている

手洗い場
- □ 食事の前、配膳前、調乳前、トイレの後、おむつ交換後、嘔吐物処理後には石けんを用いて手を洗い、流水でしっかり洗い流す
- □ 手を拭く際は個人持参のタオルかペーパータオルを使い、タオルの共用はしない
- □ 個人用のタオルは他者のタオルと密着しないようにタオル掛けにかける
- □ 固形石けんは保管時に不潔になりやすいので気をつける
- □ 液体石けんの中身の詰め替えは、中身を使い切り、容器をよく洗って乾燥させてから行う

誤嚥
- □ ゆっくり落ち着いて食べることができるよう子どもの意志に合ったタイミングで与える
- □ 子どもの口の大きさに合った量で与える
- □ 食べ物を飲み込んだことを確認する
- □ 汁物などの水分を適切に与えながら食べさせる
- □ 食事の提供中に驚かせない
- □ 床に足がつくように椅子の高さを調整し、食事中に眠くなっていないか注意する
- □ 正しく座っているか注意する

- □ 食事のたびにテーブルは清潔な台ふきんで水（湯）拭きする
- □ 衛生的な配膳・下膳を心がける
- □ スプーンやコップ等の食器は共用しない
- □ 食後は食べこぼしのないようテーブル、床等を清掃する

歯ブラシ
- □ 歯ブラシは個人専用とし、保管時は他児のものと接触させない
- □ 歯ブラシは水ですすぎ、ブラシを上にして乾燥させ清潔な場所で保管する

トイレ
- □ 日々の清掃、消毒で清潔を保つ（便器、汚物槽、ドア、ドアノブ、蛇口や水回り、床、窓、棚、トイレ用サンダル等）
- □ ドアノブ、手すり、照明のスイッチ等は水拭きの後に消毒を行う

※図中の青色の囲みは安全面、灰色の囲みは保健面のポイントです。

0歳児の月案と資料

[執筆]
和田美香

[資料提供・協力園]
私立保育園（東京都）
世田谷仁慈保幼園（東京都）
山手保育園（東京都）
よこはま夢保育園（神奈川県）

0歳児の年間計画

年間目標
- それぞれのリズムで生活し、安心して過ごす。
- 保育者との信頼関係を深める。
- 環境とのかかわりの中で、様々なものに好奇心と興味をもち、楽しむ。

	Ⅰ期（4～5月）	Ⅱ期（6～8月）
子どもの姿	・新しい環境や生活に不安を抱き、戸惑ったり泣いたりする子どもがいる。 ・生活リズムが不安定な子どもがいる。 ・興味のあるものを見つけ、楽しむ姿がある。	・ずりばいやハイハイ、歩くなどができるようになり、行動範囲が広がってきた。 ・保育者を見ると自分から微笑み、「いないいないばあ」などをしてもらうと喜ぶ。
ねらい●	●新しい環境に慣れ、安心して過ごせるようになる。 ●保育者に慣れ、親しみをもてるようになる。 ●好きなおもちゃを見つけてかかわろうとする。 ●戸外に出て、春の自然に親しむ。	●安定した生活リズムの中で、暑さに負けず健康に過ごす。 ●保育者に欲求や要求を受け入れてもらい、ゆったりとした気持ちで過ごす。 ●気に入ったおもちゃを見つけ、くり返し遊ぶ。 ●様々な感触のものにふれて楽しむ。
内容◆	◆落ち着いた雰囲気の中で、ミルクを飲んだり食事をしたり眠ったりする。自分 ◆おむつ交換をしてもらい、さっぱりした気持ちよさを知る。自分 ◆特定の保育者とのかかわりに慣れ、安心して抱かれたり世話をしてもらったりする。人 ◆好きなおもちゃに手を伸ばし、触ったりしゃぶったりして感触を楽しむ。もの	◆こまめに汗をふいてもらったり着替えをしてもらったりしながら、清潔を保ち、さっぱりした心地よさを感じる。自分 ◆保育者の側で安心して過ごし、わらべ歌やふれ合い遊びをする中で、信頼関係を深める。人 ◆ずりばいやハイハイなどで好きなおもちゃのところに行き、手や口でその感触を味わい、くり返し楽しむ。もの ◆水や泥で遊ぶ中で「ひんやり」「柔らかい」「ドロドロ」などの様々な感触を味わう。もの
環境構成★・保育者の配慮◎	★保育室の天井からモビールなどを吊るし、寝た姿勢でも風などで揺れる様子を見られるようにする。 ★好きなおもちゃにいつでも手を伸ばせるように、安全性の高いものを子どもの視野に入る場所に置いておく。 ◎決まった保育者が一定の手順で世話をすることで、心地よさを感じ、安心して過ごせるようにする。	★室内では、自由に動ける安全な空間を保障していく。 ★戸外では、土や水などにふれ、全身で感触を楽しめるように乳児用の園庭などを用意し、ゆったりした雰囲気の中で落ち着いて遊べるように配慮する。 ◎熱中症や感染症など夏に起こりやすい病気に気をつけ、気温や室温、子どもの表情や体温などに気を配る。 ◎ゆったりした雰囲気でわらべ歌などを歌い、リズムに合わせて優しく揺らしたりしながら心地よい時間を過ごせるようにする。
家庭や地域との連携	・家での生活リズムを把握し、入眠の方法などを聞き取りながら、心地よい園生活が送れるように家庭と連携していく。 ・園での様子は細かく伝え、保護者の心配を減らすように配慮する。	・食欲が落ちるなど、体調の変化に留意して、家庭との緊密な連携に努める。 ・沐浴の機会が増えるので、その日の機嫌や体調を丁寧に確認し合う。
健康・安全・食育の配慮	・午睡中は一定の時間でSIDS（乳幼児突然死症候群）チェックを行い、必ず記録する。 ・おもちゃは、口に入る大きさのものがないか、破損したものがないか常にチェックし、清潔を保つ。	・あせもやおむつかぶれ、とびひ、虫刺されなどの皮膚トラブルが起きやすいので、着替えなどの機会によく観察し、快適に過ごせるようにする。 ・食中毒の知識を確認し、哺乳瓶などの扱いを徹底する。

26　「内容」は子どもの姿をもとに「3つの視点」を意識して作ります。3つの視点のマークを入れました。
自分 人 もの　※マークの詳細はP9を参照

Ⅲ期（9〜12月）	Ⅳ期（1〜3月）
・着替え時に、手足を動かして協力する。 ・保育者とのかかわりを喜び、名前を呼ばれると笑顔を見せる。 ・虫や石、草花などの自然物に興味を示し、観察したりして保育者と一緒に楽しむ姿がある。	・食事や着替えの手順がわかり、エプロンをつけようとしたり、着替えの際に協力したりする。 ・保育者とのかかわりを喜び、ふれ合い歌などで一緒に体を動かしたり声を出したりして楽しい気持ちを表現している。 ・バケツなどを腕にかけてお出かけをイメージして歩く。
●身の回りのことを保育者と一緒にやってみようとする。 ●保育者とのかかわりを楽しむ。 ●身近な自然を感じる。 ●興味のあるものを見つけたり、身近なものにふれたりして、好奇心を満たしながら遊ぶ。	●1日の生活の流れがわかり、見通しをもって主体的に過ごす。 ●保育者や友だちとの気持ちのやりとりを楽しむ。 ●様々なものとかかわり、見立て遊びやつもり遊びを楽しむ。 ●絵本と経験を結びつけ、イメージを広げて楽しむ。
◆食事を自分の意思で食べようとし、着脱場面では保育者に手伝ってもらいながら意欲的に着替えようとする。(自分) ◆保育者と1対1のかかわりで、絵本やふれ合い遊びを楽しむ。(人) ◆散歩に出かけ、秋の自然にふれる。(もの) ◆ハイハイやトンネルくぐり、伝い歩き、段差などを楽しみながら、探索活動を行う。(もの)	◆食事や着替えなど、保育者が進める育児行為に自ら協力して体を動かす。(自分) ◆自ら食事に向かい、楽しんで食べる。(自分) ◆ふれ合い遊びを通して、保育者や友だちと気持ちをやりとりしながら楽しい時間を共有する。(人) ◆絵本を読んでもらい、「わんわん、いたね」「赤いリンゴ、美味しいね」などと保育者と確認しながら、そのイメージを広げる。(もの)
★手の届くところに様々な素材（木製、プラスチック、タオル地、ゴム製など）のおもちゃを置いて、好奇心を満たしながら遊ぶことをいつでも楽しめるようにする。 ○愛着関係を育むために、受け入れや育児行為はできるだけ同じ保育者がかかわるようにする。 ○育児行為の際には「ご飯にしようね」「着替えるから足を入れてね」などと行為を言葉にして伝え、見通しがもてるようにする。 ○ふれ合い遊びなどを通して1対1の時間をゆったりと楽しめるようにする。	★食事用のエプロンは、自分で取り外しができるものにする。 ★食事、睡眠、遊びのスペースを分け、育児行為について見通しをもって、主体的に動けるようにする。 ○子どもが、うれしい、悲しいなどの気持ちを表現した時には、丁寧に対応し、言葉にして代弁していく。 ○絵本などに描かれている絵は、正しい名称で伝え、「赤いリンゴ」などと表現を工夫して伝えるようにする。
・口にする食材が増えるので、家庭で食べているものを確認し合い、離乳食を進めていく。 ・保育参加をしてもらい、遊びの場面や生活の場面を通して日頃の様子を見てもらう。	・感染症などでの欠席状況を随時掲示して、感染予防への協力を呼びかける。 ・保護者会やおたよりなどで、遊びや生活を通しての育ちを具体的な事例で伝え、育ちを保護者と共有できるようにする。
・気候がよくなるので、戸外遊びを積極的に行う。 ・朝夕の気温差が激しくなり、体調を崩しやすい季節なので、一人ひとりの体調を細かく把握していく。 ・自分で食べたいという気持ちを尊重する。	・風邪やインフルエンザが流行する時期なので、おもちゃの消毒などを丁寧に行う。 ・活動が活発になるので、室内外で転んでも危険がないように環境を整える。

「ねらい」は子どもの姿をもとに、資質・能力の3つの柱を意識して振り返りができるように作ります。本書では特に意識したいものに下線を入れています。
「知識・技能の基礎」............、「思考力・判断力・表現力等の基礎」_____、「学びに向かう力・人間性等」_____　※下線の詳細はP9を参照

0歳児 4月の指導計画

月のねらい
1. 新しい環境に慣れ、安心して過ごせるようになる。
2. 保育者に慣れ、親しみをもてるようになる。
3. 好きなおもちゃを見つけて、かかわろうとする。

	えりか（3か月）	あやか（6か月）
4月当初の子どもの姿	・午睡から目覚めた後は抱っこを求めて泣く姿が見られる。抱かれると安心して指しゃぶりをしながら再び入眠する。少し慣れてくると視線が合うようになり、動くものを目で追うようになってきた。	・他児の食事場面を見て、食べたそうに手を伸ばし、よだれを出す姿が見られる。床に腹ばいになるとグライダーポーズをとることが多い。
子どもの姿ベースのねらい●と内容◆	●新しい環境に慣れ、安心して過ごせるようになる。 ◆落ち着いた雰囲気の中でミルクを飲んだり眠ったりする。 自分 ●保育者に慣れ、親しみをもてるようになる。 ◆喃語を優しく受け止めてもらい、保育者とのやりとりを楽しむ中でふれ合うことの心地よさを味わう。 人 ●好きなおもちゃを見つけて、かかわろうとする。 ◆偶然にふれたもの、関心をもったものに自ら手を伸ばす。 もの	●新しい環境に慣れ、安心して過ごせるようになる。 ◆保育者の膝に座り、離乳食を1さじずつ進め、食べ物に慣れる。 自分 ●保育者に慣れ、親しみをもてるようになる。 ◆顔を近づけてくる保育者に笑顔で応える。 人 ◆保育者の口ずさむ歌に耳を傾け、じっと見る。 人 ●好きなおもちゃを見つけて、かかわろうとする。 ◆視線をおもちゃに集中させ、目当てのおもちゃに向かってくり返し手を伸ばす。 もの
環境構成★・保育者の配慮◎	**安心して生活するために** ★ベッドは明るすぎない静かな場所に置く。 ◎入眠の特徴を把握し、安心して眠れるようにする。 **保育者に親しみをもつために** ◎目覚めている時は優しく穏やかな雰囲気で声をかけながら、常に応答的な対応を心がける。 **興味のあるものを見つけるために** ★保育室の天井から遊具（モビールなど）を吊るし、風などで揺れる様子を見られるようにする。 ★「ふれて確かめる」「なめて確かめる」という遊びをたくさん行えるように、安全性の高いおしゃぶりなどを用意する。	**離乳食のスタート** ★保育者の膝に抱かれて食べる。エプロンをつけて、おしぼりで手と口を拭いて食べ始めるようにする。 **保育者に親しみをもつために** ◎1対1でかかわる時間を大切にし、わらべ歌などを歌いながら、体にふれて遊ぶことをたくさん行う。 **好きなおもちゃを見つける** ★好きなおもちゃを子どもの視界に入る場所に置き、いつでも自分で取れるようにしておく。
家庭との連携	・自宅での生活のリズムを把握したり、入眠時の特徴などを聞き取ったりしながら、できるだけ家庭での生活と同じような対応ができるようにする。園での様子は細かく伝え、保護者の心配を減らすように配慮する。	・連絡ノートのやりとりから、家での生活と遊びの様子を把握し、園での活動に取り入れていく。

園生活に慣れることがいちばん大切

4月は園生活に慣れることがいちばんのねらいになります。しばらくは、保護者と離れる時に不安で泣いたり、食事や睡眠が安定しないこともありますが、一人ひとりの生活のペースを大切にして、柔軟に対応していきましょう。

子どもに合わせて保育内容に工夫を

子どもの興味や関心を把握して、それぞれの月齢と興味に合わせた遊びができるようにします。おもちゃの種類や数なども充実させておくとよいでしょう。

「子どもの姿ベースのねらい●と内容◆」の「内容」は子どもの姿をもとに「3つの視点」を意識して作ります。3つの視点のマークを入れました。 ※マークの詳細はP9を参照

健康・安全・食育の配慮	・午睡中のSIDS（乳幼児突然死症候群）チェックを必ず行い記録する。 ・細菌やウイルスの感染を防ぐために、生活環境を衛生的に保つ。 ・おもちゃは、口に入る大きさのものがないか、破損したものがないかなど、常にチェックする。 ・おもちゃを清潔に保つため、毎日消毒する。	行事	・入園式 ・誕生会

しょうた（8か月）

・入園と8か月の不安定な時期が重なり、登園の際、母親と離れる時に大泣きをしている。しかし日中は泣くことなく、ハイハイをしながら探索活動をする。「やりもらい遊び」をして保育者とのかかわりを楽しんでいる。

❶新しい環境に慣れ、安心して過ごせるようになる。
◆安心できる雰囲気の中、食事の手順がわかり、自ら食事に向かう。自分
❷保育者に慣れ、親しみをもてるようになる。
◆「ちょうだい」「ありがとう」「はい、どうぞ」などのやりとりを保育者と一緒に楽しむ。人
❸好きなおもちゃを見つけて、かかわろうとする。
◆ハイハイをしながら十分に探索活動を楽しむ。もの

離乳食を楽しく進めるために
◉「おかゆ美味しいね」「温かいお味噌汁飲もうね」などと食材の味覚、感覚についても言葉にして伝えていく。

保育者に親しみをもつために
◉好きな保育者を目で追いかけたり、側に行ったりした時は、すぐに笑顔で声をかけて対応し、「いないいないばあ」などの遊びで応えるようにしていく。

思い切り体を動かして遊ぶために
★ハイハイをしてたくさん移動できるように、廊下などの広いスペースを用意する。

なめる、噛むなどの遊びを楽しむために
★おもちゃは、誤飲しないサイズ、有害物質が入っていないものを選ぶようにする。様々な形や固さを楽しめるように、木製、タオル地、ゴム製など多様な素材を用意する。

・人見知りが始まり、朝の泣きが激しいので、日中は笑顔で遊んでいる様子を家庭に積極的に伝えていく。

基本的な配慮

・語りかける時は、視線を合わせ、表情や口の動きがはっきり見えるようにする。抑揚をつけて、ゆっくり話すようにする。子どもの名前も積極的に呼びかけるようにする。
・機嫌のよい時も、悪い時も、優しく声をかけながら、くり返し抱っこをし、信頼関係を築いていく。
・決まった保育者が授乳や食事、睡眠などのかかわりを行い、安心できる環境になるように心がける。
・それぞれの子どもの起床時間、登園時間、午前寝の有無、自宅での夜の睡眠の様子などを把握し、安定した生活リズムになるように心がける。まだリズムが安定しない場合、その日の対応を柔軟に行えるように職員同士の連携を密にし、体制を整えておく。

職員の連携

・子どもの生活のリズムに合わせて保育者の役割分担を行い、しっかりと確認しておく。

評価（子どもを捉える視点・見通し）

・一人ひとりの子どもの生活のリズムを保障できているか。
・一人ひとりの子どもが、安心して園生活を送ることができているか。
・一人ひとりが好きな遊びを見つけて、充実した時間を過ごすことができているか。

個々のペースに合わせた環境構成を

0歳児クラスの生活のリズムは、個々により違います。一人ひとりの子どもが落ち着いて過ごすことができるように、生活のスペースと遊びのスペースを分けられるとよいでしょう。

できるだけ同じ保育者がかかわる

乳児が安心して過ごすことができるようになるために、食事、排泄、睡眠などの生活の場面では、できるだけ同じ保育者がかかわるようにしましょう。自分の働きかけを理解して応えてくれる「特定少数の大人」が必要なのです。

「月のねらい」は子どもの姿をもとに、資質・能力の3つの柱を意識して振り返りができるように作ります。本書では特に意識したいものに下線を入れています。
「知識・技能の基礎」............、「思考力・判断力・表現力等の基礎」_____、「学びに向かう力・人間性等」_____　※下線の詳細はP9を参照

保育の資料

0歳児

新年度、新しい環境に不安でいっぱいの乳児たち。
安心して生活するためにどのような配慮や工夫が必要なのか考えてみましょう。

生活 安心して過ごす

新しい環境との出会いで不安な4月。個別の生活のリズムを保障しながら、
生活の変化を子どもたちがスムースに受け入れられるように工夫をしていくことが大切です。
授乳や食事も、まずは1対1で対応し、ゆったりとした雰囲気の中で進めていきましょう。

それぞれのリズムで生活

0歳児クラスの生活のリズムは、月齢により、一人ひとり違います。それぞれのお腹が空く時間、眠い時間を把握して、乳児が「心地よい」と感じるかかわりを心がけましょう。個別に対応するので、保育者は慌ただしくなりがちですが、ゆったり落ち着いた雰囲気や語りかけを心がけ、乳児が安心して過ごせるように配慮しましょう。

保育者に見守られて安心して眠ります。

授乳

「さあ、ミルクを飲みましょうね」などと語りかけながら、落ち着いた雰囲気の中で授乳をします。優しく言葉をかけることで安心すると同時に、子どもが生活に見通しをつけることにつながります。また、子どもが食事に主体的に参加できるように、手足が自由に動かせるように抱くとよいでしょう。これは自ら哺乳瓶に手を伸ばしてつかむ行為につながっていきます。

離乳食

安心した気持ちで楽しんで食べられるようにすることが大切です。まだ椅子に座れない月齢の場合、保育者に抱かれて食事をします。「もぐもぐ」「おいしいね」と声をかけながら体も心も満足するようなかかわりを心がけましょう。

保育教材

おしゃぶり

両手を交差できるようになるとおしゃぶりを両手で持って、眺めたりしゃぶったりして感触を楽しむようになります。口に入れるので、清潔で安全性の高いものを選ぶようにします。

保護者とのかかわり

保護者の中には、初めての子育てで不安が大きい人もいます。園での様子を細かく伝えていきましょう。

遊び 低月齢 — 優しい言葉かけに喜ぶ

新しい保育室、新しい友だちや保育者に囲まれて、戸惑いや緊張がある4月。その中で安心して生活し、充実した遊びの時間を過ごすには、保育者の優しい言葉かけとスキンシップ、適切な環境構成が必要です。1対1のかかわりと、家庭的な雰囲気を心がけるとよいでしょう。

かかわってもらって安心する

寝返りをするまでの時期は、仰向けで寝ている状態や抱っこの状態で、優しく話しかけられて喜びます。保育者に声をかけてもらう、「いないいないばあ」などの遊びをしてもらう、わらべ歌などを歌いながら体にふれてもらうことで心地よさを感じています。泣いた時にあやしてもらうのはもちろんですが、機嫌のよい時にも愛情深くかかわってもらうことが大切です。日常的にそれらの経験を重ねることで「安心感」が得られていくのです。うつ伏せの姿勢ができるようになると、顔を上げ、視野が広がります。これが次のステップのハイハイにつながります。

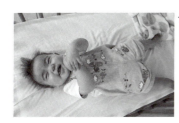

保育者の呼びかけに、笑顔で応じます。

うつ伏せの姿勢から、グライダーのポーズ。

遊び 高月齢 — 好きな遊びを見つける

落ち着いてじっくりと遊び込めるようになるためには、安全な環境の中で、信頼できる保育者がいつも見ていてくれるという安心感が必要です。ハイハイができるようになってきたら、思い切り動けるスペースも必要です。

やりとりを楽しむ

おすわりがしっかりできるようになると、手に持ったものを「はい」と保育者に渡して、やりとりを楽しみます。何気ない動作のようですが、相手との気持ちのつながりを感じる大事な遊びです。このような遊びを通して、保育者への信頼感はさらに深まります。

あちこち探索

ハイハイができるようになると視点が高くなり、見える世界が変わります。9か月くらいになると「ここまでおいで」の保育者の呼びかけや目指す遊具に向かって笑顔で進んでいくようになります。この時期にたっぷりとハイハイを経験できるように環境を整えたいものです。

移動ができるようになり、興味・関心が広がります。

「はい、どうぞ!」という気持ちで保育者におもちゃを差し出します。

0歳児 5月の指導計画

月のねらい
① 安定した生活リズムで過ごす。
② 保育者に慣れ、安心して過ごす。
③ 好きな遊びを見つけ十分に楽しむ。

まずは生活のリズムを整える

新しい生活に少しずつ慣れてきているので、一人ひとりのやりたいことを保障しながらも、食事や睡眠などの生活リズムを一定に整えていくことが大切です。リズムが安定すると情緒も安定し、活動が積極的になります。生活と遊びは連動しているのです。

おもちゃの感触を楽しむ

おもちゃを手に取り、なめたり噛んだりしながらじっくりと素材の感触を楽しむようになります。そのような体験の中で、目と手の協応が促されます。

	えりか(4か月)	あやか(7か月)
前月末の子どもの姿	・睡眠のリズムはまだ不安定である。 ・目覚めている時は、機嫌よく過ごすことが多くなり、機嫌がよい時は自分の手をなめたり、足を動かしたりして遊んでいる。 ・さかんに手足を交差させるポーズをしている。	・入園して1週間ほどは登園時に泣くことが続いたが、次第に慣れ、泣かずに登園できるようになった。 ・腹ばいの姿勢にすると首をもち上げ、担当の保育者が見えると微笑む姿が見られる。
子どもの姿ベースのねらい●と内容◆	●安定した生活リズムで過ごす。 ◆決まった保育者と一緒に一定の時間と場所でミルクを飲んだり眠ったりする。 ❷保育者に慣れ、安心して過ごす。 ◆機嫌のよい時に、わらべ歌などを歌ってもらい心地よく過ごす。 ❸好きな遊びを見つけ十分に楽しむ。 ◆口や手でいろいろなものの感触を楽しむ。 ◆偶然にふれたもの、関心をもったものに自ら手を伸ばして触ったり口に入れたりする。	❶安定した生活リズムで過ごす。 ◆安心して食事をする。 ◆特定の保育者が膝に抱き、一定の場所と手順で食事をし、食べ物に慣れる。 ❷保育者に慣れ、安心して過ごす。 ◆保育者と笑顔を交わす。 ◆わらべ歌などを歌い、楽しい時間を過ごす。 ❸好きな遊びを見つけ十分に楽しむ。 ◆好きなおもちゃでじっくり遊ぶ。 ◆おもちゃをさわって感触を楽しむ。
環境構成★・保育者の配慮◎	**安定した生活リズムで過ごすために** ★ベッドの位置を固定することで、安心して睡眠できるようにする。 ◎決まった保育者が睡眠に誘い、心地よいと感じる手順を見つけて、くり返す。 **保育者に親しみをもつために** ◎保育者は声のトーンを意識し、やや高めのやわらかい声で静かに語りかけるようにする。 **興味のあるものを見つけるために** ◎興味のあるおもちゃを見つけられるように、手の届く範囲に扱いやすい安全なおもちゃを整える。	**食べ物に慣れるために** ◎上唇を閉じて自ら取り込むのを待ち、1さじずつ食べさせる。 ◎「モグモグ」と声をかけながら目を合わせて食事を進める。 **保育者と安心して過ごすために** ◎期待や要求に応えてくれる人がいるという安心感をもてるように、常に応答的な対応を心がける。 **好きなおもちゃでじっくり遊ぶために** ★好きなおもちゃを見つけられるように、視界に入る場所に様々な素材のおもちゃを置く。
家庭との連携	・家庭の生活も視野に入れ、24時間のサイクルで子どもの生活リズムを考える。	・連絡ノートのやりとりから、家での生活と遊びの様子を把握し、園での活動に取り入れていく。

「子どもの姿ベースのねらい●と内容◆」の「内容」は子どもの姿をもとに「3つの視点」を意識して作ります。3つの視点のマークを入れました。
※マークの詳細はP9を参照

| 健康・安全・食育の配慮 | ・安心して食事ができるように、決まった保育者が決まった場所で一定の手順で進めていく。
・おもちゃは、口に入る大きさのものがないか、破損したものがないかなど、常にチェックする。
・おもちゃを清潔に保つため、毎日消毒する。 | 行事 | ・誕生会
・保育参観 |

 ## しょうた（9か月）

- ハイハイに安定感が出てきた。「ここまでおいで」の保育者の呼びかけやおもちゃに向かって一目散にハイハイで進む姿が見られる。
- 人見知りは続いており、ほかのクラスの保育者に対しては不安な様子を見せる。

❶ 安定した生活リズムで過ごす。
◆ 楽しい雰囲気の中で食事をする。 自分
◆ 食事を楽しみに待ち、エプロンをつけたり、手を拭いたりする準備に対して協力する。 自分
❷ 保育者に慣れ、安心して過ごす。
◆ 大好きな保育者と「いないいないばあ」の遊びなどをして楽しむ。 人
❸ 好きな遊びを見つけ十分に楽しむ。
◆ 保育者の呼びかけや目指すおもちゃに向かってハイハイで進む。 もの

楽しい雰囲気で食事をするために
◎ 毎回の食事に対して手順を一定にし、食べている時は目を合わせ、「モグモグ」などと優しく声をかけて進める。

保育者に親しみをもつために
◎ ハイハイで子どもが近づいてきたら、わらべ歌や優しい語りかけで対応する。

探索活動を楽しむために
★ 十分ハイハイするために、廊下などの広いスペースを用意する。
★ 床にはクッションやトンネルなどの障害物を置いたり、柔らかい布や人工芝などの感触の違うものを置いたりして、ハイハイでの探索活動を楽しめるようにする。

・自宅で食べている食品の種類や食べ方などを常に確認し、園での離乳食に反映させていく。

基本的な配慮

- 午睡中のチェックは必ず決まった間隔で行い、うつ伏せ寝になっていないか確認する。
- 次第に自立睡眠ができるようにしていく。それまでは、入眠時に抱っこをしたり、隣で見守ったりして安心して眠りにつけるように配慮する。
- 決まった保育者が一定の手順で睡眠などのかかわりを行い、安心した環境になるように心がける。
- それぞれの子どもの起床時間、登園時間、午前寝の有無、自宅での夜の睡眠の様子などを把握し、安定した生活リズムになるように心がける。まだリズムが安定しない場合、その日の対応を柔軟に行えるように職員の連携体制を整えておく。

職員の連携

・離乳食については、栄養士との連携を密にし、毎日様子を見てもらいながら進めていく。

評価（子どもを捉える視点・見通し）

・一人ひとりの子どもの生活リズムを保障できているか。
・一人ひとりの子どもが、安心して食事や睡眠ができているか。
・一人ひとりが好きな遊びを見つけて、充実した時間を過ごすことができているか。

自分から動きたくなる環境に
ハイハイのスペースを保障し、自分から動きたくなるようなきっかけをたくさん用意するとよいでしょう。おもちゃは、興味に応じて自分で手に取れるような環境を用意しましょう。

落ち着いた雰囲気でかかわる
乳児は、保育者の気持ちや雰囲気を敏感に感じ取ります。常にゆったりと落ち着いた雰囲気でかかわるようにしましょう。子どもから視線や笑顔を向けられた時には、温かなまなざしと優しい声で応えるようにしましょう。

「月のねらい」は子どもの姿をもとに、資質・能力の3つの柱を意識して振り返りができるように作ります。本書では特に意識したいものに下線を入れています。
「知識・技能の基礎」　　　　「思考力・判断力・表現力等の基礎」　　　　「学びに向かう力・人間性等」　　　　※下線の詳細はP9を参照

保育の資料

0歳児

低月齢の子どもたちも、離乳食のスタートに向けて、スプーンに慣れる、味に慣れるなどの準備が始まります。離乳食を進めていく際、どのような配慮が必要なのでしょうか。

生活 食べ物に慣れる・食べることを楽しむ

5か月くらいになり、他児の食事をしている姿を見てよだれを出したり、
手を伸ばして催促するような姿が見られたら、
体調のよい時を見計らって、離乳食をスタートさせましょう。

離乳食前期

　離乳食前期は、1日1回の離乳食から始めます。形状はドロドロした状態のもの。介助用の長めのスプーンを使います。「おいしいおかゆですよ」と言いながら、下唇の上にスプーンを乗せると、自分で口の中に入れて、舌を前後させています。「おいしいね」などと声をかけ、保育者とやりとりしながら安心して食事をすることができています。

　まだ背中の筋肉がしっかりしていないので、保育者の膝に座らせて食事をするとよいでしょう。安心して食事ができるように、なるべく特定の保育者が決まった時間・場所で食事の介助ができるように配慮します。「おいしいね」と優しく声をかけながら、1対1の時間を過ごします。

保育者が口に流し込むことはせず、乳児が自分で唇を閉じて食べ物を口に入れるようにしましょう。その後は、舌を前後させながら食べ物を喉に送ります。

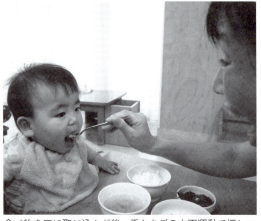

食べ物を口に取り込んだ後、舌とあごの上下運動で押しつぶして飲み込むようになります。噛まずに丸飲みしてしまうこともありますが「アムアムアム」「ごっくんだね」と言葉をかけながら、口を動かせるように誘います。目を合わせて、楽しい雰囲気になるように心がけましょう。

離乳食中期

　離乳食中期は、7か月頃を目安に進めますが、一人ひとりの発達の様子をよく見ていきましょう。1日2回、形状は、舌でつぶせる固さにします。寝返りができるようになると、足腰や背筋の筋肉はずいぶんしっかりしてきます。しかし、まだしばらくは保育者の膝の上に抱かれて食べるとよいでしょう。椅子に座って食べる目安は、歩行が自立してくる頃です。食事の終わりまで、上半身が安定していられるようになるからです。

　「エプロンをつけるから待っていてね」と言うと、手足をバタバタとさせてうれしそうにしています。保育者がエプロンをつけておしぼりで手と口を拭いて、食事が始まります。今後の自立に向け、一つひとつの行為を省略することなく、丁寧に行います。子どもが食事に集中できる時間を考えて、約20分くらいを目安に進めます。子どもが自ら口を開けるのを待ち、自分から食べものを取り込めるようにしましょう。スプーンは口の奥まで入れず、唇を閉じたらそっと引き抜きます。

| 遊び 低月齢 | **口や手でものの感触を楽しむ** |

4か月くらいになると手を顔の前で合わせたり、足を交差させたりすることができるようになってきます。この時期は、自分の手や足を口に入れたり、手を眺めたり、足をバタバタと動かすことが遊びです。活発に手足を動かすようになると、寝返りができるようになっていきます。

じっと見つめたり触ったりなめたりする

手足を自由に動かせるようになり、その感覚を楽しみます。そして次第に、両手でおもちゃを持てるようになっていきます。じーっとおもちゃを見つめ、ゆっくり口に持っていき、感触を楽しみます。上手につかめなかったり、口に入らなかったりすることもありますが、このような経験をくり返すことで体の操作の仕方がわかってくるとともに「固い」「柔らかい」「音がする」などのものの性質を知っていきます。

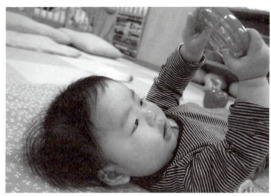

十分におもちゃを触ったりなめたりして感触を楽しむことができるように、ごろんと寝かせて体を自由にさせてあげることが大切です。

| 遊び 高月齢 | **ハイハイで移動し、探索する** |

ハイハイに安定感が出てくると、好きな遊具を目指して進む様子が見られます。
保育者の呼びかけに応えるよう進むと、より楽しい活動になるでしょう。
様々な工夫をして、意識的にハイハイの機会をつくるようにしましょう。

好きなものを目指して

ハイハイは全身の筋力をつけていくとともに、体のバランス感覚を育てます。これは、歩行に進む前の大切な発達段階です。クッションなどの障害物や人工芝など感触の違うものなどにふれる、移動した先で保育者が「いないいないばあ」の遊びで応えるなど、探索を楽しめる工夫をしていきましょう。

クッションの障害物があることで探索の意欲が高まります。

探索した先に感触の違う人工芝のマットを見つけたAくん。時々ここへ来ては、ゴワゴワした感触を楽しんでいます。

保育教材

わらべ歌
「このこどこのこ、かっちんこ」

抱っこして優しく揺らしながら歌います。「かっちんこ」の部分は、「え〜りかちゃん!」などと名前を入れたり動きを止めたりして、歌い方にアクセントをつけるのもよいでしょう。目を見ながら笑い合い、ゆったりとした気持ちで歌います。

0歳児 6月の指導計画

月のねらい
❶ 体を清潔にし、さっぱりした気持ちを味わう。
❷ 保育者とふれ合い遊びを楽しむ中で心地よさを味わう。
❸ 気に入ったおもちゃでくり返し遊ぶ。

	えりか（5か月）	あやか（8か月）
前月末の子どもの姿	・おもちゃを両手で持って、眺めたり、しゃぶったりして感触を楽しんでいる。 ・おむつ交換の時に「いちりにり」のわらべ歌を歌うとうれしそうに口を大きく開ける。	・ずりばいを楽しんでいる。月の後半は、腹ばいから上体を起こし、おすわりをする。 ・移動できるようになると好奇心が増し、壁面のおもちゃに手を伸ばすようになった。 ・保育者に体を揺らしてもらうと喜んで笑う。
子どもの姿ベースのねらい●と内容◆	❶体を清潔にし、さっぱりした気持ちを味わう。 ◆沐浴を行い、さっぱりした気持ちよさを味わう。 ❷保育者とふれ合い遊びを楽しむ中で心地よさを味わう。 ◆機嫌のよい時に、わらべ歌などを歌ってもらいながらスキンシップを楽しむ。 ❸気に入ったおもちゃでくり返し遊ぶ。 ◆手と足を上手に使って、大きめの柔らかいボールなどをつかんで感触を楽しむ。	❶体を清潔にし、さっぱりした気持ちを味わう。 ◆保育者の膝に座って食事をする。 ◆エプロンをつけておしぼりで手と口を拭くと食事の時間だとわかり、楽しみに待つ。 ❷保育者とふれ合い遊びを楽しむ中で心地よさを味わう。 ◆わらべ歌を歌いながら体を揺らしてもらう。 ❸気に入ったおもちゃでくり返し遊ぶ。 ◆ずりばいでおもちゃに向かい、手を伸ばし、押したり引っ張ったりなどの遊びを楽しむ。
環境構成★・保育者の配慮◎	**体を清潔に保ち、さっぱりと気持ちよく過ごすために** ★ジメジメとして蒸し暑くなるので、室内の温度や湿度に特に気をつける。 ★沐浴時の保育者の動線を事前にしっかり確認し、子どもたちが落ち着いた気持ちで沐浴できるようにする。 ◎子どもが安心できるよう、沐浴はできるだけ特定の保育者が一定の手順で行う。 **ふれてもらう心地よさを感じるために** ◎保育者は優しくゆったりとした雰囲気でわらべ歌などを歌い、一人ひとりと十分にかかわるようにする。 **全身でものの感触を感じられるために** ★タオル地の柔らかく大きめのボールなどを出し、自分から触って全身でその肌触りなどを楽しめるようにする。	**食事の時間を楽しみに待つために** ◎「さあ、ご飯にしましょうね」「エプロンをつけましょう」などと声をかけながら食事の準備を進め、生活に見通しがもてるように配慮する。 ◎食事が楽しい時間となるように、明るく優しい声でかかわる。 **保育者とのかかわりを心地よいと感じるために** ◎わらべ歌などを、ゆったりした雰囲気の中、優しい声で歌う。 ◎1対1のかかわりの時間を十分に取る。 **好きなおもちゃを見つけられるように** ★ずりばいやおすわりの位置で好きなおもちゃを見つけられるように、手の届く高さに引っ張るおもちゃ、音の出るおもちゃを取りつけておく。
家庭との連携	・家庭での睡眠や食事の様子を確認しながら、生活リズムを整えていく。 ・沐浴があることを伝え、その日の機嫌や体調を丁寧に確認し合う。	・沐浴があることを伝え、その日の機嫌や体調を丁寧に確認するようにする。 ・家庭での離乳食の進め方や食べ具合などを確認し、無理のないように進めていく。

発達段階に合った遊びを保障する

寝返り、ずりばい、ハイハイ、つかまり立ちなど、いろいろな段階の子どもが同じ部屋で生活することになります。それぞれの発達段階に合った遊びができるよう保障していきましょう。

おもちゃの置き方、言葉のかけ方に工夫を

おもちゃに自分からかかわり、楽しむことが大切です。興味がもてるようにおもちゃの置き方、言葉のかけ方を工夫していきましょう。また、言葉でのコミュニケーションが難しくても、歌で気持ちが通じ合います。たくさん歌ってかかわりましょう。

「子どもの姿ベースのねらい●と内容◆」の「内容」は子どもの姿をもとに「3つの視点」を意識して作ります。3つの視点のマークを入れました。
※マークの詳細はP9を参照

健康・安全・食育の配慮	・細菌やウイルスの感染を防ぐために、おもちゃの消毒に加え、壁や床も毎日消毒する。 ・おもちゃは、口に入る大きさのものがないか、破損したものがないかなど、常にチェックする。 ・汗をかきやすいので、肌着をこまめに取り換えるようにする。	行事	・誕生会 ・プール開き

しょうた（10か月）

- おすわりが安定し、長い時間座っていられるようになってきた。背筋がついたこともあり、棚や壁につかまって立ち上がろうとしている。
- 壁面の引っ張るおもちゃに興味を示し、ハイハイで進んでは、くり返し遊んでいる。

❶ 体を清潔にし、さっぱりした気持ちを味わう。
◆ 着替え時は、手足を動かし協力する。(自分)
◆ 着替えの手順がわかり、保育者の言葉かけに応じてバンザイをしたり、足を上げたりする。(自分)
❷ 保育者とふれ合い遊びを楽しむ中で心地よさを味わう。
◆ わらべ歌を歌ってもらい、体を揺らす。(人)
❸ 気に入ったおもちゃでくり返し遊ぶ。
◆ 目の高さにあるおもちゃに興味を示し、立ち上がって触り、音が出ることを楽しむ。(もの)

基本的な配慮

- 子どもたちの動きが大きくなってくるので、転倒などに気をつける。
- 自立睡眠ができるようになってきた子どもは、保育者が見守ることで入眠できるようにするため、眠る場所や手順を一定にし、落ち着いた雰囲気で安心できる環境を用意する。
- 生活リズムが安定しない子どもには、その日の状況によって柔軟に対応する。
- 離乳食の食べ方などをよく見て、無理のないように進める。
- 登園時と午睡後だけでなく、沐浴の前にも体温を測るなど、体調の変化に十分気をつける。

沐浴時の混乱を避けるために

沐浴時は、保育者の動線が混乱しがちです。バスタオルや着替えなど、すぐに使えるように事前準備をして、置き場などを工夫していきましょう。

意欲的に着替えをするために
◎「着替えてさっぱりしようね」「ズボンをはくから足を上げてね」などと、行為を声に出して伝え、見通しがもてるようにする。

保育者と過ごす時間に心地よさを感じるために
◎「とうきょうとにほんばし」などのふれ合い遊びをたくさん行い、1対1のゆったりしたスキンシップの時間を大事にする。
◎「もう1回」という要求や期待の気持ちを感じ取り、できるだけ応えるようにしていく。

気に入ったおもちゃを見つけるために
★ 立ち上がることが楽しい時期なので、立った時にちょうど目の高さにくる位置におもちゃを用意する。壁につけたり、天井からぶら下げたりして工夫する。

職員の連携

- 離乳食の進み具合については、栄養士に毎日様子を見てもらいながら無理のないように進めていく。

評価（子どもを捉える視点・見通し）

- 保育者はそれぞれの子どもの食事や睡眠のリズムを把握しており、子どもたちが安心して生活できているか。
- 保育者とのかかわりの中で、心地よい時間を過ごすことができているか。
- それぞれ好きな遊びを見つけて、くり返し遊んでいるか。

子どものサインを見逃さない

まだ言葉にして伝えることができない子どもたちですが「もう1回」「もっとちょうだい」「それは嫌だ」というような気持ちのサインを出しています。サインを見逃さず、「もう1回ね」「待ってたの」などと気持ちを代弁していきましょう。気持ちを理解してくれたということが信頼につながります。

- 離乳食の段階が進んでくる時期なので、家庭で食べている食材や食べ具合などを、頻繁にチェックする。

「月のねらい」は子どもの姿をもとに、資質・能力の3つの柱を意識して振り返りができるように作ります。本書では特に意識したいものに下線を入れています。「知識・技能の基礎」........、「思考力・判断力・表現力等の基礎」_____、「学びに向かう力・人間性等」_____ ※下線の詳細はP9を参照

保育の資料

0歳児

汗ばむ季節になります。
体を清潔に保つためにどのような配慮が必要でしょうか。

生活 体を清潔に保つ

梅雨の時期で気温も湿度が上がり、汗ばむことが多くなります。
乳児は新陳代謝が特に激しいので、こまめに着替えたり、
沐浴をしたりして、常に肌を清潔に保つようにしましょう。

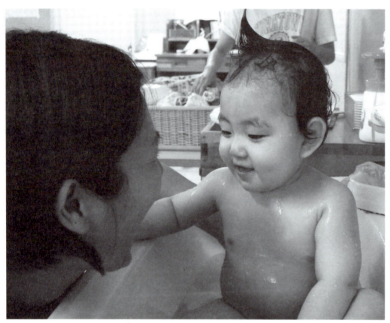

沐浴しながら目を合わせて「気持ちいいね」「さっぱりするね」などと優しく語りかけましょう。

さっぱりした気持ちよさを味わうことが大切

沐浴は、あせもやとびひの予防としても大切ですが、まずは、さっぱりした気持ちよさを味わってもらいたいものです。散歩でかいた汗を、沐浴でさっぱりさせたBちゃん。「気持ちいいねー」と声をかけると、保育者と目を合わせて笑います。おすわりのできない月齢の子はお湯を溜めて、ゆっくり体を沈めます。裸になると不安を感じる子どももいるので、月齢の低いうちは沐浴布を利用するとよいでしょう。汚れの溜まりやすい関節部分などは特に丁寧に洗います。

着替えに協力

Cちゃんは、Tシャツの首から頭を出す時に「バア」と言って、保育者と笑い合うことが楽しいようです。
発達に応じて手足を動かして着替えに協力するようになり、次第に自立に向かいます。

「手が出るかな？」「足を入れるよ」「バンザイできるかな？」などと着替える時の動きを言葉にして伝えていくとよいでしょう。

保育教材
わらべ歌
「いちり、にり、さんり、しりしりしり」
おむつ交換の時などに足首や膝、ももの付け根などを触りながら優しく歌って楽しみます。

38

遊び 低月齢 　手でぎゅっとつかむ

5か月くらいになると、全身を使ってものの感触を味わうようになります。
両手両足を大きく動かし、手で足をつかんで遊んだり、弾力性のある素材のおもちゃを抱えて感触を楽しみます。手に力が入るようになり、ぎゅっとものがつかめるようにもなります。

つかむ遊び

　タオル地の柔らかいボールを抱えてじーっと見たり、感触を楽しんだりするDちゃん。このように手でぎゅっとつかむ遊びを楽しめるように、弾力性のある軽い素材のおもちゃがあるとよいでしょう。口でふれることが多い時期なので、洗いやすく、清潔が保てるものがよいでしょう。

手や足でつかんだ時に、安定してしっかりつかめる大きさであることが大切です。

遊び 高月齢 　つかまり立ち・目の高さで遊ぶ

10か月くらいになると、壁や棚などにつかまって立ち上がろうとします。同時に背筋が育ってきて、長い時間姿勢を保つことができるようになってきます。目の高さにある壁面のおもちゃなどに興味を示し、じっくりと遊ぶようになります。

目の高さのおもちゃ

　立ち上がった高さにちょうどボールの入る大きさで穴をあけた箱があることに気づいたEくん。そこにポトンとボールを入れ、音と感覚を楽しんでいます。壁面のおもちゃは、子どもの目の高さになるように取りつけると、自分からかかわります。働きかけによって、おもちゃが動いたり音が出たりすると、より楽しめるでしょう。

つかまり立ちの初期のうちは転倒の心配があります。
周囲に危ないものがないか気をつけましょう。

7月の指導計画

0歳児

月のねらい
① 安定した生活リズムの中で、暑さに負けず健康に過ごす。
② 欲求や要求を受け入れてもらい、ゆったりとした気持ちで過ごす。
③ 気に入ったおもちゃを見つけ、くり返し遊ぶ。

	えりか（6か月）	あやか（9か月）
前月末の子どもの姿	・首や背中の筋肉がついてきたのか、うつ伏せの状態で顔を上げている時間が長くなってきた。 ・興味のあるものを追って首を動かし、きょろきょろと周囲を見回す。	・おすわりが安定し、両手が自由に使えるようになった。おもちゃをもってなめたり、試すように噛んだりして楽しんでいる。 ・保育者を見ると自分から微笑み、「いないいないばあ」をしてもらうと喜ぶ。
子どもの姿ベースのねらい●と内容◆	①安定した生活リズムの中で、暑さに負けず健康に過ごす。 ◆外気にふれ、沐浴や水遊びを楽しむ。 ②欲求や要求を受け入れてもらい、ゆったりとした気持ちで過ごす。 ◆わらべ歌などを歌ってもらい、一緒に揺れたり言葉のリズム感を楽しんだりする。 ③気に入ったおもちゃを見つけ、くり返し遊ぶ。 ◆音や動きなどの刺激を感じて楽しもうとする。 ◆興味のあるものを全身を使って追視する。	①安定した生活リズムの中で、暑さに負けず健康に過ごす。 ◆木陰で風や光を感じながら過ごしたり、タライに水を入れて水遊びを楽しんだりする。 ②欲求や要求を受け入れてもらい、ゆったりとした気持ちで過ごす。 ◆自分の要求を声や仕草、喃語で表現する。 ③気に入ったおもちゃを見つけ、くり返し遊ぶ。 ◆保育者と土や水にふれ、柔らかい感覚や冷たい感覚を心地よさとともに感じる。
環境構成★・保育者の配慮◎	**暑さに負けず健康に過ごすために** ★睡眠時、日光などで暑くなりすぎないようにベッドの位置やかけるものに気をつける。 ◎安定した生活リズムを心がけ、十分な休息が取れるように配慮する。 **ゆったりした心地よさを感じるために** ◎優しくゆったりとした雰囲気でわらべ歌などを歌い、リズムに合わせて揺らしたり、軽くポンポンとたたいたりして心地よい時間を過ごせるようにする。 **気に入ったおもちゃを見つけ、自分からかかわり、くり返し楽しむために** ★寝返りができるようになったら、自由に動ける安全な空間を保障していく。 ◎寝返りができるようになる時期なので、様々な方向から声をかけ、おもちゃを動かすなどして全身を使って追視ができるようにする。	**暑さに負けず健康に過ごすために** ★温度や湿度をこまめにチェックする。 ◎休息がしっかり取れるように、配慮する。 **自分の思いや要求を声や仕草、喃語で表現するために** ◎要求などのサインを見逃さずに感じ取り「もう1回揺らしてほしいのね」などと優しく代弁しながら対応する。 **土や水などにふれ、全身で感触を楽しむために** ★乳児用の箱庭などを用意し、ゆったりとした雰囲気の中で遊べるように配慮する
家庭との連携	・家庭の生活時間も考慮しながら、生活リズムを整えていく。 ・沐浴の機会が増えるので、その日の機嫌や体調を丁寧に確認し合う。	・沐浴や水遊びをすることを伝え、その日の機嫌や体調を丁寧に確認するようにする。 ・家庭での離乳食の進め方や食べ具合などを確認し、無理のないように進めていく。

水遊びや沐浴で気持ちよく

暑い日には、水遊びなどを取り入れ、汗をかいたらすぐに沐浴するなどして気持ちよく過ごせるようにしていきましょう。

子どものサインを見逃さない

おもちゃで遊んでいてその楽しさに気づいた時、保育者がその喜びを共有することが大切です。子どもの気持ちや、要求、サインなどを見逃さず「回ったね」「びっくりしたね」などと言葉にして対応していきましょう。

「子どもの姿ベースのねらい●と内容◆」の「内容」は子どもの姿をもとに「3つの視点」を意識して作ります。3つの視点のマークを入れました。
※マークの詳細はP9を参照

健康・安全・食育の配慮	・あせもやおむつかぶれ、とびひ、虫刺されなどの皮膚のトラブルが起きやすいので、着替えなどの時によく観察し、快適に過ごせるように配慮する。 ・食中毒についての知識を確認し、哺乳瓶や食器などの洗浄や保管の方法について徹底する。	行事	・誕生会 ・七夕祭り

しょうた（11か月）

- つかまり立ちができるようになり、目の高さにあるおもちゃに自分から手を伸ばして、じっくりと遊ぶ姿が見られる。
- 保育者との信頼関係が確立され、後追いをしたり知らない人にけげんな顔をしたりする。

❶ 安定した生活リズムの中で、暑さに負けず健康に過ごす。
◆「自分で食べる」ことに喜びを感じる。 自分
❷ 欲求や要求を受け入れてもらい、ゆったりとした気持ちで過ごす。
◆「この人がいれば安心」という気持ちをもち、特定の保育者とのつながりを深める。 人
❸ 気に入ったおもちゃを見つけ、くり返し遊ぶ。
◆ふれる、叩く、押す、回すなどのおもちゃを通して、そのものの性質を知り楽しむ。 もの

「自分で食べる」ということに喜びを感じるために
◎ 手でつかみやすい形状の食材を加え、食べたいという意欲を大切にする。

大好きな保育者と過ごす時間に心地よさを感じるために
◎ 人見知りや後追いが見られる時期なので、側を離れる時には「○○したら戻ってくるからね」などと言葉にして伝え、不安を減らすようにする。

ふれる、叩く、押す、回すなどの遊びを楽しむために
★ 様々な要素が入ったおもちゃを用意し、手が届くところに置く。じっくり遊べるように、数や置き場所などに配慮する。

- 手づかみ食べは、食べる意欲につながることだと伝えていく。
- 機会があれば、園での食事の様子を見てもらい、情報交換を行う。

基本的な配慮

- 暑い日の散歩は、日陰を選んで歩くなどの配慮とともに、水分補給もしっかりしていく。帽子を忘れずにかぶる。
- 人見知りや後追いで不安になる子どもがいる場合は、安心できる保育者が常にかかわれるように連携していく。
- 生活リズムが安定しない子どもには、その日の状況によって柔軟に対応する。
- 離乳食の食べ方などをよく見て、無理のないように進める。
- 登園時と午睡後だけでなく、沐浴や水遊びの前にも体温を測るなど、体調の変化に十分気をつける。

職員の連携

・離乳食の進み具合については、栄養士に毎日様子を見てもらいながら無理のないように進めていく。

評価（子どもを捉える視点・見通し）

- 一人ひとりの子どもがしっかり休息がとれており、食事や睡眠のリズムも安定しているか。
- 特定の保育者と安心して過ごし、心地よい時間を過ごすことができているか。
- それぞれが好きな遊びを見つけて、くり返しじっくりと遊んでいるか。

子どもから離れる時は声をかける

1日を通して安心して過ごせるように、朝の受け入れや生活の世話の部分は、特定の保育者がかかわるようにしましょう。人見知りや後追いが始まります。不安を減らすためには、保育者の姿がいつも見えるようにし、離れる時には「○○に行ってくるね」と声をかけるとよいでしょう。

おもちゃの位置を工夫する

つかまり立ちの子どもが増えてくるので、立った時に目の高さで遊べるようなおもちゃをいくつか用意していきましょう。また、テラスにタライなどを出して、水遊びができるようにします。ジョウロやペットボトル、短く切ったホースなどがあるとさらに楽しめます。

「月のねらい」は子どもの姿をもとに、資質・能力の3つの柱を意識して振り返りができるように作ります。本書では特に意識したいものに下線を入れています。
「知識・技能の基礎」........　「思考力・判断力・表現力等の基礎」_____　「学びに向かう力・人間性等」＿＿＿＿　※下線の詳細はP9を参照

保育の資料

0歳児

暑さが増してくると、疲れやすくなります。
しっかりと休息を取り、体調を整えたいものです。

生活　休息する

長い時間、園で生活する子どもにとって、遊びと休息のバランスはとても大切です。安定した生活リズムと十分な休息は、暑さの増すこの時期の健康に、欠かせないものであると考えましょう。

何もしないでぼんやりするゆとり

　安心して眠れるように、決まった保育者が睡眠に誘うことが大切です。入眠時の手順や眠る場所も一定にするとよいでしょう。抱っこで入眠する場合は、ゆったりと揺らしながら子守歌などを優しく歌います。次第に見守るだけで自分で入眠できる自立入眠へと移行していきます。

　休息は、午睡時間だけではありません。遊んでいる時にも、疲れた時にゴロンと横になることのできるスペースが必要です。

　Fちゃんはまだおすわりができませんが、うつ伏せの状態で首をもち上げ、両手を使って胸を上げる姿勢をよく取っています。周囲がよく見渡せて楽しそうですが、長時間続くと疲れてしまう様子。クッションで体を支えると、もたれかかって休んでいます。「何もしないでぼんやりする」という時間も大切です。そのような時間をしっかり保障できるゆとりと豊かさがあるとよいでしょう。

保育教材
わらべ歌
「ちょちちょちあわわ」
手やお腹にふれて言葉のリズムを楽しみましょう。

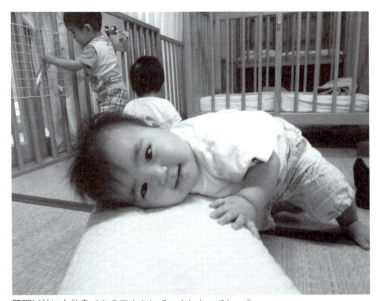
睡眠以外にも休息できる工夫をしていくとよいでしょう。

畳のあるスペースなどは、くつろぎやすく、ホッとできます。

遊び 低月齢　寝返りをする

首をもち上げてキョロキョロと周りを見渡すようになると、寝返りが始まります。
寝返りを始めたら、自由に動ける空間をしっかり保障していきましょう。
部屋の隅から隅までゴロゴロと転がって楽しむ子どももいます。

興味のあるものがきっかけに

「Gちゃん」と保育者が声をかけたり、興味のある音が聞こえたりすると、その方向に顔を向けるGちゃん。体を反らして見ようとするうちに、ゴロンと寝返りができるようになりました。いろいろな方向から名前を呼んだり、興味のあるもので追視をするような機会をつくるとよいでしょう。

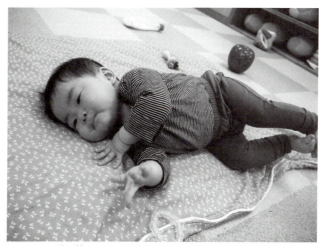

下になった腕が抜けるまで、試行錯誤しますが、何度も試すうちにできるようになります。

遊び 高月齢　鏡で遊ぶ

鏡に映る自分を見つけると、うれしそうに見つめ笑いかけたり、鏡を叩いてみたりして遊びます。
鏡に映った姿を自分だと認識しているわけではありませんが、
自分が映る姿を見て、次第に鏡の性質に気づくでしょう。

これはだれかな？

Hちゃんは鏡に映る自分の姿に「アー」と呼びかけたり、鏡に映った保育者とにっこり笑ってコミュニケーションを取ったりして楽しんでいます。

おすわりや寝転んだ状態で見える位置に
鏡を置くとよいでしょう。

0歳児 8月の指導計画

月のねらい
1. 清潔にしてもらうことで、さっぱりした心地よさを感じる。
2. 特定の保育者の側で安心して過ごす。
3. 様々な感触のものにふれて楽しむ。

大きいプールより、タライで個別に対応

暑い日には水遊びを行うことが多い月です。できれば大きなプールより、一人ひとりの空間が確保でき、じっくり遊べるタライなどを準備するのがよいでしょう。

気持ちや感触を言葉にする

着替えの後には「さっぱりして気持ちがいいね」、感触遊びの時には「冷たいね」「ひんやりしているね」「ざらざらしているね」「つるつるしているね」など、気持ちや感触を言葉で伝えます。言葉が出てくる前の段階から、一つひとつの行為や遊びを丁寧に伝えていきます。

	えりか（7か月）	あやか（10か月）
前月末の子どもの姿	・お腹を軸にして回転し、方向転換をしている。 ・ずりばいができるようになったため、興味のあるおもちゃに積極的に向かって行くなどして、行動範囲が広がっている。	・ハイハイをし、行動範囲が広がってきた。 ・わらべ歌などを歌うと、保育者のまねをして手を叩いたり、お腹を叩いたりする。 ・水遊びでは、カップに水を入れてジャーと流すことを楽しんでいる。
子どもの姿ベースのねらい●と内容◆	①清潔にしてもらうことで、さっぱりした心地よさを感じる。 ◆沐浴やこまめな着替えの後「さっぱりしたね」と声をかけてもらい、気持ちよさを感じる。（自分） ②特定の保育者の側で安心して過ごす。 ◆膝の上に座り、わらべ歌などを歌ってもらい、心地よい時間を過ごす。（人） ③様々な感触のものにふれて楽しむ。 ◆ずりばいで好きなおもちゃのところに行き、手や口でその感触を味わう。（もの）	①清潔にしてもらうことで、さっぱりした心地よさを感じる。 ◆こまめに汗を拭いたり、着替えをしたりしながら心地よく過ごす。（自分） ②特定の保育者の側で安心して過ごす。 ◆保育者と「うまはとしとし」などのふれ合い遊びを楽しむ。（人） ③様々な感触のものにふれて楽しむ。 ◆水遊びのほか、泥や寒天、氷などにふれて遊ぶ。（もの）
環境構成★・保育者の配慮◎	**こまめに着替えをし、清潔にして過ごす** ◎汗を多くかくため、沐浴やシャワーをしたり、午睡後にもこまめに着替えを行ったりする。 **保育者の側で安心して過ごすために** ◎子どもの表情や表現を敏感に感じ取り、常に応答的にかかわる。 ◎ゆったりとした雰囲気の中で、優しい声でわらべ歌を歌う。 **様々な感触のものにふれて興味を広げる** ★手の届くところにおもちゃを置き、興味がもてるようにする。 ◎様々な感触のものに一緒にふれ、「音が出るね」「ふわふわだね」などと言葉にして伝えていく。 ◎危険がないように、常におもちゃの安全性に留意する。	**清潔にしてもらい心地よさを感じる** ◎暑い日は水遊びやシャワーをしてさっぱりした気持ちよさを感じる。 **保育者の側で安心して過ごすために** ◎ゆったりとした雰囲気の中で、優しい声でわらべ歌を歌う。 **様々な感触のものを用意する** ★水や寒天、氷など様々な感触のものを用意する。 ◎「気持ちがいいね」「ひんやり冷たいね」などと、その感覚を言葉にして伝えていくようにする。
家庭との連携	・暑さにより体調を崩しやすくなるため、連絡帳や送迎時に情報交換を綿密に行う。 ・着替えをこまめに行うので、十分な枚数を用意してもらう。	・暑さのせいか、あまり食欲のない日がある。連絡帳や送迎時にその日の調子を伝え合っていく。 ・着替えをこまめに行うので、十分な枚数を用意してもらう。

「子どもの姿ベースのねらい●と内容◆」の「内容」は子どもの姿をもとに「3つの視点」を意識して作ります。3つの視点のマークを入れました。
※マークの詳細はP9を参照

健康・安全・食育の配慮	・疲れが出やすい時期なので、眠くなった時にはすぐに睡眠が取れる空間を確保して、安心して過ごせるようにする。 ・おすわりやつかまり立ちが安定しない場合、急に後ろに倒れることがあるので、周囲に危険がないような環境設定を心がける。 ・室温をこまめに調整し、室内が適温に保たれるように配慮する。	行事	・誕生会 ・夏祭り

しょうた（1歳）

- 1人で立とうとしている。まだバランスがうまく取れず、お尻からドスンと勢いよく座り込むことがあるが、くり返し挑戦している。
- 水遊びでは顔に水がかかっても平気で笑って喜ぶ姿が見られる。

❶ 清潔にしてもらうことで、さっぱりした心地よさを感じる。
◆「汗をかいたから着替えようね」の声かけとともに、保育者と一緒に着替えようとする。自分
❷ 特定の保育者の側で安心して過ごす。
◆ わらべ歌やふれ合い遊びをする中で、保育者との信頼関係を深める。人
❸ 様々な感触のものにふれて楽しむ。
◆ 水や泥で遊ぶ中で「ひんやり」「柔らかい」「ドロドロ」などの感触を知る。もの

気持ちよさを言葉で伝える
◎ 着替えの後などは「さっぱりしたね」「気持ちよくなったね」と言葉にして伝えていくようにする。

保育者の側で安心して過ごすために
◎ ゆったりとした雰囲気の中で、優しい声でわらべ歌を歌う。
◎「もう1回（歌って）」などのサインに気づき、応答的に対応する。

様々な感触のものにふれて楽しむ
★ 水や寒天、氷など様々な感触のものを用意する。
◎「気持ちがいいね」「ひんやり冷たいね」などと、その感触を言葉にして伝えていくようにする。

- 泥遊びなどを積極的に行うため、着替えを多めに用意してもらうようにする。
- 体調が変わりやすいので、こまめに情報交換を行っていく。

基本的な配慮

- テラスで水遊びを行う時は、強い日差しを避け、必ず帽子をかぶるようにする。
- 外遊び、水遊びの時は、水分補給をしっかりするようにする。
- 暑さで疲れが溜りやすいので、休息の時間を多く取り、眠くなったらすぐに眠れるように空間を整えておく。
- 離乳食は体調を見ながら進める。必要であれば、一段階遅らせる対応をとる。
- こまめに体温を測り、体調の変化に気づけるようにする。

職員の連携

- 水遊びやシャワーの機会が増えるので、事前に互いの動きを確認しておき、子どもを待たせることがないように工夫をする。

評価（子どもを捉える視点・見通し）

- 一人ひとりのリズムに合わせた無理のない生活を送ることができているか。
- 特定の保育者と信頼関係を深めることができているか。
- それぞれの興味に合わせて、感触遊び、探索遊びができているか。

子どもの様子を観察し声をかける

つかまり立ちを始めたばかりの子どもは、まだ不安定です。一定の時間が来たら、「おすわりしようね」と声をかけて座らせましょう。よく観察することが大切です。

保育者や子どもの動線を考える

水遊びや沐浴の機会が増えるので、保育者の動線と子どもの動線を考えて環境を構成していきましょう。水遊びでは、ヒシャク、カップ、ジョウロなどがあるとよいでしょう。

保育の資料

0歳児

子どもたちの動きが活発になり、行動範囲が広がっていきます。
自由に探索を楽しみつつ安全に生活するためには、どのような配慮が必要でしょうか。

生活　安全に過ごす

おすわりの子ども、ハイハイの子ども、1人で立つ子どもなど、様々な発達段階の子どもが同じ部屋で生活する時期です。それぞれの子どもが安全に過ごせるような配慮が必要です。

けがを未然に防ぐ

Iちゃんはまだおすわりの姿勢が不安定で、後ろを振り向くとひっくり返ってしまうこともありますが、上手に両手を広げてバランスを取っています。疲れると両手を前について休みます。

低月齢の子どもはおすわりができるようになり、高月齢の子どもは1人で立ち、歩けるようになる時期です。子どもの「やりたい」という気持ちを尊重し、自由に動けるスペースを十分に確保するとともに、けがの危険を予測して環境構成を行うことが大切です。

おすわりができるようになったばかりの頃は、体のバランスを崩して急に後ろに倒れる可能性があります。周囲に危険なものがないか目を配りましょう。

1人で立つことができるようになったばかりの頃は、バランスが上手にとれず不安定です。お尻からドスンと勢いよく座ることがあるので、後ろに寝ている子どもがいないか、危険なものがないかを常に確認しましょう。

保育教材

おもちゃ

ジョウロ、ヒシャク

水遊びの時にあると楽しめるでしょう。一人ひとりが落ち着いて遊べるように十分な数を用意することが大切です。大きさや扱いやすさなどを重視して選びます。

遊び 低月齢

探索活動をする

うつ伏せの姿勢で胸を上げ、足や指に力を入れて前進するようになります。
さらに膝の関節を曲げることができるとハイハイに移行します。

周囲に関心をもって動く

　自由に動けるようになるので、周囲の様子に興味をもって探索活動をするようになります。棚のものを出したり、おもちゃをひっくり返したりすることも楽しい遊びです。この時期には、興味のあるおもちゃを視界に入るところに置いたり、保育者の手のひらで足の裏を固定して蹴りを体感させたりするとよいでしょう。動きやすい床面も大事です。

Jくんは、手で持っている玉のおもちゃと目の前にある玉が同じであることに気がつきました。じっと見ています。

興味のあるものを見つけると、ハイハイの動きを止めてじーっと見つめ、手を伸ばします。

遊び 高月齢

水遊び・泥遊び

暑い夏は、水遊びや泥遊びをたくさん楽しめるでしょう。この年齢の水遊びは、集団でプール遊びをするというよりは、タライなどで一人ひとりの空間を確保して自分のペースで水に親しめるようにするとよいでしょう。

感触を楽しむ

　タライの水で遊んだり園庭で泥遊びをしたりします。ヒシャクやカップの水をジャーと流したり、様々な容器に水を入れたりして楽しみます。実際に泥や水を触らなければその感触は実感できません。存分に体感できるとよいでしょう。

Kちゃんは、高いところから水を流したり、低いところから流したりして、様々な水の勢いの違いなどを感じています。

Jくんは水や泥を通して、「ひんやり冷たい」など、その感触を体感しています。

0歳児 3月の指導計画

月のねらい
1. 身の回りのことを保育者と一緒にやってみようとする。
2. 保育者とのかかわりを楽しむ。
3. 興味のあるものを見つけたり、身近なものにふれたりして、好奇心を満たしながら遊ぶ。

主体的に動けるように
体が発達し、生活行為に見通しがもてるようになると、食事や排泄、着替えなどの場面で主体的に動くようになります。保育者はその気持ちを大切にするような言葉をかけていきましょう。

発達段階に合った遊びの環境を
発達段階に合わせて、部屋の仕切り、遊びの時間帯、おもちゃや室内遊具などを工夫して、ねらいに合った保育内容となるように配慮していきましょう。

	えりか（8か月）	あやか（11か月）
前月末の子どもの姿	・おすわりの姿勢でじっくり遊ぶ姿が見られる。 ・布やチェーンリングなどを好んで触り、口にもっていったり振って音を出したりしている。 ・保育者とのかかわりを喜び、名前を呼ばれると笑顔を見せる。	・柵につかまったまま、立ったり座ったりしている。1～2歩、歩けるようにもなっている。 ・着替えに手足を動かして協力する。 ・好きな保育者の姿が見えなくなると、後を追って泣くなど、人見知りが強まっている。
子どもの姿ベースのねらい●と内容◆	❶身の回りのことを保育者と一緒にやってみようとする。 ◆食事は自分の意思で食べようとし、上下の唇で自分から食べ物をはさみ取る。 ❷保育者とのかかわりを楽しむ。 ◆保育者に向かって声を出して注意を引く。 ❸興味のあるものを見つけたり、身近なものにふれたりして、好奇心を満たしながら遊ぶ。 ◆おすわりの姿勢で両手を自由に使って遊ぶ。	❶身の回りのことを保育者と一緒にやってみようとする。 ◆保育者に手伝ってもらいながら、意欲的に着替えようとする。 ❷保育者とのかかわりを楽しむ。 ◆保育者とわらべ歌やふれ合い遊びを楽しむ。 ❸興味のあるものを見つけたり、身近なものにふれたりして、好奇心を満たしながら遊ぶ。 ◆トンネルくぐりや伝い歩きなどをしながら、探索活動を楽しむ。
環境構成★・保育者の配慮◎	**身の回りのことを保育者と一緒にやってみようとするために** ◎食事の時には、上下の唇で食べ物をはさみとることができるように、介助用のスプーンは、下唇にそっと置く程度にする。 **保育者とのかかわりを楽しむために** ◎子どもが声を出して注意を引いた時には、タイミングよく優しく応答的に対応する。 **好奇心を満たしながら遊ぶことを楽しむために** ★手の届くところに様々な素材（木製、プラスチック、タオル地、ゴム製など）のおもちゃを置く。 ★おもちゃは、誤飲の恐れのない大きさ、有害物質のないものを選び、清潔を保つ。	**身の回りのことを保育者と一緒にやってみようとするために** ◎着替えの時には「足を入れてね」「バンザイするよ」などと声をかけながら、自分で着替えているという気持ちをもてるようにしていく。 **保育者とのかかわりを楽しむために** ◎人見知りと後追いの時期なので、1日を通して安心して過ごせるように、受け入れや育児行為は同じ保育者がかかわるようにする。 ◎子どもの側を離れる時は、不安にならないようにするため「～に行ってくるね」「～したら戻るね」と言葉にして伝え、保育者の行動がわかるようにする。 **好奇心を満たしながら遊ぶことを楽しむために** ★伝い歩きなどが思う存分できるように、つかまりやすい柵や手すり、様々な高さの遊具を用意する。
家庭との連携	・口にする食材が増えるので、家庭で食べているものを常に確認していく。	・人見知りが強まって登園時に泣くことが多いので、保護者が不安にならないように、日中楽しく遊んでいる様子を積極的に伝えていく。

48　「子どもの姿ベースのねらい●と内容◆」の「内容」は子どもの姿をもとに「3つの視点」を意識して作ります。3つの視点のマークを入れました。
※マークの詳細はP9を参照

健康・安全・食育の配慮	・生活リズムを整えることにより、夏の疲れを防ぐ。 ・気温に気をつけ、体調を見ながらシャワーや沐浴をし、スキンケアに努める。	行事	・誕生会 ・敬老ふれ合いデー

しょうた（1歳1か月）

- 段差を見つけると、ハイハイの体勢で手足を上手に動かして登ったり降りたりしている。
- 階段は、後ろ向きでゆっくりと降りる。
- 歩行が安定してきて、探索活動を楽しんでいる。

❶ 身の回りのことを保育者と一緒にやってみようとする。
◆ 食事を楽しみに待ち、エプロンなどを自分でつけようとする。自分
❷ 保育者とのかかわりを楽しむ。
◆ 1対1で絵本やふれ合い遊びを楽しむ。人
❸ 興味のあるものを見つけたり、身近なものにふれたりして、好奇心を満たしながら遊ぶ。
◆ マットの山や階段の室内用アスレチックを楽しんで登り降りする。もの

身の回りのことを保育者と一緒にやってみようとするために
○ 食事の時間には「ご飯にしようね」と声をかけて、自分で歩いてテーブルに向かい座れるようにする。
○ 子どもの積極的な意欲や態度を大切にする。

保育者とのかかわりを楽しむために
○ 1対1のゆったりしたかかわりの時間がもてるようにする。

好奇心を満たしながら遊ぶことを楽しむために
★ 登り降りができるような室内遊具を用意する。
★ 安全を確保するために、少人数で遊べるようにし、横にクッションなどを置く。

- 泥遊びなどを積極的に行うため、着替えを多めに用意してもらうようにする。

基本的な配慮

- 衛生的で安全な環境をつくり、体調に常に気を配ることで、快適に生活できるようにしていく。
- 自分でしようとする気持ちを大切にし、手助けしながら基本的生活習慣が身につくようにする。
- 発語を大切にし、保育者が丁寧に受け答えすることにより、伝えたい気持ちを満足できるようにする。
- 保育者同士の会話は、丁寧で優しい言葉を使うようにする。
- わらべ歌やきれいなメロディーの歌を歌うことにより、音楽に親しみがもてるようにする。

職員の連携

- 人見知りや後追いの時期が始まっているので、できるだけ決まった保育者が育児行為や朝の受け入れをするように調整していく。

評価（子どもを捉える視点・見通し）

- 積極的な意欲や態度をしっかり受け入れてもらっているか。
- 保育者とのかかわりにより、安心した時間をしっかりと確保できているか。
- 興味のある遊びを見つけ、様々なことに挑戦できているか。

安全な空間の確保を
興味のある遊びが見つかると、落ち着いて遊べるようになってきます。それぞれの遊びが邪魔されることがないように、安全な空間を確保しましょう。

タイミングのよい応答を考える
伝えたいことがある時に、声を出したり指さしをしたりして伝えるようになります。タイミングよく、応答的な対応を心がけましょう。

「月のねらい」は子どもの姿をもとに、資質・能力の3つの柱を意識して振り返りができるように作ります。本書では特に意識したいものに下線を入れています。
「知識・技能の基礎」　「思考力・判断力・表現力等の基礎」　「学びに向かう力・人間性等」　※下線の詳細はP9を参照

保育の資料

0歳児

食事や着替えなどの生活行為は、子どもの「自分でやりたい」という意欲を大切に考えます。

生活　保育者と一緒に着替える

まだ1人で着替えることはできませんが、保育者が手伝うことにより、意欲的に取り組むことができます。

丁寧なかかわりを

　食事や着替え、排泄などの生活行為には、保育者の援助が必要です。「右足からはこうね」と声をかけると、ズボンの足の入口を指さします。丁寧なかかわりを毎日くり返していくと、次第にその行為の手順がわかり、自発的に手足を動かして協力するようになります。

　脱いだ服を保育者と一緒に袋に入れて片づけたり、上手にできたねと褒めてもらうことにより、次第に無理なく自立に向かっていきます。

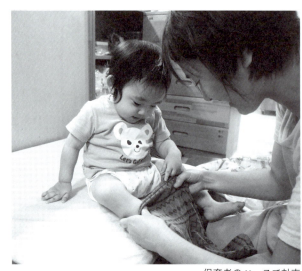

保育者のペースで効率よく進めていくのではなく、行為を一つひとつ言葉にして伝えながら援助をするとよいでしょう。

保育教材

遊具

ビーズネックレス
ゴムに大きめのビーズを通したネックレス。ネックレスをつけたり外したりして遊ぶことにより、それが着脱の練習につながります。

月齢が高くなると、着替えの際、脱いだものを裏返しから元に戻そうとしたり、服を床に広げてから畳もうとしたりする姿が見られるようになります。

遊び 低月齢
おすわりの姿勢で素材の感触を楽しむ

おすわりの姿勢が安定してくると、おすわりの姿勢でおもちゃを手に取って、じっくり素材の感触を楽しんだり、音や動きを楽しんだりします。

満足するまで触る

おすわりの姿勢で両手を使って遊べるようになると、感触遊びをより主体的に行うようになります。指先で触るだけでなく、口の中に入れて感触も楽しむので、誤飲しないサイズ、清潔を保てるものなど、安全なおもちゃを用意します。

Lちゃんは、クネクネと不規則に動く感触とツルツルの優しい木の感触をくり返し触って楽しんでいます。

カラカラと音がするチェーンリングが大好きなLちゃん。手の動きを止めるとチェーンが形を作ります。再び手を動かすと、チェーンも動き、新しい形ができるのが楽しくて、集中してくり返しています。

遊び 高月齢
段差の登り降り

1歳1か月を過ぎる頃になると、手足を上手に使って段差の登り降りがスムースにできるようになります。

部屋の隅に置かれた段差を見つけると、ハイハイで登るMちゃん。保育者は、危険がないように見守ります。

登ったり降りたりをくり返すNちゃん。箱の上に座ると、少し視野が広くなるのもうれしい様子で、上から周囲を眺めます。

高いところは気持ちいいよ

前向きで降りたり、後ろ向きで降りたり、様々な動きを楽しみます。このような遊びをくり返す中で、足の力、腕の力、腹筋、背筋、バランス感覚などが養われます。

0歳児 10月の指導計画

月のねらい
1. 食べることを楽しむ。
2. 保育者との信頼関係を深める。
3. ものの機能がわかり、指先を使って遊ぶ。

 えりか（9か月） / あやか（1歳）

	えりか（9か月）	あやか（1歳）
前月末の子どもの姿	・生活の見通しがついてきており、食事の時間を楽しみに待つようになった。準備の時に「エプロンをつけるから待っていてね」と声をかけると、ハイハイでテーブルに向かう。 ・おむつ交換時、自分で足をもち上げてくれる。	・1人歩きができるようになり、徐々に歩ける歩数が増えている。 ・1人で歩きたい気持ちが強く、保育者が手をつなごうとすると、嫌がってしゃがむ。
子どもの姿ベースのねらい●と内容◆	❶食べることを楽しむ。 ◆保育者に援助してもらいながら自分で食べるという気持ちをもつ。 自分 ❷保育者との信頼関係を深める。 ◆わらべ歌やふれ合い遊びなどを楽しむ。 人 ❸ものの機能がわかり、指先を使って遊ぶ。 ◆身の回りのものに対して、ふれる、叩く、押す、回す、引っ張る、つまむなどの行為を楽しむ。 もの	❶食べることを楽しむ。 ◆食べたいものを指さしで伝える。 自分 ❷保育者との信頼関係を深める。 ◆保育者に見守られながら、自分で歩ける、自分でできるという気持ちを表現する。 人 ❸ものの機能がわかり、指先を使って遊ぶ。 ◆1人で歩き、室内や園庭を存分に探索する中で、様々なものに出会い、つまんだり握ったり、引っ張ったり、音を出したりして遊ぶ。 もの
環境構成★・保育者の配慮◎	**楽しく食べるための援助を** ◎子どもが口を開けるのを待ち、自分から食べる動作を大切にする。介助用のスプーンは奥まで入れず、唇を閉じたら、そっと引き抜くようにする。 ◎食事に集中できる時間が20分程度なので、時間内に食べられるようにテンポをつくる。 **保育者との信頼関係を深めるために** ◎子どもの行為をゆったりとした気持ちで受け入れる。 **指先を使って十分に遊ぶために** ★叩く、押す、回す、引っ張る、つまむなどを十分に行えるおもちゃを用意する。 ★ほどよく空気が抜けたつかみやすいビーチボールを天井からぶら下げて、不安定な動きを楽しめるようにする。	**自分で食べることを楽しむために** ◎手でつかみやすい形状の食材を加える。 ◎自分で食べやすいように、小分けにするなど援助する。 **自分の気持ちを安心して伝えられるように** ◎自分の気持ちを安心して出せるようにかかわっていく。 **ものの機能がわかり、指先を使って遊ぶために** ★入れて落とす、鍵をいじって開けるなどの経験ができるようなおもちゃを用意する。
家庭との連携	・肌寒くなってきたので、戸外に出る時用に薄手の上着を1枚用意してもらう。	・肌寒くなってきたので、戸外に出る時用に薄手の上着を1枚用意してもらう。 ・保育参加をしてもらい、日頃の様子を見てもらう。

「食べたい」という気持ちを大切に

「食べたい」という意欲を大切に考えていきましょう。手づかみなどでこぼすことも多いですが、手づかみも大切な発達の段階だと考え、こぼした分量は給食室に声をかけて追加するなど対応していきましょう。

ふれ合い遊びの機会を増やす

保育者とふれ合いながら過ごすことを楽しむ時期です。ふれ合い遊びやわらべ歌などを歌って、スキンシップをたくさん取りながら信頼関係を深めていきましょう。

52　「子どもの姿ベースのねらい●と内容◆」の「内容」は子どもの姿をもとに「3つの視点」を意識して作ります。3つの視点のマークを入れました。
※マークの詳細はP9を参照

健康・安全・食育の配慮	・気候がよいので、戸外遊びや散歩を積極的に行い外気にふれる。 ・肌寒い日は、上着を1枚着るようにする。 ・安全のため、上着はフードやヒモがついていないものにする。 ・子どもが安定した姿勢で椅子に座り、食事に集中できるよう、必要に応じて、背もたれや足元に補助版（厚手のバスマット）を取り付ける。	行事	・誕生会 ・保育参観（参加）

 しょうた（1歳2か月）

- コップを重ねたおもちゃで何かを飲むまねをしたり、バケツをお出かけ用のバッグに見立てたりして、楽しむ姿が見られる。
- 「マンマ」「クック」など1語文を話すようになった。

❶ 食べることを楽しむ。
◆「食事だよ」と声をかけると、自分で歩いてテーブルに向かい、食べたいものを指さしをしたり、手づかみをしたりしながら意欲的に食べる。 自分
❷ 保育者との信頼関係を深める。
◆ 仕草や表情、1語文で、気持ちを伝えようとする。 人
❸ ものの機能がわかり、指先を使って遊ぶ。
◆ 見立て遊びやつもり遊びを楽しむ。 もの

基本的な配慮

- 散歩や戸外遊びをできるだけ行い、秋の自然に親しめるようにする。
- 活動的な遊びや、落ち着いて行う遊びを子どもの要求に合わせて経験できるようにし、意欲的に遊びや生活ができるように配慮する。
- 子ども同士のふれ合いの場面を多くつくり、互いに親しみがもてるようにする。
- 発語や仕草など、子どもの表現を大切に受け止め丁寧に対応することにより、人に何かを伝えたいという気持ちが満たされるようにしていく。
- 子どもの生活リズムは、無理のないように個別に対応し、保障していく。

見立て遊びを広げる

見立て遊びが増えてきます。例えば、積み木を電話に見立てていたら、保育者が「もしもし〜」と呼びかけるなどして、子どものイメージを発展させていくかかわりを心がけるとよいでしょう。

食べることを楽しむために
◎ 手づかみで食べられる食材を用意したり、小さいお皿に取り分けたりして自分で食べたい気持ちを満たせるように配慮する。

子どもの表現を優しく受け止める
◎ 1語文や仕草などで保育者に何かを表現した時には、優しく応答的に対応する。

見立てやつもり遊びのための道具を用意する
★ 見立てやつもり遊びがたくさんできるように、カップや積み木、空き容器などを用意する。

職員の連携

- 人見知りや後追いの時期が続いているので、できるだけ決まった保育者が育児行為や朝の受け入れができるように調整する。

歩くことを楽しめる環境を

歩くことを楽しむようになってきます。歩行が安定してきたら、何かを持って歩いたり、引っ張って歩いたりすることが楽しくなります。そのようなおもちゃも用意しておくとよいでしょう。

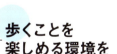

評価（子どもを捉える視点・見通し）

- 楽しい雰囲気の中、意欲的に食事に向かえているか。
- 保育者に安心して気持ちを出せているか。信頼関係が深まっているか。
- 積極的にものにかかわり、指先を使って集中して遊べているか。

・保育参加をしてもらい、遊びの場面、食事の場面を中心に、日頃の様子を見てもらう。

「月のねらい」は子どもの姿をもとに、資質・能力の3つの柱を意識して振り返りができるように作ります。本書では特に意識したいものに下線を入れています。「知識・技能の基礎」　　　「思考力・判断力・表現力等の基礎」　　　「学びに向かう力・人間性等」　　　※下線の詳細はP9を参照

保育の資料

慌ただしく過ごしていると、一つひとつの生活行為が保育者中心になってしまうことがあります。子どもが自立・自律していくために必要な援助を考えましょう。

生活 「食べたい」という気持ちを大事に

これまで保育者の膝の上に座るなどして食べていましたが、1歳を過ぎ、歩行が自立してくると、椅子に座って食べるようになります。
この頃になると生活に見通しがつき、自分で食べようとする意欲が増してきます。

気持ちのやりとりをしながら進める

椅子に座って食べる

椅子に座って食べる時期としては、歩行が自立していること、自分の足でテーブルまで移動できること、食事の終わりまで上半身が安定していることが目安になります。

自分でエプロンをつける、手を拭こうとする

歩行が自立してくると、生活行為に見通しがつくようになり、生活の中でも自分からしようとする場面が増えてきます。エプロンをする、手を拭くなどの行為も、自分から体を動かし、協力するようになります。「○○したい」という意欲を大事にしたいものです。

手づかみで食べる

手づかみができる形状の食材を加えるとよいでしょう。食べたいものを指で示して要求する姿も見られます。その気持ちを大事にしていきましょう。

保育教材

おもちゃ

積み木

並べて遊ぶ、積んで遊ぶだけでなく、電車に見立てたり、携帯電話に見立てたりと様々な遊びに発展します。

写真の奥のOちゃんは、食べたいものを指さして保育者に伝えています。手前のPちゃんは、食べたいものを口に運んでもらい満足そう。このようにやりとりを大切にしながら、一人ひとりの「食べたい」という気持ちを引き出していきましょう。

遊び 低月齢 保育者との信頼関係を深める

大好きな保育者を目で追ったり、側に行ったりすることが多くなります。
その時に保育者がタイミングよく期待に応えることが大切です。

期待に応えてもらう

ハイハイで保育者の近くに行くと「いないいないばあ」をしてくれる、ふれ合い遊びをしてくれる——。このようなやりとりによって、安心感が増し、保育者への信頼がさらに深まります。

保育者が布で顔を隠すと、そこに向かってハイハイでやってくるQちゃん。「バア」と顔が出てきて、保育者と目が合うと安心したようににっこり笑います。

遊び 高月齢 模倣する、何かに見立てる

1歳2か月頃になると、身近な体験を模倣したり、再現したりして楽しみます。
後に役割のある「ごっこ遊び」に発展していきます。

イメージの広がり

バケツを「お買い物バッグ」に見立てて「行ってきま〜す」と手を振ったり、料理を食べたりドリンクを飲んだりする模倣をして楽しみます。子どもの「つもり」を理解して、イメージを広げるような会話を心がけるとよいでしょう。

Rちゃんはカップにチェーンリングを入れて料理をイメージしています。保育者が「いい匂い」「おいしそうね」などと言葉をかけると、よりイメージが広がっていきます。

0歳児 11月の指導計画

月のねらい
1. 戸外遊びを楽しむ中で、秋の自然にふれる。
2. 保育者や友だちに受け入れてもらえる喜びを感じる。
3. 好きな遊びを見つけ、集中して遊ぶ。

	えりか（10か月）	あやか（1歳1か月）
前月末の子どもの姿	・外に出ることを喜び、上着や帽子の準備を始めると、うれしそうにテラスに向かう。 ・名前を呼ばれると笑顔で反応するようになり、保育者との信頼関係が深まっている。 ・おすわりの姿勢で箱からものを出している。	・つかまったまま安定して歩行できることが楽しい様子で、大箱を押して遊ぶことが多い。 ・肩や腕、腰に力を込めて方向転換ができるようになった。 ・食事はおかわりをしてよく食べている。
子どもの姿ベースのねらい●と内容◆	❶戸外遊びを楽しむ中で、秋の自然にふれる。 ◆保育者と一緒に自然物にふれて遊ぶことを楽しむ。(自分) ❷保育者や友だちに受け入れてもらえる喜びを感じる。 ◆保育者に見守られていることを感じながら安心して過ごす。(人) ❸好きな遊びを見つけ、集中して遊ぶ。 ◆容器や箱からいろいろなものを出して楽しむ。(もの)	❶戸外遊びを楽しむ中で、秋の自然にふれる。 ◆松ぼっくりやドングリ、木の実を拾って秋の自然に親しむ。(もの) ❷保育者や友だちに受け入れてもらえる喜びを感じる。 ◆ゆったりした雰囲気の中で、保育者や友だちと一緒にわらべ歌やふれ合い歌を歌う。(人) ❸好きな遊びを見つけ、集中して遊ぶ。 ◆大箱を押して歩いたり、手押し車を押して歩いたりすることを楽しむ。(もの)
環境構成★・保育者の配慮◎	**秋の自然にたくさんふれるために** ★松ぼっくりやドングリ、木の葉などがある場所を事前に確認しておく。 **保育者とゆったりした時間を過ごす** ◎ゆったりした雰囲気の中、1対1のかかわりをたくさんもつようにする。 **好きな遊びを見つけ、集中して遊ぶために** ★タッパーの穴落としなど指先を使って遊べるおもちゃを複数用意する。	**秋の自然物を飾る** ★公園などで一緒に拾った自然物を、保育室の入口や壁面に飾り、楽しめるようにする。 **保育者に受け入れてもらえる喜びを感じるために** ◎子どもの様々な感情を敏感に受け止めて要求を満たし、常に安心して過ごせるようにする。 **安全に遊べるスペースを用意する** ★大箱や手押し車を思い切り押して歩けるような安全なスペースを用意する。
家庭との連携	・保育参加をしてもらい、園での様子を見てもらう。	・外遊び用に上着を用意してもらう。 ・散歩に出ることが多いので、その日の体調を受入れ時によく確認し合う。

イメージの広がるおもちゃを用意する

月齢の高い子どもたちは、遊びの中でイメージが広がりおもちゃを見立てる力が育ってきます。積み木や重ねカップ、人形や布などをたくさん用意するとよいでしょう。

子どもの発見や驚きを受け止める

散歩や外遊びで、自然物にふれ、発見や驚きがあった時には、保育者にまず伝えようとします。感性が揺さぶられる瞬間を受け止めて、さらに意欲的に探索活動できるように援助していきましょう。

「子どもの姿ベースのねらい●と内容◆」の「内容」は子どもの姿をもとに「3つの視点」を意識して作ります。3つの視点のマークを入れました。
※マークの詳細はP9を参照

| 健康・安全・食育の配慮 | ・気候がよい日は、戸外遊びを積極的に行う。
・寒い日は衣服の調節をしたり時間の調整をしたりしながら散歩に出かける。
・外から帰ったら手足をきれいにして、水分補給を行う。
・食欲が増し、食事の量が増えているので、給食室に依頼しておかわりを用意してもらう。 | 行事 | ・誕生会
・芋煮会 |

しょうた（1歳3か月）

- 散歩で保育者と手をつないで歩くことを喜ぶ。
- 虫や石、草などの自然物に興味を示し、観察したりして保育者と一緒に楽しむ姿が見られた。また自動販売機やマンホールにも興味を示す。

❶戸外遊びを楽しむ中で、秋の自然にふれる。
◆虫や石、草花などの自然物を見つけて楽しむ。 自分
❷保育者や友だちに受け入れてもらえる喜びを感じる。
◆友だちとかかわって遊ぶことを楽しむ。 人
❸好きな遊びを見つけ、集中して遊ぶ。
◆保育者や友だちと一緒に見立てやつもり遊びを楽しむ。 もの

戸外遊びを楽しみ、秋の自然にたくさんふれる
◉虫や石、草などの自然物に興味を示した時には、応答的に対応し、その驚きや不思議さに共感する。

保育者や友だちに受け入れてもらえる喜びを感じるために
◉子どもが表現したものやイメージしたものを受け入れて、遊びが発展できるよう応答的な対応を心がける。

見立て遊びやつもり遊びのために
★見立て遊びやつもり遊びができるように、様々な要素のおもちゃを用意して、イメージが豊かになるようにする。

- 外遊び用に上着を用意してもらう。
- 散歩に出ることが多いので、その日の体調を受入れ時によく確認し合う。

基本的な配慮

- 散歩や戸外遊びをできるだけ行い、秋の自然に親しめるようにする。
- 戸外から帰ったら手足を清潔にして水分補給を行う。
- 見立て遊びやつもり遊びや、手先を使った遊びができるように、様々な素材のおもちゃを用意する。
- 大箱を押す、手押し車を押すなどの活動が増えるため、十分なスペースを用意しておく。
- 動きが大きくなるので、安全に活動できるよう子どもの動線に配慮した環境を設定していく。

職員の連携

- 人見知りや後追いが続いているので、できるだけ決まった保育者が育児行為や朝の受け入れができるように調整し、一人ひとりが安心して過ごせるように配慮していく。

評価（子どもを捉える視点・見通し）

- 十分に外遊びをして秋の自然にふれることができているか。
- 人見知りの時期の子どもも安心して園生活を送ることができているか。
- 一人ひとりの子どもが、自分のやりたい遊びを見つけて集中して遊べているか。

遊びに集中できる環境を

大箱を押したり、手押し車を押したりするスピード感のある大きな動きをする子どもがいる一方で、おすわりの姿勢でじっくりと手先を使った遊びを楽しむ子どももいます。それぞれが遊びに集中して十分楽しめるように、環境を整えていきましょう。

「月のねらい」は子どもの姿をもとに、資質・能力の3つの柱を意識して振り返りができるように作ります。本書では特に意識したいものに下線を入れています。「知識・技能の基礎」..........、「思考力・判断力・表現力等の基礎」_____、「学びに向かう力・人間性等」_____ ※下線の詳細はP9を参照

保育の資料

0歳児

食べさせてもらうことから、自分で食べようとするようになります。上手に食べられないこともありますが、自分で食べようとする気持ちを大事にしたいものです。

生活　自分で食べようとする

1歳3か月頃になると、自分の意思で食事に向かうようになります。一つひとつの行為について、目を合わせて言葉でしっかり伝えることが大切です。

自分で食べたい気持ちを大切にする

食事に見通しをもつ

食事に誘われ自分からテーブルに向かう、エプロンを自分でつけようとする、手と口を拭いて食べようとするという行為は、食事の流れがわかり、見通しをもっているからできることです。食前食後の挨拶も「これから食べる」「これでおしまい」という区切りを自覚するために大切です。食事の最初から最後までしっかりと自分の意思で行うことを体験することが自立につながります。

両手でコップやお椀を持って飲もうとする

保育者が両手でお椀を持って見せると、まねをして飲めるようなったSちゃん。「上手ね」と励ますとうれしそうにゴクゴクと飲む姿がありました。

自分のスプーンで食べようとする

スプーンの持ち方が握り持ちで、上手に口に入らず、こぼしてしまうことも多いですが、「自分で食べる」という気持ちを大切にしていきましょう。食事の進行具合に合わせて、保育者が柄の長い介助スプーンで援助していきます。自発性を大切にしながらも、途中で飽きてしまうことのないように、食事のテンポを守るようにします。

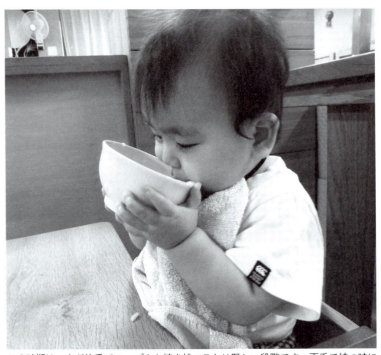

この時期は、まだ片手でコップやお椀を持つことは難しい段階です。両手で持つ時には、保育者もその姿を見せながら言葉をかけていくとよいでしょう。

保育教材

絵本
『いないいないばあ』松谷みよ子／文、瀬川康男／絵、童心社
「いないいないばあ」の遊びをくり返してきた子どもたち。保育者の膝に座って読んでもらうことを楽しみます。

遊び 低月齢 — 出したり入れたり・指先を使って遊ぶ

おすわりができるようになり両手が自由に使えるようになると、
容器や箱などから様々なものを出して楽しみます。

目と手の協応

　10か月くらいの頃は、箱やケースの中から何かを取り出すことを楽しみます。容器や段ボールに穴を開けた入れ物に布やホース、チェーンリングなどを入れるとよいでしょう。1歳を過ぎる頃になると、中から出すだけでなく、入れることも楽しむようになります。つまんで入れたり、つかんで出したりする行為をくり返し楽しむうちに、様々な素材の特徴や大きさ、重さなどを理解していきます。

「穴に入れる」「ポトンと落とす」という目的に向かって指先に意識を集中させています。

遊び 高月齢 — 大箱を押して歩く・積み木を積む

肩、腕、手、指先の機能が発達します。大きな動きと小さな動き、
どちらの遊びも十分経験できる環境が必要です。

腕と腰に力を入れて大箱を押すTちゃん。

積み木を高く積めるようになりました。積むだけではなく、積み木にあいた穴に円柱を通すということもできるようになりました。積み木が倒れにくくなる工夫ですね。

肩や腕も使ってものを操作する

　大箱を押すなど体を大きく動かして遊ぶようになります。一方で、指先の機能も発達していきます。指を開き、指先で積み木をしっかり持って積み重ねることができるようになります。

0歳児 12月の指導計画

月のねらい
① 生活の様々な場面で、自分でやりたいという気持ちをもつ。
② 保育者や友だちとのかかわりを楽しむ。
③ 指先で操作する遊びを楽しむ。

「自分でやりたい」気持ちを大切に

1対1の安心できるかかわりを通して自立の気持ちが芽生えてきます。まずは安心できる人的・物的環境を整え、その上で、子どもの「自分でやりたい」という主体的な気持ちを大切にしながらかかわっていきましょう。

発達に合ったおもちゃを用意する

月齢や発達段階に合ったおもちゃを用意しておくことが大切です。指先を使うおもちゃは、数が少ないと存分に楽しむことができません。取り合いで集中力が切れてしまうことがないよう、また満足するまでくり返すことができるように数を用意しておきましょう。

	えりか (11か月)	あやか (1歳2か月)
前月末の子どもの姿	・ハイハイでトンネルくぐりを楽しんでいる。 ・遊びたいおもちゃを見つけると、立ち上がり手を伸ばしている。 ・食事は手づかみが多いが、スプーンを持つと、使って食べようとしている。	・カップを食器に見立てて、飲むまねをしたり、おもちゃを入れたバッグを持って手を振ったりしてイメージの世界を広げている。 ・友だちの横で同じことを楽しむ姿が見られる。 ・食事では食べたいものを指して伝えている。
子どもの姿ベースのねらい●と内容◆	①生活の様々な場面で、自分でやりたいという気持ちをもつ。 ◆手づかみで自分の食べたいものを食べる。(自分) ②保育者や友だちとのかかわりを楽しむ。 ◆特定の保育者とのかかわりを楽しみ、安心して過ごす。(人) ③指先で操作する遊びを楽しむ。 ◆ドアノブや鍵などを取りつけた壁面のおもちゃを操作して遊ぶ。(もの)	①生活の様々な場面で、自分でやりたいという気持ちをもつ。 ◆食事の時には、エプロンをしたり手を拭いたりすることを保育者と一緒にやってみようとする。(自分) ②保育者や友だちとのかかわりを楽しむ。 ◆保育者のまねをしながら友だちとかかわる。(人) ③指先で操作する遊びを楽しむ。 ◆ビーズのリングを自分の手足やペットボトルにはめて遊ぶ。(もの)
環境構成★・保育者の配慮◎	**自分で食べたいという気持ちをもつために** ◎手づかみで食べたいものを食べられるように、手でつかみやすい形状の食材を加える。 ◎スプーンですくいやすいように、介助の時に小分けにするなど配慮する。 **保育者とのかかわりを楽しむために** ◎甘えて膝の上に乗ってきた時は、優しく受け止めて、信頼関係を深めていく。 **触ると音が出るなどの遊びを楽しむために** ★立ち上がった時に、ちょうどよい高さになるように、壁面におもちゃを取りつける。操作すると回ったり、音が出たり、様々な反応が味わえるものを用意する。	**生活に積極的にかかわれるようにするために** ★食事の時は、自分で歩いてテーブルに向かい自ら座れるように、座りやすい高さの椅子とテーブルを用意する。 ◎自分で食べたいという子どもの意欲を大切にする。 **友だちとかかわれるようにするために** ◎保育者のまねをしてふれ合い遊びなどをして友だちとかかわろうとしている時は、子ども同士のかかわりがスムーズになるように気持ちを代弁しながら援助する。 **指先で操作する遊びを複数用意する** ★ビーズのリングを手や足にはめたり、ペットボトルにはめたりして楽しめるよう、数をたくさん用意しておく。
家庭との連携	・体調を崩しやすい季節なので、家庭での様子や園での様子を連絡ノートなどによりこまめに伝え合う。 ・気温の変化に伴い、調節しやすい着替えの準備をお願いする。	・園での食事の様子を伝えて、家庭でも自分で食べたい気持ちを大事に考えてもらえるように共通理解を図る。

60 「子どもの姿ベースのねらい●と内容◆」の「内容」は子どもの姿をもとに「3つの視点」を意識して作ります。3つの視点のマークを入れました。
※マークの詳細はP9を参照

健康・安全・食育の配慮	・朝夕の気温差が激しくなり体調を崩しやすい季節なので、家庭での様子や園での様子を伝え合い、一人ひとりの体調を細かく把握していく。 ・寒い時期ではあるが、適切に換気を行い快適に過ごせるように室温や湿度に留意する。 ・自分で食べたいという気持ちや、楽しく食べるということを尊重する。	行事	・誕生会 ・クリスマス会

 しょうた（1歳4か月）

・食事の時、エプロンをつけようとし、食事が終わると外そうとする。エプロンは保育者と一緒にバッグに片づけている。
・指先の力加減が上手にできるようになり、集中して積み木を積む姿が見られる。

❶生活の様々な場面で、自分でやりたいという気持ちをもつ。
◆自分のスプーンで食べようとする。 自分
❷保育者や友だちとのかかわりを楽しむ。
◆友だちと同じことをして、楽しい、おもしろいと感じる。 人
❸指先で操作する遊びを楽しむ。
◆積み木を積んで遊ぶ。 もの

生活に見通しがもてるようにするために
◎生活に見通しがもてるように、「ご飯だからエプロンをしようね」「ごちそうさまをしたからエプロンを片づけようね」「スプーンで食べてみようね」などと行為を言葉にして丁寧に伝えていく。
◎エプロンは自分で取り外しできる形状（タオルにゴムを取りつけるなど）を工夫していく。

友だちとのかかわりを楽しむために
◎友だちとのかかわりの場面では「一緒にやると楽しいね」などと子どもの気持ちを代弁しながらかかわりを援助する。

落ち着いて遊べるコーナーを作る
★落ち着いて遊べるように、積み木のコーナーを用意する。

・園での食事の様子を伝え、家庭でも自分でエプロンをつけたい、片づけたいというような気持ちを尊重できるように伝えていく。

基本的な配慮

・生活行為の一つひとつをできるだけ丁寧な言葉で伝えるようにする。
・食事などの場面では月齢に応じて、自分でできる部分を少しずつ広げていき、子どもが主体的に生活する気持ちを大切に考える。
・自分でできる部分が広がっても、最後の調整や確認はしっかり保育者が行い、心地よく過ごせるように配慮する。
・寒い日もタイミングを見て換気を心がける。
・暖房を使う時には室温と湿度を常にチェックし、室内の乾燥に注意する。

職員の連携

・体調の悪い子どもが増えるので、外遊びや散歩の時は、人の配置も含めてどのようにするのか話し合っておく。

評価（子どもを捉える視点・見通し）

・子どもの自分でやりたいという主体的な気持ちを尊重できているか。
・保育者や友だちとのかかわりに安心できているか。
・だれにも邪魔されずに集中して遊ぶ時間と空間が保障できているか。

子ども同士の仲立ちを

友だち同士のかかわりといっても、まだ相手の気持ちが理解できる段階ではありません。自分が保育者としている遊びを一方的に友だちとしようとしたりします。保育者は常にそのかかわりを見守り、必要があれば仲立ちをして、よい関係が築けるように配慮します。

少人数で遊ぶ

友だちとのかかわりが増えてくる時期です。好きな友だちと落ち着いて遊ぶためには、少人数で遊ぶことが大切です。みんなで一斉に同じ遊びをするというよりも、遊びごとにスペースを分け、そこにしっかりと保育者が入って遊びを見ていくようにしましょう。

「月のねらい」は子どもの姿をもとに、資質・能力の3つの柱を意識して振り返りができるように作ります。本書では特に意識したいものに下線を入れています。「知識・技能の基礎」......、「思考力・判断力・表現力等の基礎」......、「学びに向かう力・人間性等」......　※下線の詳細はP9を参照

保育の資料 — 0歳児

子どもは保育者の醸し出す雰囲気を敏感に感じ取ります。
常にゆったりした気持ちで対応しましょう。

生活　受け入れてもらえる喜びを感じる（自我の芽生え）

子どもを豊かな温かいまなざしで受け入れることが大切です。
安心できた子どもは、自信をもって自立に向かっていきます。

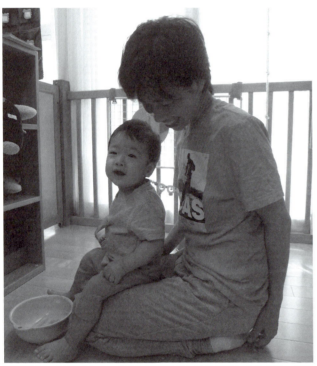

不安になった時には、いつでも保育者のところに戻れるように、保育者は子どもの安全基地になることが必要です。

ホッと一息できる場所

　保育者の膝に座ってくつろぐひと時は、子どもにとって自分を受け入れてもらえる安心感と喜びを存分に感じられる時間です。Uちゃんは時々保育者の膝にやってきて、ちょこんと座ります。少しくつろぐと、また元気を出して好きな遊びに戻って行きます。このように遊びに疲れた時、ちょっと座って周りの様子を観察したり、甘えたくなった時に、歌を歌ってもらってゆったりすることも、豊かな時間です。
　食事や睡眠、着替えなどの生活の援助の部分でも、1対1のかかわりをたくさんもつようにしましょう。
　心を許し、安心して自己主張する姿も見られます。信頼する保育者との関係を基盤にして、次第に新しい世界に自信をもって踏み出すことができるようになります。

保育教材

絵本
『がたんごとんがたんごとん』
安西水丸／作、福音館書店
「がたんごとんがたんごとん」とまっ黒な汽車がやってきて、哺乳瓶が「乗せてくださーい」と言って乗り込みます。このように身近なものが次々と汽車に乗っていく、くり返しが楽しい1冊。

自分の名前を呼ばれると返事の仕草をするなど、保育者との関係もしっかりできてきます。

遊び 低月齢 トンネルをくぐる・目の高さで遊ぶ

ハイハイでトンネルをくぐったり、
立ち上がって目の高さのおもちゃで遊んだりします。

トンネルのこちら側から「Ｖちゃーん」と呼んでもらうのがうれしくて、何度もくり返しくぐります。

ホームセンターでドアノブなどを購入して、目の高さに取りつけると、回したり引っ張ったりして試行錯誤します。本物が楽しいのです。

探索活動が活発に！

ハイハイで移動したり、興味のあるものを見つけて立ち上がったりする時期です。発達に合わせたおもちゃを用意していきましょう。

Ｗちゃんが太鼓のようにポンと叩くとよい音がします。まねをしてＸちゃんも「ポン！」。一緒に同じことをするだけでも楽しさが倍増します。

遊び 高月齢 友だちと一緒に楽しむ

友だちを意識して、同じことをして
楽しむことが多くなります。

一緒にいると楽しいね

友だちとのかかわりを「楽しい」「おもしろい」と感じるためには、保育者の橋渡しが必要です。子どもたちの「自らかかわる」という能動性を大切にしながらも、側で見守り、「一緒にすると楽しいね」などと子どもの思いを代弁して気持ちを伝え合えるとよいでしょう。

Ｙちゃんがタッパーの穴落としを楽しんでいると、Ｚちゃんもやってきて一緒に穴落としを始めました。まだ言葉を交わすことはありませんが、一緒の空間を楽しんでいます。

2人で箱に入り、チェーンリングを麺に見立てて、かき混ぜて料理場面のイメージを共有しています。

0歳児 11月の指導計画

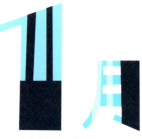

月のねらい
1. 戸外遊びを積極的に行い、冬の自然に親しむ。
2. 保育者や友だちとの気持ちのやりとりを楽しむ。
3. 様々なものとかかわり、見立て遊びやつもり遊びを楽しむ。

見立て・つもり遊びを始める

月齢の低い子どもは、カップなどを食器に見立てて1人で楽しみます。月齢の高い子どもは、フェルトの袋を帽子に見立て、バケツをバッグのように持って「行ってきます」の気持ちを込めて友だちに手を振るなど、友だちと楽しむことができるようになります。

友だちとイメージを共有する

見立て・つもり遊びは、最初は1人で遊ぶことが多いですが、月齢が高くなってくると、友だちと共通のイメージをもって、一緒に楽しむようになります。まだ役割などの認識はなく、並行遊びの段階ですが、保育者のまねをして、人形の世話をしたりするようになります。

	えりか（1歳）	あやか（1歳3か月）
前月末の子どもの姿	・左右に揺れながらバランスをとって1～2歩歩けるようになってきた。歩くことが楽しい様子である。 ・外出を楽しみにしており、上着や帽子の準備をするとハイハイでテラスに出ていく。	・人形やぬいぐるみを抱っこして、「いないいないばあ」「でこちゃんはなちゃん」のわらべ歌で保育者をまねる姿が見られる。 ・興味のあるものを指さし、保育者に伝えようとしている。
子どもの姿ベースのねらい●と内容◆	❶戸外遊びを積極的に行い、冬の自然に親しむ。 ◆戸外では靴を履いて歩き、探索を楽しむ。 ❷保育者や友だちとの気持ちのやりとりを楽しむ。 ◆保育者に受け入れてもらい、安心して気持ちを伝える。 ❸様々なものとかかわり、見立て遊びやつもり遊びを楽しむ。 ◆カップなどを食器に見立てて遊ぶ。	❶戸外遊びを積極的に行い、冬の自然に親しむ。 ◆保育者と一緒に雪や霜柱、氷などを見て楽しむ。 ❷保育者や友だちとの気持ちのやりとりを楽しむ。 ◆要求を指さしや言葉で伝える。 ❸様々なものとかかわり、見立て遊びやつもり遊びを楽しむ。 ◆人形の世話をして楽しむ。
環境構成★・保育者の配慮◎	**冬の自然に親しむために** ★長時間外にいると冷えるので、遊び足りない時は雪などをタライに入れ、室内でも楽しめるように工夫をしていく。 ◎雪や霜柱、氷などを保育者と一緒に見る時は、実際にふれてみて「冷たいね」とその感覚を言葉にして伝えていくようにする。 **子どもの気持ちに丁寧に対応する** ◎子どもが、うれしい・悲しいなどの気持ちを表現した時には、丁寧に対応し、言葉にして代弁していく。 **様々なものとかかわるために** ★重ねカップや積み木、バケツなど見立て遊びにつながりやすいおもちゃを、手に取りやすい場所にたくさん置いておく。	**冬の自然を発見した喜びを共有する** ◎子どもが氷や霜柱などを発見した時は、その喜びを共有し、「冷たいね」「ピカピカしているね」などと言葉にして伝えていく。 **保育者と気持ちのやりとりを楽しむために** ◎指さしなどで子どもが意思を伝えた時には、その気持ちを言葉にして代弁し、優しい言葉で対応していく。 **様々なものとかかわり、見立て遊びやつもり遊びを楽しむために** ★人形やカップ、バケツなど、人形の世話などのつもり遊びができるおもちゃをたくさん用意しておく。
家庭との連携	・外遊びでは靴を履くようになるので、園用に1足靴を用意してもらう。	・食事の時には、子どもの食べる意欲を大切にしていることを保護者にも伝えていく。 ・好きなメニューのレシピを伝える。

「子どもの姿ベースのねらい●と内容◆」の「内容」は子どもの姿をもとに「3つの視点」を意識して作ります。3つの視点のマークを入れました。
※マークの詳細はP9を参照

健康・安全・食育の配慮	・戸外遊びや散歩は、体調や気温を見て、無理のないようにする。 ・便器に座る場合、決して無理強いせず、慣れる程度にする。 ・食事では、自分で食べたいという意欲を大切にする。	行事	・誕生会 ・餅つき大会

 しょうた（1歳5か月）

- 友だちとのかかわりを楽しむ姿が多く見られるようになってきた。同じ仕草をしたり、同じ歌を歌ったりして笑い合っている。
- 外遊びの時、強い風が吹くと、友だちと一緒に足踏みをして笑う姿が見られる。

❶ 戸外遊びを積極的に行い、冬の自然に親しむ。
◆ 戸外では、友だちと一緒に冷たい風を感じながら、探索活動を楽しむ。（自分）
❷ 保育者や友だちとの気持ちのやりとりを楽しむ。
◆ 友だちのまねをして同じ仕草をしたり、同じ歌を歌ったりして楽しむ。（人）
❸ 様々なものとかかわり、見立て遊びやつもり遊びを楽しむ。
◆ 友だちと見立て・つもり遊びを楽しむ。（もの）

友だちと一緒に冬の自然に親しむ
★ 友だちとかかわってたっぷり遊べるように、天気や気温、体調に配慮しながら、戸外遊びの時間を長めに設定する。寒い日は、厚手の上着や帽子を用意する。

友だちとの気持ちの橋渡しをする
◉ 子ども同士の能動的なかかわりを大切にし、時には気持ちの橋渡しをしながらよい関係が築けるようにする。

友だちと見立て遊びやつもり遊びを楽しむために
★ 友だちと見立て遊びを十分に楽しめるように、同じおもちゃを複数用意する。

- 友だちとの楽しそうなかかわりについて、積極的に伝えていく。
- 噛みつきなどのトラブルがあった時には、必ず口頭で丁寧に伝える。

基本的な配慮
- 休み明けに、生活のリズムを崩さないように整えていく。
- 友だちとのやりとりが増えているので、必要な場合はそれぞれの気持ちを、言葉にして丁寧に代弁していく。
- 食事や着脱の時は、子どもの意欲を大切にし、少し時間がかかっても自分で食べたい、自分で着替えたいという気持ちを尊重していく。
- 乾燥しているので、必要に応じてスキンケアを行う。
- 胃腸炎が流行っているので、壁や床の掃除、おもちゃの消毒を念入りに行うようにする。
- 室内の換気を心がける。

職員の連携
・これまで午前と午後の2回寝だった子どもが、1回寝に移行しているので、保育者の動きを再度確認し合う。

評価（子どもを捉える視点・見通し）
・子どもの体調や月齢に合わせながら戸外遊びの時間が保障され、十分遊べているか。
・保育者や友だちとゆったりとした安心した時間を過ごすことができ、自分の気持ちを表現できているか。
・十分なおもちゃと時間、空間が保障され、集中して見立て遊びやつもり遊びができているか。

見立て・つもり遊びを見守る

子どもが見立て・つもり遊びを楽しんでいる時に、むやみに声をかけると、子どもはその世界から現実に戻ってしまいます。子どもがスムースにつもり遊びを楽しめるように、見守る姿勢を大切にしながら、一緒にその世界に入ってみるような言葉をかけるとよいでしょう。

おもちゃを十分に準備する

お出かけの再現、食事場面の再現、お昼寝の再現などを楽しむ時期です。子どもがイメージした時にすぐに使えるように、おもちゃの種類と量が常に十分準備されていることが大切です。人形も同じものが複数あるとよいでしょう。

「月のねらい」は子どもの姿をもとに、資質・能力の3つの柱を意識して振り返りができるように作ります。本書では特に意識したいものに下線を入れています。「知識・技能の基礎」..........、「思考力・判断力・表現力等の基礎」..........、「学びに向かう力・人間性等」..........　※下線の詳細はP9を参照

保育の資料

0歳児クラスでの生活にもすっかり慣れてきて、生活の流れや見通しがわかってきます。「〇〇したい」という気持ちを尊重するためにどのような工夫ができるでしょうか。

生活　食べたいものを指さしで伝える

スプーンを使えるようになっても、まだ上手に口に入りません。また集中できる時間には限界があります。スプーンと手つかみのバランスを見ながら無理のないように食事を進めましょう。

「これ食べたい」

食べたいものを指して「これを食べたい」という気持ちを表現します。自分で口に運べるように、お皿を近くに寄せたり、小分けにして食べやすくしたりして援助します。

子どもが手でつかみやすい形状のものをメニューに入れるようにすると、「自分で食べたい」「これを食べたい」という気持ちが満たされます。給食室と連携しながら進めていきましょう。

aちゃんが食べたいものを指さすと、「お魚を食べたいのね」と保育者が言葉にして確認しています。このやりとりが大切です。

保育教材
遊具

引っ張って歩くおもちゃ
段差を通る時に、優しい音が出るので、積極的に引っ張って歩くことを楽しむことができます。

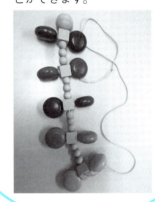

遊び 低月齢　歩くことを楽しむ

1歩、2歩と、バランスを取りながら歩くことから始まり、次第に歩行が安定してくると何かを持ったり引っ張ったりしながら歩くことを楽しみます。

両手でバケツを持ち、バランスを取って上手に歩いています。中におもちゃを入れて運んだりもしています。

ガラガラと音の出る木製のおもちゃを引っ張って歩き、楽しんでいます。

持って歩く・引っ張って歩く

木のおもちゃやヒモつきの箱などを引っ張って楽しむようになります。箱の場合は、中に入れるもので重さの調節ができます。障害物を避けたり、方向転換したり、自分の引いているものを振り返って見たりすることもできるようになります。

遊び 高月齢 模倣する・再現する

保育者や保護者などの身近な人の姿を模倣したり、
食事や睡眠など自分の生活体験を再現することから始まります。

つもり遊び

物事の関係がわかり、認識力が発達してくると、おもちゃなどを様々なものに見立てて身近な人の姿を模倣し始めます。次第に再現遊び、役割遊びに発展します。

首からネックレスをして、バケツをバッグに見立ててお出かけです。

保育者のまねをして、人形を優しく寝かせています。

遊び 高月齢 人形に愛着をもつ

人形やぬいぐるみに対して、
ほかの遊具とは区別した遊びが見られるようになります。

普段、保育者に歌ってもらっているように「でこちゃんはなちゃん」のわらべ歌のリズムに合わせてぬいぐるみの顔をテンポよく触っています。

お母さんが「チュー」としてくれるように、ぬいぐるみにも口を近づけて気持ちを表現しています。

「大好き！」の表現

身近な大人との愛情深いふれ合いが基盤となり、人形やぬいぐるみに対しても情緒的な感情を抱く様子が見られるようになります。抱っこをしたり、自分が保育者に歌ってもらっているわらべ歌の仕草を人形に行ったりしています。保育者は、人形を扱う時、丁寧に扱うようにし、人形に名前をつけて呼ぶのもよいでしょう。

67

0歳児 2月の指導計画

月のねらい
1. 1日の生活の流れがわかり、見通しをもって主体的に過ごす。
2. 保育者や友だちと一緒にわらべ歌を楽しみ、ゆったりとした気持ちを味わう。
3. 腕や指先を上手に使ってものを扱い楽しむ。

生活の流れや行為を言葉にして伝える

「そろそろご飯にしようね」「眠くなったからもうお布団に入ろうか」など、生活の流れを言葉にして丁寧に伝えることで、子どもは見通しをもち、安心して生活を送ることができます。それが、主体的に生活することにつながっていきます。

積み木や色板を並べる

同じものを並べたり積んだりして楽しみます。同じものを並べるというくり返しの行為は、距離や数量の感覚につながっていきます。この時期は、まだ同じ色を揃えるなどの意識はありません。

	えりか（1歳1か月）	あやか（1歳4か月）
前月末の子どもの姿	・一人歩きが安定し、活発に移動して探索活動を楽しんでいる。おもちゃやバケツなどを持って歩くようにもなってきた。 ・保育者とのかかわりを喜び、体を動かし、声を出して楽しい気持ちを表現している。	・自分でエプロンをつけ、手を拭いて準備をする。食事が終わるとエプロンを取り「ごちそうさま」と手をパチンと合わせる。 ・自分でできることが増え、生活に自信がもてているようだ。
子どもの姿ベースのねらい●と内容◆	❶1日の生活の流れがわかり、見通しをもって主体的に過ごす。 ◆食事や着替えなど、保育者が進める生活行為に自ら協力して体を動かす。 ❷保育者や友だちと一緒にわらべ歌を楽しみ、ゆったりとした気持ちを味わう。 ◆ふれ合い遊びで保育者や友だちとやりとりしながら楽しい時間を共有する。 ❸腕や指先を上手に使ってものを扱い楽しむ。 ◆歩いて探索し、様々なものを発見する。	❶1日の生活の流れがわかり、見通しをもって主体的に過ごす。 ◆自分から食事に向かい楽しんで食べる。 ❷保育者や友だちと一緒にわらべ歌を楽しみ、ゆったりとした気持ちを味わう。 ◆友だちや保育者と一緒に「じーかいてぽん」「くまさんくまさん」「おちゃをのみに」などのわらべ歌を歌って楽しむ。 ❸腕や指先を上手に使ってものを扱い楽しむ。 ◆壁を利用して積み木を積む。
環境構成★・保育者の配慮◎	**見通しをもって主体的に過ごすために** ★食事のエプロンは、自分で取り外しができるものにする（タオルにゴムを取りつけたもの）。 ◎子どもが自分でしようとしていることを確認しながら、「お手伝いしてもいい？」と聞いてから仕上げの援助を行うようにする。 **保育者や友だちと楽しい時間を共有するために** ◎大好きな「とうきょうとにほんばし」のわらべ歌を優しくゆっくり歌って、満足するまでくり返し遊ぶ。 ◎「友だちと一緒は楽しいね」と言葉にして伝えていく。 **指先を上手に使ってものを扱うために** ★トラブルにならないように、「ぽっとん穴落とし」などのおもちゃを十分に用意する。 ★立ち上がった時に目の高さにくる位置に、好きなおもちゃを置いておくようにする。	**1日の生活の流れがわかるようになるためのかかわり** ◎生活行為の援助については、子どもの「自分でやりたい」という気持ちを尊重し、援助を先回りしないようにする。 ◎食後の手拭きや、エプロンをつけたり外したりする時は、仕上げのために手伝う前に「お手伝いしてもいい？」と聞いてから援助する。 **保育者とわらべ歌を楽しみ、ゆったりとした気持ちを味わう** ◎「もう1回やって」のサインを見逃さず、満足するまでゆったりと遊ぶようにする。 **軽くて大きい積み木で腕や指先を使って遊ぶ** ★積み木遊びは、積みやすい場所（壁のあるところ）を提供する。 ★軽くて大きい積み木のほうが扱いやすいので、発達に合った積み木を用意する。
家庭との連携	・園での生活の様子を話し、「自分でやりたい」という気持ちが出てきたので、その気持ちを尊重していることを伝えていく。	・園での生活の中で、保育者に援助してもらいながらも自分でできることが増えていることを伝える。そのことが本人の喜びになっている様子も同時に伝えていく。

68 「子どもの姿ベースのねらい●と内容◆」の「内容」は子どもの姿をもとに「3つの視点」を意識して作ります。3つの視点のマークを入れました。
※マークの詳細はP9を参照

| 健康・安全・食育の配慮 | ・薄着を心がけるが、外遊びの時は、上着や帽子で調節をする。
・つかまり立ちや伝い歩き、一人歩きを始めた子どもが増えたので、転倒した場合を考え、床の上のおもちゃなどは取り除き安全を保つようにする。
・食事は、それぞれのペースを大切にしながら進める。 | 行事 | ・誕生会
・豆まき
・懇談会 |

しょうた（1歳6か月）

- 積み木を6つくらいまで積めるようになり、崩れるとまた最初から積んで楽しんでいる。
- 積む時に、腕に余分な力を入れず、リラックスした状態を保てるようになり、全体の動きがなめらかになっている。

❶ 1日の生活の流れがわかり、見通しをもって主体的に過ごす。
◆ 睡眠時は、自分からベッドに向かう。（自分）
❷ 保育者や友だちと一緒にわらべ歌を楽しみ、ゆったりとした気持ちを味わう。
◆ 友だちや保育者と一緒に「じーかいてぽん」「くまさんくまさん」「おちゃをのみに」などのわらべ歌を歌って楽しむ。（人）
❸ 腕や指先を上手に使ってものを扱い楽しむ。
◆ 積み木をくり返し並べたり積んだりする。（もの）

優しい言葉かけで1日の生活の流れを伝える
◉「眠くなったからもう寝ようね。おやすみ」など、一つひとつの生活行為を、優しい言葉で丁寧に伝えていくようにする。

保育者や友だちと一緒にわらべ歌を楽しむ
◉ わらべ歌などのふれ合い遊びの時間をたっぷり取り、保育者もゆったりとした気持ちでかかわる。

発達に合った大きさの積み木を準備する
★ 積み木はある程度の数が揃っていないと楽しめないので、発達に合った大きさの積み木で同じ種類のものを数多く用意する。

- 友だちとのかかわりが増えてきたので、楽しい場面を中心に園での様子を伝えていく。
- 懇談会では、園での様子をビデオで見てもらう。

基本的な配慮

- 子どもに語りかける時は、その子どもの側に行き、はっきりと聞き取りやすい言葉で穏やかに伝えるようにする。
- 機嫌が悪く、かんしゃくを起こして泣いているような時は、抱いたり、気持ちを言葉にしたりするなどして、優しく受け止めていく。
- 穴落としや積み木並べなど、集中力と思考力が求められる遊びでは、十分な数のおもちゃを用意し、他児との程よい距離を保つなど、落ち着く空間を保障する。

十分な量の積み木を準備する
積み木や色板で遊ぶ時に、数が足りないようでは、集中が切れてしまう原因になります。取り合いにならずに落ち着いて遊べるように、十分な数とスペースを用意しましょう。

職員の連携

- 戸外でよく遊べるようになり、散歩の時間を長めに取るようになったので、保育者の動きを再度確認し、月齢の低い子や体調のすぐれない子どもが無理をすることがないようにする。

評価（子どもを捉える視点・見通し）

- 1日の流れがわかって、生活に見通しをもち、安心して生活することができているか。
- 保育者や友だちとかかわりながら、ゆったりとしたくつろぎの時間が過ごせているか。
- 指先を使った遊びが、それぞれの興味に合わせて十分行われているか。

優しい声で歌うように
保育者と一緒にわらべ歌を楽しむ時に、子どもは保育者の口元をよく見ています。目を合わせて、表情豊かに、優しい声で歌うようにしましょう。

「月のねらい」は子どもの姿をもとに、資質・能力の3つの柱を意識して振り返りができるように作ります。本書では特に意識したいものに下線を入れています。
「知識・技能の基礎」　　　　「思考力・判断力・表現力等の基礎」　　　　「学びに向かう力・人間性等」　　　※下線の詳細はP9を参照

保育の資料

0歳児

安心できる保育者や、友だちとのかかわりを楽しむようになります。
信頼関係を深めるために、どのような配慮が必要なのでしょうか。

生活　生活の中で、できることが増える

指先の力加減が上手になってきます。バナナの皮をむいたり、コップやお椀を両手で持って、こぼさずに飲めるようになります。

自分でやりたい

バナナの皮をむく行為1つでも、集中してその感触などを楽しんでいます。急かすことなくやりたい気持ちを尊重して待ちましょう。

あらかじめバナナの皮に切れ目を入れると、自分でむくことができます。

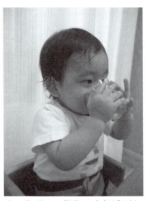
ちょうどよい指先の力加減がわかってきて、こぼさずに飲めるようになってきました。

保育教材
わらべ歌
「とうきょうとにほんばし」
歌に合わせて保育者の指が手のひらから肩まで進み、最後、わきの下をくすぐります。

遊び 低月齢　保育者と一緒にわらべ歌を楽しむ

好きな歌を「もう1回」と仕草でリクエストして、くり返し楽しみます。

保育者と向かい合ってわらべ歌を歌っていると、楽しくなって立ち上がり、全身で表現しています。

「とうきょうとにほんばし」のわらべ歌が大好きなbくん。「かいだんのぼってこちょこちょ～」のところは、首をすぼめて待っています。歌い終わると「もう1回」と仕草でリクエストします。

まねをして歌う

わらべ歌を保育者が歌うと、はじめは声の響きに耳を傾けるだけですが、そのうちに、同じ仕草をしたり、言いやすい言葉や大人の言葉の語尾などをまねて口にするようになります。

遊び 高月齢 友だちとのかかわりを楽しむ
友だちを意識するようになり、かかわりを楽しみます。

共有できる遊びがある

これまで保育者と楽しんできた「いないいないばあ」を友だちとも楽しめるようになります。「いないいない〜」と布をかけると、かけてもらった子どもは「ばあ」を期待して待っています。布をとると、笑い合います。

互いの積み木を見合いながら遊んでいます。

cくんに布をかけて「いないいない〜」とするdくん。cくんはじーっとして、次の展開を期待します。少し間を置いて「ばあ」とくり返し楽しんでいます。

遊び 高月齢 指先や腕全体を使ってものを操作する
指先を使う遊びをくり返し、ものが上手に扱えるようになります。
大きな布など、少々扱いにくいものも、遊びに取り入れて楽しみます。

大きな布は少し扱いにくいですが、2人で協力して出したり入れたりしています。

腕を伸ばしてビーズのゴムを足につけたり外したりしています。

頭より高いところですが、バランスを取って操作しています。

集中してくり返す

空間の認知、目と手の協応ができるようになります。集中してくり返すうちに、スムーズでバランスのよい動きになっていきます。

71

0歳児 3月の指導計画

月のねらい
1. 戸外で春の自然にふれ、心地よさを感じる。
2. 保育者や友だちとのかかわりの中で、様々な表現でやりとりを楽しむ。
3. 絵本と経験を結びつけ、イメージを広げる。

自分でするという意識をもつ

戸外に出る前に靴を履く時は、「自分で靴が履ける」ということよりも「外に出る時は靴を履く」という意識をもてるようにすることが大切です。まだ一人では履けませんが、できる部分は本人に任せます。保育者がその手順をゆっくり丁寧に行うようにすると、次第に自分でやってみたいという気持ちにつながります。

ユーモアのある遊びを

「なべなべそこぬけ」などのふれ合い遊びを友だちとしたり、「あっかんべー」や「あっぷっぷ」などを表情豊かに楽しんだりする中で、子どもにユーモアが伝わります。「おもしろいね」「楽しいね」という気持ちが共有できるとよいでしょう。

	えりか（1歳2か月）	あやか（1歳5か月）
前月末の子どもの姿	・ハイハイの途中、偶然足を伸ばす高ばいの姿勢になり、「逆さま」を発見した様子。保育者が顔を見ながら「えりちゃーん」と声をかけるとうれしそうに「あー」と言う。くり返し楽しむ姿を見て周りの子も一緒に楽しむ。	・友だちと一緒に「なべなべそこぬけ」の歌を楽しんでいる。息を合わせてリズムよく腕をふり、友だちと手をつなぐことや目を合わせるところが気に入っている様子で何度も笑いながらくり返す。
子どもの姿ベースのねらい●と内容◆	❶戸外で春の自然にふれ、心地よさを感じる。 ◆保育者と探索し、花や虫を見つける。 自分 ❷保育者や友だちとのかかわりの中で、様々な表現でやりとりを楽しむ。 ◆同じことをしたり笑い合ったりして気持ちのやりとりを楽しむ。 人 ◆「逆さま」の動作を友だちとくり返す。 人 ❸絵本と経験を結びつけ、イメージを広げる。 ◆乳児用の絵本や絵カードを見て、経験と結びつけ、指さしなどをして楽しむ。 もの	❶戸外で春の自然にふれ、心地よさを感じる。 ◆靴を履いて友だちや保育者と探索活動を楽しみ、虫や花を見つける。 自分 ❷保育者や友だちとのかかわりの中で、様々な表現でやりとりを楽しむ。 ◆友だちと一緒にわらべ歌を歌ったり、同じ動作をしたりして楽しさを共有する。 人 ❸絵本と経験を結びつけ、イメージを広げる。 ◆保育者と一緒に絵本などを見て、イメージの世界を味わう。 もの
環境構成★・保育者の配慮◎	**戸外に出て春の自然にふれ、心地よさを感じるために** ★ゴザなどを持って散歩に出かけ、ゆったりとした時間の流れの中、心地よく遊べるようにする。 **友だちの気持ちを代弁し伝え合いを援助する** ◎友だちとのかかわりを見守る中で「一緒は楽しいね」「同じだね」などと子どもの気持ちを代弁しながら、伝え合いを援助していく。 **絵本や絵を見て、経験と結びつける** ★座った位置や立った位置からよく見える場所に「くだもの」や「動物」などの絵を貼っておく。絵はシンボリックな、わかりやすいものを選ぶ。 ★絵本のコーナーには、乳児用の厚紙の絵本や木の絵カードを並べて置く。	**靴を履く時の配慮** ◎靴を履く時、できる部分は子どもに任せるようにする。 ◎靴を履く時は、ゆっくり丁寧に援助し、自分でやりたい気持ちをもてるようにする。 **保育者や友だちと様々な表情を楽しむ** ◎「あっかんべー」「あっぷっぷ」「えんえんえん」など表情を変える遊びをくり返して、保育者や友だちと楽しめるようにする。 **絵本で言葉のリズムを楽しむ** ★シンボリックなわかりやすい絵、単純でくり返しのある絵本、言葉のリズムが楽しい絵本などを用意する。 ◎絵を見ながら「リンゴ食べたね」「アヒルいたね」などとこれまでの経験と結びつくような言葉をかけていく。
家庭との連携	・1年間の成長の様子を保護者に伝え、一緒に成長を喜ぶ。 ・進級の時は、職員同士が連携し、しっかりと配慮していくことを伝え、保護者が不安にならないようにする。	・1年間を振り返り、できるようになったことや友だちと遊ぶ姿を肯定的に伝え、保護者と共に成長を喜び合う。

72 「子どもの姿ベースのねらい●と内容◆」の「内容」は子どもの姿をもとに「3つの視点」を意識して作ります。3つの視点のマークを入れました。
※マークの詳細はP9を参照

健康・安全・食育の配慮	・歩き始めたばかりの子どもは、室内や戸外で急に転倒することがあるので、周辺に危険がないように気をつける。 ・食事の際は、自分の行為を意識できるように「今日のデザートはリンゴだね」と食べ物の名前を伝えたり、「もう1口だね」「全部食べたね」などと様子を言葉にしながら進めていく。	行事	・誕生会 ・ひなまつりの会

しょうた（1歳7か月）

・保育者の足の甲に乗って、「あしあしあひる」のわらべ歌を楽しんでいる。リズムに合わせて一緒に足を運ぶ。
・カーテンの後ろや隙間に隠れ、友だちに見つけてもらうことを期待している。

❶ 戸外で春の自然にふれ、心地よさを感じる。
◆探索活動をしながら、植え込みや塀の後ろに隠れて見つけてもらうことを楽しむ。 自分
❷ 保育者や友だちとのかかわりの中で、様々な表現でやりとりを楽しむ。
◆保育者や友だちとわらべ歌遊びをし、呼吸を合わせ同じ動作を楽しむ。 人
❸ 絵本と経験を結びつけ、イメージを広げる。
◆保育者と一緒に絵本などを見て、指さししたり言葉を発したりしてやりとりを楽しむ。 もの

戸外に出て、春の自然の中で遊ぶ
◎物陰に隠れるような仕草をした時は、「見つけた〜」と声をかけ、そのやりとりを十分に楽しめるようにする。

その子どもなりの表現でやりとりを楽しむために
◎仕草などでわらべ歌などのリクエストがあった時には、「あしあしあひるしようね」と言葉で確認し、気持ちに応えていく。

絵本や絵を見てイメージの世界を楽しむために
★お気に入りの絵本を絵本コーナーに表紙が見えるように並べておく。
●描かれている絵については、正しい名称で伝え「赤いリンゴ」などと表現を工夫して伝えるようにする。

・1年間を振り返り、できるようになったことや友だちと遊ぶ姿を肯定的に伝え、保護者と共に成長を喜び合う。

基本的な配慮

・子どもが保育者に見守られているという安心感を常にもてるようにする。
・インフルエンザなどの感染症がまだ流行っているので、常に清潔にして予防する。
・進級にあたり、子どもが戸惑わないよう様々な配慮をする。例えば、4月から使う部屋に遊びに行ったり、新しい担任が決まっている場合には、少しずつ一緒に活動するなどの工夫をしていく。
・自分でしようとする場面が増え、動きも大きくなるので、十分なスペースを用意する。

職員の連携

・進級に向けて、一人ひとりの成長した姿や発達の課題を確認し合い、次年度につながる話し合いをする。
・次年度の担任が決まったら、可能な限り子どもたちと交流し、進級がスムーズになるようにする。

評価（子どもを捉える視点・見通し）

・戸外遊びは、ゆったりした時間の流れの中で心地よく過ごすことができたか。
・保育者や友だちと過ごす中で、安心して気持ちのやりとりをすることができたか。
・絵本などを見て、保育者とやりとりしながらイメージの世界を広げることができていたか。

肯定的な気持ちを伝える

保育者が笑ったり楽しそうにしたりしていると、子どもの心もウキウキと弾みます。「うれしい」「楽しい」という肯定的な気持ちをたくさん味わえるような遊びの展開やかかわりを心がけましょう。

着脱スペースの工夫を

衣服の着脱などに自分から取り組もうとする姿が見られるため、椅子などを用意して着替えやすいスペースをつくるとよいでしょう。その際、複数の子どもが使うので衛生面に配慮しましょう。同時に、室内でも十分に体を動かせるように、安全で広いスペースも確保していきましょう。

「月のねらい」は子どもの姿をもとに、資質・能力の3つの柱を意識して振り返りができるように作ります。本書では特に意識したいものに下線を入れています。
「知識・技能の基礎」　　　、「思考力・判断力・表現力等の基礎」　　　、「学びに向かう力・人間性等」　　　　※下線の詳細はP9を参照

0歳児 保育の資料

保育者との信頼関係が深まるとともに、友だち同士のかかわりが増えてくる時期です。遊びの世界がぐんと広がります。安心して自己発揮できる環境を整えましょう。

生活　気持ちを共有してもらい安心する

自分の思いや表現を受け止めてくれる保育者の存在に安心しています。それが基盤となって、友だち同士の関係が広がります。

わかってくれてうれしい！

「あっち」と指さすと、保育者も一緒に見てくれる、食べ物のイメージで何かを差し出すと、保育者が「もぐもぐ」と食べてくれる。このようなやりとりにより、互いの気持ちのつながりをますます深めていきます。

保育教材

絵本
『くだもの』平山和子／作、福音館書店
子どもたちは、これまでに見たことのあるくだものを見つけるたび、指をさしたり言葉を発したりして楽しみます。

「あっ！」と指さすと、「楽しそうだね。行ってみようか」と受け止める保育者。このような気持ちのやり取りが言葉につながっていきます。

食べ物に見立てたおもちゃを「はい」と差し出すeちゃん。保育者は、その気持ちをすぐにキャッチして「もぐもぐ」と食べるまねをしています。

遊び 低月齢　逆さま発見！

動きの中で偶然「逆さま」を発見すると、うれしくて何度もくり返します。

世界の広がり

「逆さま」の世界を発見した友だちを見て、周りの子どももまねしてやってみます。自ら遊びを見出したり、友だちの遊びに気づいたりして、遊びの世界がどんどん広がっていきます。

逆さまを発見したfくん。それを見ていた保育者も一緒に「逆さま」になり「楽しいね」「おーい」などと言いながらその感動を共有しています。

遊び 高月齢	## 友だちと「なべなべそこぬけ」を楽しむ

保育者に遊んでもらった経験をもとにして、友だちとも遊ぶようになります。

友だちと楽しむ

　保育者に自分がしてもらっていることをまねて、友だちと行うようになります。まだ相手の気持ちに細やかな配慮をすることはできませんが、保育者が仲介しながら一緒に楽しみます。

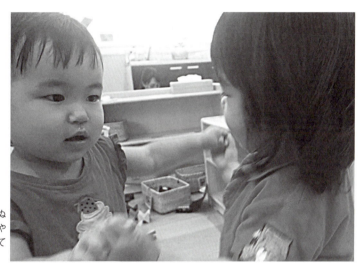

gちゃんは友だちと「なべなべそこぬけ」をするのが大好き。手の温かさや柔らかさを感じながら、目を合わせて笑い、ふれ合いに安心しています。

遊び 高月齢	## 隠れてみる……、見～つけた！

「かくれんぼ」の前段階のようなことをして友だちと楽しむようになります。

友だちが見つけてくれるとうれしそう。

「バア！」と言いながら笑い合います。

「だれか見つけてね」という気持ちで隠れています。

ここにいるよ！

　布をかぶり、だれかに「ばあ」と取ってもらうのを期待したり、棚の隙間や肋木の中に入って、友だちが見つけてくれるのを待ったりしています。

0歳児の遊びの環境 大切にしたいポイント

「子どもの姿ベース」の指導計画と保育を進めていくために、大切にしたい環境のポイントを見ていきましょう。世田谷仁慈保幼園の園長・佐伯絵美先生にお話をうかがいました。
0歳児クラスの保育室の環境から、いろいろな工夫の一例を紹介します。

ハイハイを促す環境

0歳児は月齢によって発達の差が大きい年齢です。仰向けやうつ伏せで手足をばたばた動かすようになり、さらに寝返りやハイハイへと体勢が変わっていく中で、子どもの動きたい気持ちに応えられるように、十分なスペースを確保し、発達に合った環境を準備しましょう。

ハイハイを引き出す環境

ハイハイを引き出すために、ハイハイができるスペースを確保したり、子どもがチャレンジしたくなるようななだらかな山をマットなどで作るのもよいでしょう。また、膝がつくので柔らかなマットを準備したり、子どもが触ってみたくなる魅力的なおもちゃを目の前に置いて、初めの一歩を引き出すこともあります。園庭の芝生や砂の上などでこぼこした場所では、自然と高バイになることがあります。ハイハイがしたくなるような環境を考えてみましょう。

くぐってみたくなる手作りの遊具。片側には透ける布が貼られていて、かくれんぼもできます。写真と逆向きに進む時は、後ろの鏡にハイハイで近づいていく自分の姿が見えて、興味を示します。

仰向けやハイハイ、その後にはつかまり立ちを促す空間が保障され、しっかりと動くことができる環境を用意することが大切です。

子どもの手の届く範囲におもちゃが置かれていたり、ハイハイするスペースがなかったりする場所では、ハイハイをしようという気持ちが起きません。保育者が少し離れた場所から呼んでみたり、ヒモのついたおもちゃを引っ張って誘ったりして、子どもの動きたい気持ちを引き出しましょう。

人工芝のシート。いろいろな手触りのシートを床に貼っておくと、ふれた時に感触がおもしろく、前に進んで触ってみようとハイハイをします。子どもたちがワクワクする環境を整えましょう。

落ち着いて過ごせる環境

長時間過ごす保育室は、落ち着いた家庭的な環境に整えたいものです。0歳児の保育室では、天蓋を設けて天井を低くしたり、クッションや観葉植物などで温かみのある雰囲気をつくるようにします。家具などもシンプルなものが落ち着きます。

床のカーペットやクッション、天井のオブジェやオーガンジーの布などでセンスよく温かな空間をつくっています。保育者は子どもにとって何よりの環境。温かな対応を心がけます。観葉植物や季節の花を飾り、安らぎの感じられる場としましょう。

ちょっと疲れちゃったな、という時は、クッションにごろんと寝そべってリラックス。気持ちを立て直すことができます。

保育室のカーペットの上に大きなマットを敷いて。寝転がって保育者と遊ぶのも楽しく、安心する時間です。夕方など少し疲れたけれど、布団を敷くほどではない、といった時などにも重宝します。

0歳児クラスの空間

保育室の生活スペースを大きく3つに分けています。
①食事の場所　②活動の場所　③睡眠の場所
子どもごとに自分のタイミングで落ち着いて食べられ、午前中の睡眠が必要な子はゆっくり寝ることができ、活動したい子どもは寝ている子に遠慮せずに思い切り体を動かして遊べるよう、空間を区切っています。

食事（手前）と睡眠（奥）のスペースは棚やパーティションで区切り、それぞれ落ち着いて行えるようにします。

壁面構成を見直してみる

園は家庭に代わる生活の場であり、子どもも大人も落ち着ける空間であることが大事です。そのため、当法人では壁面装飾はせず、観葉植物や自然物、柔らかな布などを取り入れることで落ち着ける空間をつくれるように心がけています。保育室の壁は、子どもにとって遊びのヒントになるような写真を掲示したり、子どもの記録を掲示したりするのに活用しています。壁面の使い方の工夫により、遊びの広がりにつながったり、保護者との情報共有の場が生まれたりしています。

0歳児クラスでは、生活リズムの違う子たちが一緒に過ごしています。食べる・遊ぶ・寝るための空間が分けられることが大切です。空間をゆるやかに区切ることで、安心できるスペースを作ることが求められます。

手を使って遊ぶ環境

0歳児は、月齢によって発達が大きく異なるので、まずはどのような状況の子どもがいるか考え、一人ひとりに合ったおもちゃや素材を準備するようにします。手のひら全体で握れるようになってきたら、手指の発達を促す環境を考えてみましょう。ベビーベッドに仰向け寝の体勢で手が届く位置にモビールを吊るしたり、腹ばいでもしっかり握ることができるガラガラなど、子どもたちが触ってみたくなる環境をつくっていきましょう。

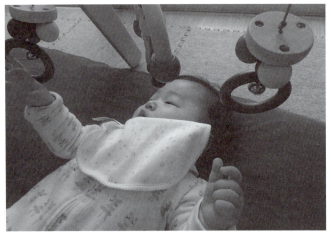

木製のプレイジム。手を伸ばせば届く位置におもちゃがついていて、触ると鈴が鳴ります。寝ながらでも、座ってでも楽しめます。

器用にそーっと積み木を重ねます。子どもが集中できるように見守ります。

おもちゃ以外の素材も意識的に取り入れます。棚に貼ってあるのは、石畳の色見本。職員が自宅のリフォームをした時に職人さんが持ってきたサンプルです。つかまり立ちをした時に指がふれ、「おや？ 何かがある」。発見した喜びを保育者に笑顔で伝えています。

道に落ちていた桜の花を集めて、ビニール袋に入れました。きれいな色に惹かれて、指でつまもうとしています。部屋でそのまま出して遊ぶのはためらわれるものでも、チャック付きのビニール袋に入れれば、袋の上から触ることができます。

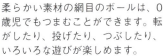

この時期は、握ったり、叩いたり、つまんだりするなど、手を使って遊べるようなおもちゃが用意されることが大切です。それが、意欲を培います。

柔らかい素材の網目のボールは、0歳児でもつまむことができます。転がしたり、投げたり、つぶしたり、いろいろな遊びが楽しめます。

見ることが刺激となる環境

色や光、動きなど、見ることで様々な刺激を得られる環境を考えてみましょう。
0歳児の発達に合わせ、今、出会わせたいものが何かを考え、
色の数、形、動きのスピードなども変えていきましょう。天井から吊るすモビールなどもよいでしょう。
おもちゃのゆらゆら揺れる動きを不思議そうに目で追うようになり、よい刺激になります。

窓ガラスに貼った色セロファン。光を通すセロファンの色に魅了されます。セロファンを魚や動物の形に切り抜くこともありますが、形に注意が向いてしまい、色への関心が生まれないことがあります。あえて3原色だけにして、シンプルな四角にすることで、色や光との豊かな出会いの場となります。

スロープをパーツが転がるおもちゃ。0歳児が目で追えるようにゆっくりと転がるパーツからスタートします。壁際に置いて子どもが1人で集中して遊ぶ場合もあれば、スロープの反対側に保育者がいて、一緒に転がるパーツを目で追い、転がり終えた瞬間、子どもと目を合わせて「できたね」と言ってあげるかかわりの工夫もできます。

顔に色の影が。「不思議、なんだろう」。窓ガラスにシートなどを貼るひと工夫で探究の場に変身。上から吊り下げれば、また違った影のおもしろさがあります。

天井からモビールなどを吊るしておくと、ゆらゆら揺れる様子に興味をもち、動きの不思議さに驚いたり、触ってみたい、立ってみたい気持ちが生まれたりします。

色セロファンを貼ったシートを熱心に見る0歳児。シンプルで軽いシートにすることで、寝ている子どもでも持つことができます。

寝ていることが多い赤ちゃんにとっては、見ることによる刺激が大切です。優しく動いたり、きれいな色にふれるなどの環境を用意しましょう。

1歳児の月案と資料

[執筆]
齊藤多江子

[資料提供・協力園]
足立区立中央本町保育園（東京都）

1歳児の年間計画

年間目標
- 保育者と信頼関係を築き、安心して過ごす。
- 好きな遊びや探索活動を十分に楽しむ。
- 身近な自然に興味をもち、匂いをかいだり、触ったり、拾うことを楽しむ。
- 友だちのしていることに興味をもち、友だちと同じものを使って遊びを楽しむ。

	Ⅰ期（4〜5月）	Ⅱ期（6〜8月）
子どもの姿	・不安そうな子どもや登園時には保護者と離れがたい子どももいるが、落ち着いて過ごす子どもが多い。 ・保育者と一緒に、好きな遊びをくり返し楽しむ姿が見られる。園庭では探索活動を楽しむ姿が見られる。 ・自分の気持ちを簡単な言葉や動作で伝えようとする。	・戸外に出ることを喜び、滑り台、砂場、水遊びを楽しむ。 ・友だちとのかかわりが多くなり、うまく気持ちを表せず、ものの取り合い、噛みつき、ひっかきなどの手が出てしまうこともある。 ・食事中に眠くなってしまう子もいるが、好きなものを喜んで食べている。
ねらい●	●新しい環境に慣れ、安心して過ごす。 ●保育者に見守られながら、好きな遊びを十分に楽しむ。 ●保育者と一緒に遊ぶ中で、おもしろさを味わう。 ●保育者や友だちとのふれ合いを通して、かかわりを楽しむ。	●水遊びやプール遊びの魅力を味わい、夏を心地よく過ごす。 ●保育者や友だちと好きな遊びや探索活動を十分に楽しむ。 ●砂や水の感触を、自分なりに試すことを楽しむ。 ●身近な人に関心をもち、遊びをまね、見立て遊びを楽しむ。
内容◆	◆安心して過ごす中で思いや気持ちを伝えようとする。[言葉][健康] ◆保育者に親しみをもち、一緒に遊ぶことを楽しむ。[人間関係] ◆好きな遊びを見つけ、一人でじっくり遊び、探索を楽しむ。[環境] ◆土、砂、水、草花に興味をもち、感触や匂いなどを楽しむ。[環境] ◆アリやダンゴムシなど身近な生き物に気づく。[環境] ◆絵本に親しんだり、手遊びや季節の歌を歌って楽しむ。[表現]	◆体を動かして遊ぶことを楽しむ。[健康] ◆水の冷たさや心地よさ、砂、土の感触を味わう。[環境] ◆様々な道具を使い、発見や試す気持ちをもつ。[表現] ◆思いや要求を仕草や自分なりの言葉で伝えようとする。[言葉] ◆保育者や友だちと、絵本の中のくり返しの言葉を言ってみたり、好きな歌を歌ってみたりして楽しむ。[人間関係][表現]
環境構成★・保育者の配慮◎	★一人ひとりの生活リズムを大切にして食事、睡眠の時間を調整して、無理なく過ごせるよう見通しをもって保育を進める。 ★子どもの気持ちに寄り添いながら、保育者も一緒に行うことでおもちゃの遊び方、おもしろさを知らせる。 ★使いたい道具を選べるよう、砂場の側に砂場道具を用意する。 ◎保育者と共に遊んだり、生活したりすることを通して、安心して過ごし、様々なことに興味がもてるようにする。 ◎草花を見たり、匂いをかいだり、生き物を見ることを通して、五感を働かせられるようにする。 ◎保育者も一緒に遊び、砂や水の感触やおもしろさを共有する。 ◎絵本や手遊び、季節の歌を歌い、言葉に親しめるようにする。	★巧技台やトンネルなどを設置した、体を十分に動かせるスペースと、指先を使うおもちゃを置いた、落ち着いて遊べるスペースを設ける。 ★試行錯誤しながら水遊びができるよう、砂、土、絵の具などの素材や、ジョウロやバケツなどの道具を多めに用意する。 ◎くり返し遊びを楽しむ中で、子どもの気づき、発見や驚きに寄り添い、言葉をかけながら共感する。 ◎友だちのもっているものを使いたい時には、互いの思いを代弁し、身振りや言葉で伝えていけるようにする。 ◎季節の歌や手遊びなどを通して、保育者や友だちとかかわる楽しさを感じられるようにする。
家庭や地域との連携	・子どもの様子や体調を伝え合い、保護者の思いを受け止める。 ・降園時にその日の具体的な子どもの様子を伝え、安心できるようにする。 ・生活リズムが安定するように、家庭での食事や睡眠の様子を連絡ノートに書いてもらい、情報を共有する。	・個人面談は園の様子を伝えたり、家での様子を聞いたりし、悩み事の相談にのる中で、信頼関係を築けるようにする。 ・水遊びやプール遊びの様子を丁寧に伝える。 ・暑さで疲れや生活リズムの乱れが出やすいので、健康状態や食欲の有無、睡眠などの情報を共有する。
健康・安全・食育の配慮	・こまめに着替え、清潔になる気持ちよさを感じられるようにする。 ・休息や睡眠を十分に取れるように配慮する。 ・ハイハイや伝い歩きの子が、安全に遊べるスペースを確保する。 ・保育者と落ち着いた雰囲気の中で、食事を楽しめるようにする。	・休息や水分を十分にとりながら、健康に過ごせるようにする。 ・安定した保育者とのかかわりの中で、着脱、排泄などを自分でやってみようとする気持ちを大切にする。 ・自分で食べようとする姿や、食具を使おうとする姿を認め、食べる意欲がもてるようにする。

「内容」は子どもの姿をもとに5つの領域を意識して作ります。5つの領域のマークを入れました。
[健康][人間関係][環境][言葉][表現] ※マークの詳細はP9を参照

- ■「自分で」という気持ちをもち、身の回りのことやってみようとする。
- ■保育者や友だちと一緒にいることで安心し、様々なことに興味・関心を広げる。
- ■様々な体の動きを経験し、体を動かして遊ぶ楽しさを味わう。
- ■保育者や友だちと見立て遊びやつもり遊びなどを楽しむ。
- ■保育者に気持ちや思いを身振りや簡単な言葉で表現しようとする。

Ⅲ期（9〜12月）	Ⅳ期（1〜3月）
・体を動かす遊びに興味をもち、固定遊具や、保育者との追いかけっこやボール遊びをする。 ・気の合う同士で「一緒に過ごす」「思いを共有する」「模倣をする」など子ども同士のかかわりや見立て遊びを楽しむ姿が見られる。 ・簡単な身の回りのことを自分でしようとする姿が見られる。	・縄ブランコや砂遊びなど、好きな遊びにじっくり取り組む。 ・保育者や友だちに簡単な言葉や仕草で思いを伝えようとし、気の合う友だちと一緒に遊ぶことも多い。 ・園庭へ出る時の身支度やトイレでの着脱、食後の口拭き、手洗いなど身の回りのことを「自分で」と挑戦しようとする子どもが多い。
●保育者や友だちと一緒に、秋の自然にふれ、体を動かして遊ぶ。 ●保育者と一緒に見立てやつもり遊びなどを楽しむ。 ●保育者に自分の思いを身振りや簡単な言葉で表現しようとする。 ●「自分で」という気持ちをもち、身の回りのことをやろうとする。	●冬の自然にふれて、体を動かす楽しさを味わう。 ●試したりイメージを膨らませたりして好きな遊びをくり返し楽しむ。 ●保育者や友だちと簡単な言葉のやりとりを楽しむ。 ●身の回りのことを自分なりに試しながらやってみようとする。
◆秋の自然に興味をもち、落ち葉や木の実にふれ拾って楽しむ。環境 ◆多様な動きを経験することを通して、体を動かすことを楽しむ。健康 ◆友だちと同じものを持ったり、同じ言葉を使ったりして、ごっこ遊びを楽しむ。人間関係 表現 ◆自分の思いや要求を簡単な言葉や身振りで伝えようとする。言葉 ◆衣服の着脱に興味をもち、できることをやってみようとする。健康	◆友だちと一緒に登ったり、過ごしたりすることを楽しむ。健康 ◆氷や霜柱を見つけ、冬の自然にふれて遊ぶことを楽しむ。環境 ◆様々な素材や道具を遊びに取り入れ、使い方を試しながら、気の合う友だちと一緒に見立て遊びを楽しむ。人間関係 表現 ◆絵本を読んだり、音楽に合わせて楽器を鳴らして楽しむ。言葉 表現 ◆身の回りのことをやろうとし、できた喜びや満足感を味わう。健康
★色づいた葉や木の実にふれ、集めることを楽しめるようにする。 ★歩く、走る、跳ぶ、ぶらさがる、くぐるなど、いろいろな動きを楽しめるように、トランポリン、巧技台、はしごなどを設置する。 ★見立てに使える用具や素材、スカートやハンカチなどを用意し、おうちごっこや病院ごっこを楽しめるようにする。 ◎「友だちと同じことをしたい」という思いを受け止めながら言葉で仲介し、友だちと一緒に楽しめるようにする。 ◎子どもが伝えようとすることにじっくり耳を傾け、安心して自分の思いを伝えられるようにする。 ◎靴や衣服の着脱の仕方や食具の持ち方などを伝え、必要に応じて援助しながら、自分でできた喜びを感じられるようにする。	★友だちと一緒に遊べるように、同じものを複数用意し、同じ遊びをする楽しさを感じられるようにする。 ★保育室内にトランポリンや巧技台、鉄棒を設置し、体を動かすことを十分楽しめるようにする。 ★音楽に合わせて楽器を楽しめるように、楽器を十分揃えておく。 ◎ジャングルジムなどに登ることに怖さがある子どもには、保育者がしっかり支え、安心して挑戦できるようにする。 ◎氷や霜柱、雪にふれ、冬の冷たさやおもしろさを一緒に楽しむ。 ◎思いがぶつかり合う時は、互いの気持ちを伝えて仲立ちをする。 ◎「自分で」という気持ちに寄り添い、一人ひとりのやり方やペースを尊重しながら、できたという満足感が味わえるようにする。
・自分の思いを主張する姿を受け止め、共感することを大事にしながらかかわっていることを伝え、理解してもらえるようにする。 ・行事に参加してもらい、親子で楽しいひとときを過ごしたり、保護者同士で交流したりする場となるようにする。 ・気温差があるので、調節や着脱のしやすい衣服を用意してもらう。	・感染症予防のため、生活リズムを整え、体調管理に気をつけるよう伝える。 ・保護者会では、子どもの写真を見て１年間の成長を喜び合う。 ・身の回りのことを自分でやろうとする姿を伝えるとともに、甘えたい気持ちも受け止め、思いに寄り添う大切さも共有する。
・室温の管理や、衣服、布団の調整をし、体調を崩さないよう配慮する。 ・戸外遊びや排泄の後は、手洗いやうがいを「自分で」やりたい気持ちを大切にしながら、一人ひとりに丁寧にかかわる。 ・スプーンやフォークの持ち方や使われている食材を伝えながら、自分で食べようとする姿を見守る。	・室内の換気や消毒に十分努め、感染症が広がらないよう配慮する。 ・お湯や石鹸での手洗いを伝え、清潔にする気持ちよさを知らせる。 ・食材に親しみがもてるように、食材を触ったり、嗅いだりすることを大切にして、食べようとする意欲がもてるようにする。 ・おむつが濡れていない時や便意を感じた時にトイレに誘ってみる。

「ねらい」は子どもの姿をもとに、資質・能力の3つの柱を意識して振り返りができるように作ります。本書では特に意識したいものに下線を入れています。
「知識・技能の基礎」………　「思考力・判断力・表現力等の基礎」-----　「学びに向かう力・人間性等」_____　※下線の詳細はP9を参照

1歳児 4月の指導計画

4月当初の子どもの姿
- 新しい環境に戸惑い、登園時に保護者と離れがたい子どもや不安そうな子どもがいる。
- 新入園児も落ち着いて過ごすことが少しずつ増えている。
- 戸外遊びを好む子どもが多く、園庭では探索活動を楽しむ姿が見られる。

クラス全体の計画

子どもの姿ベースのねらい●と内容◆

- ❶ 新しい環境に慣れ、安心して過ごす。
- ◆ 保育者に気持ちを受け止めてもらい安心して過ごす中で、自分の思いや気持ちを伝えようとする。 人間関係　言葉
- ◆ 保育者に親しみをもち、安心して過ごす。 健康　人間関係
- ◆ 保育者に見守られながら、安心して眠る。 健康
- ❷ 保育者に見守られながら、好きな遊びを十分に楽しむ。
- ◆ 保育者と一緒に、じっくり遊びを楽しむ。 人間関係
- ◆ 身近なものに興味をもち、好きな遊びを見つける。 環境
- ◆ 十分に体を動かして遊ぶことを楽しむ。 健康
- ◆ 砂場遊びや自然物にふれるなど、外遊びを十分に楽しむ。 健康　環境
- ◆ 自然物に興味をもち、感触や匂いなどを楽しむ。 環境
- ◆ 絵本に親しんだり、手遊びや季節の歌を歌って楽しむ。 言葉　表現

環境構成★・保育者の配慮◎

安心して過ごすために
- ◎ 新しい環境や保育者に慣れるように、不安な気持ちを受容したり、共感する言葉をかけたりして、抱っこや膝に座るなどを通して1対1のかかわりをもつようにする。
- ◎ 保育者と共に遊んだり、生活することを通して、安心して過ごし、様々なことに興味をもてるようにする。
- ◎ 一人ひとりの生活リズムを大切にして食事・睡眠の時間を調整し、無理なく過ごせるよう見通しをもって保育を進める。

好きな遊びを見つけられるようにする
- ★ 興味がもてそうなおもちゃや素材を用意したり、1対1のふれ合い遊びを取り入れたりすることで、遊びに興味をもち、楽しく過ごせるようにする。
- ★ 手の届くところにおもちゃを置き、子どもが自由に遊べるようにする。
- ★ 子どもが好きな遊びを見つけられたり、じっくりと遊びに取り組めるように、保育室の仕切り方を工夫する。
- ★ おもちゃの数や種類も、子どもの興味に合わせて調整する。
- ★ 棚の配置や空間の広さは、活動や状況に応じて、柔軟に変更する。
- ◎ 子どもの気持ちに寄り添いながら、保育者も一緒に遊ぶことで、おもちゃの扱い方、おもしろさを知らせて、好きなおもちゃで十分に遊べるようにする。

体を動かす楽しさを味わえるように
- ★ 戸外では、砂遊びや水遊びなどの感触遊びが十分に楽しめるように、コップやレンゲなどの道具を用意し、環境を整える。
- ◎ 水遊びや砂遊びに保育者も参加し、水、砂や土の感触を楽しみながら、感触や硬さの違いに気づけるようにする。
- ◎ 行動範囲が広くなるので、十分に見守りをし、けがのないように配慮する。

自然物とのふれ合いを楽しむ
- ★ 草花を見たり、匂いをかいだり、アリなどの生き物を見ることを通して、五感を働かすことができるようにする。
- ◎ 園庭の散策や散歩の中で、草花や虫などを見つけることを楽しめるように、保育者も一緒に探す。

絵本や歌に親しみがもてるようにする
- ★ 子どもが絵本に興味をもてるように、目に留まるところ、手が届く場所に絵本を用意する。
- ★ 絵本コーナーにはベンチを置き、落ち着いて読めるようにする。
- ◎ ゆったりと絵本を見たり、生活の中で手遊びや季節の歌を歌ったりしながら、言葉に親しみをもてるようにする。
- ◎ スキンシップを大切にしながら、絵本の読み聞かせを行う。

新しい保育者に慣れる
個々のペースに合わせた排泄、着脱、食事など、丁寧なかかわりをしながら、信頼関係が構築できるようにします。食事場面では、「食べたくない」「食べたい」という気持ちを汲み取って、言葉を丁寧にかけながら、気持ちの切り替えをしやすくします。

落ち着いて遊べる環境にするために
一人ひとりの子どもが興味あるもの、好きな遊びを見つけられるように、仕切りでコーナーづくりをしたり、テラスや廊下などを活用したりして、落ち着いて遊べる場所にします。

月のねらい	❶新しい環境に慣れ、安心して過ごす。 ❷保育者に見守られながら、好きな遊びを十分に楽しむ。	健康・安全・食育の配慮	・休息や睡眠が十分に取れるように、一人ひとりのペースに配慮する。 ・ハイハイや伝い歩きの子どもが、安全に遊べるようにスペースを確保する。 ・遊具やおもちゃの消毒、点検をこまめに行う。	行事	・進級式 ・誕生会 ・避難訓練

さくら（1歳3か月）

4月当初の子どもの姿	・新入園児。泣くこともあるが、安定して過ごすことが増えてきた。歩行は数歩で、ハイハイで移動することが多い。食事は手づかみで食べている。
子どもの姿とベースのねらい◯と内容◆	◯新しい環境に慣れ、保育者との関係を築き、安心して過ごす。 ◆ハイハイや伝い歩きなどをして、体を動かすことを楽しむ。 ◆様々な食材や味に慣れる。
保育者の構成★の配慮◉	★安全にハイハイができる場所を確保する。 ◉抱っこをしたり、応答的に言葉をかけたりして、少しずつ保育者に慣れるようにする。 ◉給食時、野菜などはすぐに口から出してしまうが、味に慣れることを大切にする。
家庭との連携	・園での様子を具体的に伝え、安心してもらえるように心がける。 ・給食で食べた食材を伝え、家庭でも挑戦してもらう。

家庭との連携

・掲示物などを使い、送迎の手順、ロッカーの使い方などをわかりやすく提示する。
・保護者の新しい環境への不安や戸惑いを受け止め、子どものクラスでの様子を日々丁寧に伝えるようにする。
・子どもの様子を具体的に知らせながら、安心できるようにコミュニケーションを図る。
・子どもの体調を細かく見ていき、疲れが出ないよう協力してもらう。
・連絡ノートで、子どもの食事や睡眠の様子を伝え合い、生活リズムを整える。

活動から活動への移行は子どものペースを大切に

戸外に出る時や部屋に入る時は、少人数ごとにゆっくり移動し、一人ひとりのリズムやペースを大切にします。

たくみ（1歳10か月）

4月当初の子どもの姿	・周囲の状況に影響されず、自分のペースでじっくり遊ぶ姿が見られる。言葉が多く出てきて、保育者と言葉のやりとりを楽しんだり、絵本を見たりして過ごすこともある。
子どもの姿とベースのねらい◯と内容◆	◯新しい保育室、新しい保育者や友だちに慣れる。 ◆自分の好きな遊びを見つけ、じっくり取り組む。 ◆絵本を見たり、保育者と言葉のやりとりを楽しむ。
保育者の構成★の配慮◉	★新しい環境のもと、安心して過ごせるようにゆったりかかわり、じっくり遊びを楽しめるように、落ち着ける環境をつくる。 ◉保育者との言葉のやりとりを楽しめるようにする。
家庭との連携	・言葉のやりとりを楽しんでいる姿を家庭と共有する。 ・「自分で」と、自分でやりたい気持ちが出てきていることを理解してもらえるようにする。

職員の連携

・保育者によって対応に差が出ないよう、子どもの様子や保護者からの連絡事項を職員全員が把握する。
・保育者が連携し、子どもの遊びの状況に合わせて、食事スペースを配置する。
・栄養士と連携しながら、一人ひとりに応じた食事を提供する。

評価（子どもを捉える視点・見通し）

・無理なく、安心して過ごせていたか。
・1対1のかかわりを大切にしながら、不安や甘えを十分に受け止めてもらっていたか。
・本人のリズムやペースで食事や睡眠がとれていたか。
・好きな遊びを見つけ、くり返し楽しむことができていたか。

栄養士と連携する

食事にかかる時間と、食事の様子をよく観察し、量や素材の大きさなどを栄養士と相談しながら、一人ひとりの子どもに応じた食事内容になるように配慮します。

「月のねらい」は子どもの姿をもとに、資質・能力の3つの柱を意識して振り返りができるように作ります。本書では特に意識したいものに下線を入れています。
「知識・技能の基礎」........、「思考力・判断力・表現力等の基礎」_ _ _ _、「学びに向かう力・人間性等」_____　※下線の詳細はP9を参照

4月の資料

1歳児

新年度、新しい環境や仲間との出会いの中で、子どもたちが安心して生活し、好きな遊びを見つけ、十分に楽しめる環境を工夫してみましょう。

戸外遊び　好きな遊びを十分に楽しめる工夫

保育者に見守られながら、身近なものに興味をもち、探索活動などをじっくり楽しむことが、保育者との信頼関係をつくり、安心して過ごすことにもつながります。
楽しさや満足感を共有することが、子どもたちのさらなる探究を支えます。

感触遊びが楽しめる環境

　暖かくなってくる季節、子どもたちは、水遊びを楽しむ姿が見られるようになります。不安感のある子どもたちも、水に親しむことで解放感を味わい、安心して遊ぶようになります。
　水道の蛇口をひねって出てくる水を触ることから始まり、道具を使って汲む、流すなど、少しずつ遊び方が変わっていきます。道具を上手に使って、水を移し替えることを楽しむ子どももいます。ペットボトルや泡立て器など、家で見慣れている道具を、子どもたちは好んで使っているようです。道具を使って遊ぶ場合には、子どもが立って使いやすい高さの台などを用意しておくと、遊びが持続しやすくなります。
　砂遊びでは、手でぎゅっと砂を握り、感触を楽しんでいます。握る強さの加減ができないと、ぼろぼろと砂が手から落ちてしまいます。保育者が土のだんごを作って渡すと、その硬さを感じ、感触の違いに気づく機会にもなります。

コップやレンゲでタライの水を汲むことを楽しんでいます。

子どもが遊びやすい高さの台を用意。

砂遊びだけでなく、車を走らせるなど、思い思いの楽しみ方をしています。

今月の保育教材

絵本
『おしくら・まんじゅう』かがくいひろし／作、ブロンズ新社
リズム感のある言葉のくり返しを子どもたちは喜び、くり返し楽しんでいました。例えば、「押されてぎゅ」という場面に合わせて、保育者が子どもを「ぎゅ」と抱きしめたり。新しい環境に不安な気持ちをもつ子どもも、気持ちが和らいでいました。

体を動かして遊ぶ環境

　1歳児クラスでは、園庭にある足蹴りの車（左写真）で経験を積み重ねる中で、「蹴る」身体機能が発達することを大切にしています。4月は、「ひと蹴りして少し進む」ことをくり返し、行きたい場所にたどり着くと、そこで降りて別の遊びを楽しむ姿が見られました。

足蹴りの車で、園庭を移動。

環境構成 　安心して過ごせるための環境（室内）

新しい環境に不安を抱く子どもたち。保育者に親しみをもち、
安心して過ごしたり、好きな遊びを見つけたりするためには、
新しい保育室の中に「自分の場所」だと思える環境があることが大切になります。

安心できる環境をつくる

　安心して過ごせるように、馴染みのあるおもちゃを新しい保育室でも使えるようにと、0歳児の時に、ベビーカーとして使っていた段ボール製の手作りおもちゃを、1歳児クラスでも活用しています。人形などを座らせ、押して楽しんでいます。友だちが遊んでいる姿を見て、まねをして、同じように遊ぶ子どもの姿も見られます。

　「自分の場所」だと思える環境があることで、安心して過ごしたり、好きな遊びをじっくり楽しんだりする子どももいます。

　牛乳パックの枠は、安心できる場所になることを目的として作りました。子どもたちは、中に座ることでほっとしたり、枠を積み重ねたり、好きなものを持ち込んで遊んだり、車の道として使うなど、思い思いに使っていました。

保育者手作りのベビーカー。時には、ベビーカーに自分たちが座り、友だちと楽しさを共有します。

牛乳パックで作った枠は、子どもが自分で移動させることができます。友だちと一緒に入って遊ぶ姿も。

絵本を読む様子を見て、興味をもった子どもが
参加することもあります。

絵本の読み聞かせ

　1歳児クラスでは、1対1で読み聞かせをするようにしています。子どもが保育者の膝の上に座って、ゆっくりと絵本を読み進めます。絵をじっくり見る、ページをめくるだけなど、その子どもがこの絵本で何に興味をもっているのかを見極めながらかかわります。

1歳児 5月の指導計画

前月末の子どもの姿
・少しずつ新しい環境や担任に慣れ、新入園児も安心して過ごす時間が増えてきた。
・保育者と一緒に、好きな遊びをくり返し楽しむ姿が見られる。友だちの遊んでいるおもちゃを欲しがる子どももいる。
・自分の気持ちを簡単な言葉や動作で伝えようとする姿が見られる。

クラス全体の計画

子どもの姿ベースのねらい●と内容◆

❶保育者と一緒に遊ぶ中で、おもしろさを十分に味わう。
◆保育者に親しみをもち、一緒に遊ぶことを楽しむ。【人間関係】
◆好きな遊びを見つけ、1人でじっくり遊んだり、探索を楽しんだりする。【環境】
◆保育者に見守られながら、安心して滑り台やたいこ橋などで遊ぶ。【健康】【人間関係】
◆土や砂、水にふれ、感触を楽しむ。【環境】
◆アリやダンゴムシなど身近な生き物に気づく。

❷保育者や友だちとのふれ合いを通して、かかわりを楽しむ。
◆してほしいことを表情やしぐさで伝えようとする。【言葉】【表現】
◆簡単な言葉に気づいたり、言葉のリズムに興味をもつ。【言葉】
◆保育者や友だちと好きな絵本を読むことを楽しむ。【人間関係】【言葉】
◆保育者や友だちと一緒に、歌を歌ったり、手遊びをしたりすることを楽しむ。【人間関係】【表現】
◆思いを受け止めてもらいながら、保育者や友だちと一緒に安心して過ごす。【人間関係】

環境構成★・保育者の配慮◎

好きな遊びを見つけ、十分に楽しめるようにする
★登ることができる段ボール箱や巧技台を使い、体を動かせる環境をつくる。
★おもちゃの配置は、子どもの目線や動きに合わせ、見つけやすく、取り出しやすいように工夫する。
◎滑り台やたいこ橋などへの興味を十分満たせるように、保育者が見守りながら、一人ひとりの子どものできることを大切にする。
◎子どもがしたいと思い、おもしろいと感じることができるように、一人ひとりの興味・関心に合わせておもちゃや遊びを提案する。
◎保育者や友だちと一緒に、身近な虫などに気づけるように言葉をかける。

砂遊びや水遊びを十分に楽しむ
★砂場のそばに砂場道具を用意し、使いたい道具を選べるようにする。
★ペットボトルや小さいジョウロを用意し、水やりができるようにする。
◎水しぶきを楽しむ、砂と水を混ぜるなど、一人ひとりが満足できる遊び方を保障できるようにする。
◎保育者と一緒に砂や水の感触やおもしろさを共有する。

友だちへの興味を大切にできるように
◎友だちのおもちゃに興味をもった時は、互いの気持ちを代弁して言葉で伝える。おもちゃは同じものを複数用意し、どちらの思いも満足できるようにする。

言葉に親しめるようにする
◎生活に使う言葉を保育者がくり返し伝え、親しめるようにする。
◎指差しや喃語を言葉にして返し、思いを代弁して、気持ちを十分に受け止める。
◎絵本を読む時は、落ち着いた気持ちで聞くことができるように、声の音量に気をつけ、ゆったり読み聞かせをする。

安心して保育者とかかわれるように
◎一人ひとりの子どもの生理的なリズムに合わせた生活ができるようにする。
◎子どもにわかりやすい言葉で伝えながら、身の回りを清潔にする心地よさを感じられるようにする。
◎食事を楽しめるように、好きなものから選んで食べられるようにする。

子どもとの信頼関係を築くために
子どもの要求や欲求にタイミングよく反応し、言葉を添えながら、応答的にかかわります。うれしい気持ち、悔しい気持ちなどに共感し、一人ひとりの思いに寄り添えるようにします。

絵本に親しめるコーナーを作る
絵本コーナーには、クッションを置いたり、マットを敷いたりして、好きな絵本を落ち着いて読めるようにします。1人や数人の子どもに保育者が読み聞かせをする機会も大切にしましょう。

「子どもの姿ベースのねらい●と内容◆」の「内容」は子どもの姿をもとに5つの領域を意識して作ります。5つの領域のマークを入れました。【健康】【人間関係】【環境】【言葉】【表現】　※マークの詳細はP9を参照

| 月のねらい | ❶保育者と一緒に遊ぶ中で、おもしろさを十分に味わう。
❷保育者や友だちとのふれ合いを通して、かかわりを楽しむ。 | 健康・安全・食育の配慮 | ・汗をかきやすいので、水分補給や着替えをこまめに行い、清潔になる気持ちよさを感じられるようにする。
・園庭や公園などの遊具や砂場は、危険なものがないか、汚れていないか点検をする。 | 行事 | ・子どもの日
・誕生会
・避難訓練
・身体測定 |

さくら（1歳4か月）

前月末の子どもの姿	・戸外で活発によく動き、歩行も少しずつできるようになってきたが、転びやすい。 ・食事では、苦手な食材や初めて食べる食材は口から出すこともある。
子どもの姿ベースのねらいと内容	○様々なことやものに興味をもち、歩くことを十分に味わい、探索活動を楽しむ。 ◆様々な食材の味や舌触りを経験し、少しずつ食材に慣れる。
環境構成・保育者の配慮	◎砂などを口に入れないように気をつけながら、探索活動が楽しめるように見守る。 ◎「おいしいね」と言葉をかけながら、新しい食材の味を知ることができるようにする。
家庭との連携	・午前中の遊びが十分に楽しめるように、登園時間について協力を求める。 ・歩くことを楽しんでいることを伝え、家庭でも意識してもらえるようにする。

家庭との連携

・気候に応じた衣服や歩きやすい靴を用意するように伝える。
・写真を撮り、日々の保育の様子や子どもの姿を共有する。
・降園時に、その日の具体的な子どもの様子を伝え、保護者が安心できるようにする。
・生活リズムが安定するように、家庭での食事や睡眠の様子を連絡ノートに書いてもらう。

たくみ（1歳11か月）

前月末の子どもの姿	・朝の受け入れの時は泣くものの、落ち着くと、好きな遊びに夢中になる姿が見られる。 ・積極的に体を動かそうとすることは少ない。 ・簡易ベッドに慣れていないため、睡眠が安定しない。
子どもの姿ベースのねらいと内容	○好きな遊びを見つけて十分に楽しむ。 ◆体を動かして遊ぶことを楽しむ。 ◆簡単な言葉のやりとりを楽しむ。
環境構成・保育者の配慮	◎好きな遊びを一緒に楽しみ、気持ちの切り替えがスムーズにできるようにする。 ◎保育者が一緒に体を動かすことで、体を動かす楽しさを感じられるようにする。 ◎日常生活の中でのやりとりは、子どもの思いをしっかり聞きながら進める。
家庭との連携	・保護者が安心して預けられるように、好きな遊びをしている時の様子を丁寧に伝える。 ・家庭で睡眠時間を確保できるように協力をお願いする。

職員の連携

・好きな遊びが楽しめるように、保育室や園庭では、子どもの様子を見ながら、保育者同士で言葉をかけ合い、少人数で遊べる環境を整える。

評価（子どもを捉える視点・見通し）

・保育者と安定した関係をもてていたか。
・自分の要求や欲求を保育者に伝えようとしていたか。
・好きな遊びを見つけ、十分楽しんでいたか。
・一人ひとりの生理的リズムに合わせて、遊び、食事、午睡などの生活をすることができていたか。

清潔になる気持ちよさを感じられるようにする

子どもたちのペースやリズムに合わせた排泄、着脱などの援助を行い、気持ちよさを感じられるように、「きれいにしようね」など子どもにわかりやすい言葉で伝えます。

食べようとする気持ちを大切にします

子どもが自分で食べようとする気持ちを大切にし、一人ひとりの好みや、咀嚼力などに配慮します。好きなものから選んで食べられるようにし、よく噛むことを知らせましょう。

「月のねらい」は子どもの姿をもとに、資質・能力の3つの柱を意識して振り返りができるように作ります。本書では特に意識したいものに下線を入れています。
「知識・技能の基礎」　　　「思考力・判断力・表現力等の基礎」　　　「学びに向かう力・人間性等」　　　※下線の詳細はP9を参照

5月の資料

1歳児

安心して過ごす子どもたちも多く見られるようになる5月。
思い思いの遊び方で好きな遊びを楽しめる環境を工夫してみましょう。

戸外遊び　遊びのおもしろさを味わえる環境

子どもが「やりたい」と思ったり「おもしろい」と感じるためには、一人ひとりの興味・関心に合わせて、満足できる遊び方ができるよう保障し、保育者も一緒に楽しさやおもしろさを共有することが大切です。

水にふれるおもしろさを味わう

　流水を手で受け止めてみたり、タライの中の水に手を入れて「ジャバジャバ」してみたり。その感覚の楽しさから、道具を使って楽しむという姿へと変化が見られます。
　雨あがりの水たまり。水たまりを「おもしろい」と感じて入っていったので、水たまりを埋めないで遊べるようにとっておきました。子どもが「おもしろい」と思える環境があることが大切です。水たまりに靴で入ると、気持ち悪さを感じ、靴を脱いで、今度は素足で入ります。水たまりに靴で入る感覚と、素足で入る感覚、両方を味わっていました。友だちの姿を見て、同じようにやろうとする姿も。それぞれが自分の感覚とタイミングで楽しんでいます。

子どもたちは、自分の楽しみ方で、水の感覚を味わっています。

雨上がりは、水遊びを楽しむ絶好のチャンス。友だちと素足で水たまりに入ります。

お酒のケースの上にバスマットを敷いて、子どもたちの「登りたい」気持ちを引き出す、魅力的な遊具です。

タイヤは、くぐる、乗る、またぐなど、様々な動きを引き出す遊具になります。

様々な動きを引き出す工夫

　1歳児のこの時期、手、ひじ、足を使って、なんにでもよじ登ろうとする姿が見られます。「やりたい」意欲を制止しなくてすむように、安全に楽しめる配慮をすることが大切です。
　保育者がタイヤを並べたり、積み重ねたりして環境をつくっています。シンプルな上に不安定なタイヤは、子どもたちの想像力を引き出す遊びの道具になっています。子どもたちは、タイヤに入って自分の居場所にしたり、複数個を合わせて隠れ家にしたりして使っていました。幼児クラスの子どもたちがタイヤで遊んだ後の環境を利用して、1歳児なりに遊ぶ姿も見られます。

今月の保育教材

絵本
『だるまさんが』かがくいひろし／作、ブロンズ新社

様々な動きにチャレンジする時期は、動きを楽しめる絵本を読みます。子どもたちは、だるまさんと同じ動きをしながら、くり返しのある言葉を楽しんでいます。「どてっ」という言葉とともにだるまさんをまねして倒れたり、足腰がしっかりしてくると、四股を踏むところもまねするようになります。

絵本 絵本に親しみがもてる環境

絵本が身近にあり、保育者や友だちと一緒に絵本とかかわることで、
子どもは絵本に親しみをもつようになります。「絵本を出す」「絵本を持つ」、
このような行為も絵本に親しむことそのものです。

絵本への親しみ方を保障する

1歳児のこの時期、子どもたちは、ものを落とす、ばらまく、その時の感覚や音を楽しんでいます。絵本は、棚から出して遊びます。しかし、「絵本を大事にする」ことも、子どもたちに身につけてほしい姿です。床に散乱した絵本を見て、「絵本は大事ね。大事だから絵本のおうちに戻そうね」という言葉をくり返し伝えます。その中で、絵本を絵本棚に戻すことも遊びになっていきます。片づけさせられているのではなく、「出したものを入れる」という一連の遊びになっています。「絵本がおうちに帰れたね。ありがとう」という言葉を添えることで、自分がやったことは他者に喜ばれるということに気づいていきます。

絵本棚からすべての絵本を取り出して……。保育者の話を聞いて、自分で戻し始めました。

友だち 友だちへの関心を育むきっかけをつくる

友だちの存在に気づき、親しみをもつ中で、友だちの遊び方をまねしたり、
同じように動く姿が見られるようになります。
友だちと一緒に過ごす心地よさを味わえることが大切です。

友だちの気持ちに寄り添う姿も

一緒に過ごすことが多い友だちが泣いているのを見て、友だちの頭をなでています。自分がだれかにやってもらって心地よいと感じた行為を、自分も他者にやってあげたいという思いが芽生えているようです。子どもの「どうして泣いているの？」という思いに、保育者が泣いている子の気持ちを代弁することで、友だちの気持ちを共有する姿へとつながります。

泣いている友だちの頭をなでなで。その姿を見て、
ほかの子どもも同じように頭をなで始めました。

1歳児 6月の指導計画

前月末の子どもの姿
- 環境に慣れ、安心して過ごしている。
- 戸外に出ることを喜び、滑り台、たいこ橋、砂場、水遊びを楽しんでいる。
- 友だちが持っているおもちゃに興味をもち、取り合いになり、手が出てしまうことがある。
- 食事中に眠くなる子もいるが、好きなものを喜んで食べている。

クラス全体の計画

子どもの姿ベースのねらい●と内容◆

- ❶保育者に思いを受け止めてもらい、清潔に、気持ちよく過ごす。
- ◆衣服を自分で脱いだり、保育者と一緒にはこうとしたりする。 健康
- ◆保育者と一緒に手洗いをしようとする。 健康
- ❷保育者に見守られながら、好きな遊びや探索活動を十分に楽しむ。
- ◆好きなおもちゃを見つけ、一人遊びや探索活動を楽しむ。 環境
- ◆巧技台、トンネル遊びなど体を動かして遊ぶことを楽しむ。 健康
- ◆滑り台やたいこ橋などで遊んだり、高さのあるところから飛び降りたりすることを楽しむ。 健康
- ◆水の冷たさや心地よさ、砂、土の感触を味わう。 環境
- ❸保育者や友だちとのかかわりを楽しむ。
- ◆気づいたこと、してほしいことなどを仕草や自分なりの言葉で伝えようとする。 言葉 表現
- ◆保育者や友だちと一緒に、絵本を見ることを楽しむ。 人間関係 言葉
- ◆保育者や友だちと一緒に、歌や手遊びを楽しむ。 人間関係 表現

環境構成★・保育者の配慮◎

心地よく、健康に過ごせるように
- ★スプーンやフォークを使い、食べる楽しさを味わえるようにする。
- ◎衣服の着脱では、「ここに足を入れて」など丁寧に言葉をかけ、自分でやろうとする気持ちを大切にする。
- ◎一人ひとりのペースに合わせておむつ替えや着替えを行い、「きれいになったね」など気持ちよさを感じられる言葉をかける。

好きな遊びや探索活動を十分楽しむ
- ★水遊びは、蛇口の前に机を置き、小さなバケツやコップなどを用意し、様々な道具を試して遊べるようにする。
- ★巧技台やトンネルなどを利用し、登ったり、飛び降りたりなど体を十分に動かせるスペースをつくる。
- ★音楽に合わせて体を動かせるように、子どもの好きな体操や手遊びの曲を準備する。
- ★子どもの興味や状況に応じて、粘土やお絵描きのスペースを設定する。
- ★押し入れの下の段などを利用して、安心してゆったりと過ごせるスペースを設定する。
- ◎散歩中や園庭では、草花や虫を見つけることを楽しめるように配慮する。
- ◎保育者が楽しそうに一緒に遊ぶことで、新しいおもちゃの使い方を知り、十分に楽しめるようにする。

様々なことから気づきを引き出す
- ◎くり返し遊びの中で、子どもの発見や驚きに寄り添い、言葉をかけながら共感する。
- ◎栽培している野菜に興味がもてるように、「実がついたね」など野菜の変化を知らせながら、水やりを楽しめるようにする。

興味・関心を大切にしつつ、安全に遊べるようにする
- ◎固定遊具では、子どものやりたい気持ちを受け止めながら、力量以上のことをやりたがる時は、頑張りを認めつつもほかの遊びに誘うようにする。

保育者や友だちとのかかわりを深める
- ◎友だちの思いや気持ちを代弁して伝え、気づけるようにする。
- ◎子どもの発見したものがテーマの歌を歌ったり、子どもの好きな音楽を聞いたりして一緒に楽しむ。
- ◎1対1や少人数で、ゆっくりと絵本を見る中で、保育者や友だちとの簡単なやりとりを楽しめるようにする。

食べる意欲を引き出す

食材に興味をもてるよう、食べられたことを褒めたり、言葉がけを工夫したりします。手づかみで食べることを見守りつつも、スプーンやフォークを使うことも促していきます。一人ひとりの一口量を見取りながら、よく噛んで食べることも知らせましょう。

一人ひとりのリズムに合わせた排泄を

一人ひとりの排尿間隔を把握し、「おむつを替えようか」「トイレに行こうか」などの言葉をかけます。おむつ替えやトイレでは、楽しかった時の話をするなど、安心して過ごせるようにします。

「子どもの姿ベースのねらい●と内容◆」の「内容」は子どもの姿をもとに5つの領域を意識して作ります。5つの領域のマークを入れました。
健康 人間関係 環境 言葉 表現　※マークの詳細はP9を参照

<table>
<tr><td rowspan="3">月のねらい</td><td>❶保育者に思いを受け止めてもらい、清潔に、気持ちよく過ごす。</td><td rowspan="3">健康・安全・食育の配慮</td><td rowspan="3">・水分補給をこまめに行うようにする。
・梅雨の時期は細菌が繁殖しやすいので、掃除、おもちゃの消毒をこまめに行う。
・室温、湿度に気をつけ、室内を衛生的にする。</td><td rowspan="3">行事</td><td rowspan="3">・保育参加
・個人面談
・誕生会
・身体測定</td></tr>
<tr><td>❷保育者に見守られながら、好きな遊びや探索活動を十分に楽しむ。</td></tr>
<tr><td>❸保育者や友だちとのかかわりを楽しむ。</td></tr>
</table>

さくら（1歳5か月）

前月末の子どもの姿	・歩行が安定し、探索活動を楽しむ姿が見られる。 ・保育者の言葉かけに反応し、動きや表情で自分の思いを伝えようとする。 ・スプーンやフォークで食べようとする。
子どもの姿ベースのねらいと内容	○戸外遊びや室内遊びで、探索活動を十分に楽しむ。 ◆初めて食べる食材の味や舌ざわりを知り、スプーンやフォークの使い方を知る。
保育者の配慮・環境構成	★十分に歩行ができるスペースを確保する。 ○子どもの思いや要求を受容し、共感することで、安心して過ごせるようにする。 ○スプーンやフォークの持ち方を少しずつ伝えていく。
家庭との連携	・園生活に慣れ、探索活動を楽しんでいる姿を伝え、成長を感じられるようにする。 ・スプーンの持ち方や食事の様子を園と家庭で共有し、同じかかわりができるようにする。

たくみ（2歳）

前月末の子どもの姿	・安心して過ごすことが多い。 ・保育者の話をよく理解し、言葉のやりとりを楽しむ姿が見られる。 ・日によって睡眠が安定しないことがある。
子どもの姿ベースのねらいと内容	○戸外で体を動かし、好きな遊びを十分に楽しむ。 ◆日常生活の中で言葉のやりとりを楽しみながら、保育者と安心して過ごす。
保育者の配慮・環境構成	★入眠しやすいように静かな環境をつくる。 ○トンネル遊びや水遊びを楽しめるように、保育者も一緒に遊ぶ。 ○保育者とゆっくり向き合う時間を設け、絵本を見たり、言葉のやりとりを楽しんだりできるようにする。
家庭との連携	・園での言葉や会話の様子を伝え、家庭でも子どもと言葉でのやりとりを楽しんでもらえるようにする。 ・園と家庭で睡眠時間を共有し、生活リズムが整えられるようにする。

家庭との連携

・安定した生活リズムで過ごせるように、園と家庭での過ごし方を共有する。
・保育参加の機会をつくり、日常の子どもたちの様子を見てもらう。
・個人面談では園の様子を伝えたり、家での様子を聞いたりし、子どもの成長を共に喜んだり、悩み事を聞いたりなどする中で、信頼関係を築く。
・連絡帳を通して、遊びや生活の様子を伝えるとともに、体調を崩す子も出てくることから、体調面に気をつけるよう知らせる。

職員の連携

・体調の変化があった時は、看護師と連携し、素早く対応できるようにする。
・栄養士と食中毒予防などの衛生管理について話し合い、予防を心がける。

評価（子どもを捉える視点・見通し）

・安心して心地よく過ごすことができたか。
・好きな遊びや探索を十分に楽しんでいたか。
・一人ひとりの興味に合わせて、体を動かす遊びや水・泥の感触を楽しめていたか。
・保育者や友だちとかかわることを楽しめていたか。

一人ひとりに応じた体調管理を

一人ひとりの体調を十分に把握し、その変化に速やかに気づけるようにします。生活リズムを考慮し、必要に応じて午前寝を取り入れたり、水分補給をこまめに行えるよう、コップ入れを用意したり、温度を調節したりします。

子ども同士の思いに寄り添う

友だちとものの取り合いや思いがぶつかる場面では、子どもの仕草や言葉を見逃さないようにし、丁寧にかかわりながら、気持ちを十分に受け止めます。「〇〇したかったの」などの言葉をかけ、それぞれの気持ちを代弁します。

「月のねらい」は子どもの姿をもとに、資質・能力の3つの柱を意識して振り返りができるように作ります。本書では特に意識したいものに下線を入れています。
「知識・技能の基礎」　　　「思考力・判断力・表現力等の基礎」　　　「学びに向かう力・人間性等」　　　※下線の詳細はP9を参照

6月の資料

1歳児

梅雨の時季、一人ひとりの体調を丁寧に把握しながら、安心して過ごせるように、一人ひとりがじっくり遊べる環境を考えてみましょう。

室内遊び　体を十分に動かせる環境をつくる

体を動かすことを十分に楽しみながら、体の動かし方が引き出され、様々な動きが経験できることが大切です。子どもの興味やペースを尊重しながら、それぞれの楽しみ方を支えましょう。

「登る」「飛び降りる」を楽しめるように

園庭だけでなく、保育室の中でも全身を使った遊びができるよう、巧技台を設定しています。子どもたちは巧技台でジャンプをしたり、坂道を登り降りしたり、段差を登ったり、はったり、転がったりと、様々な動きをそれぞれのペースで楽しんでいます。興味をもつ段階は、子どもによって様々。まだ興味を示さない子どももいますが、友だちが遊んでいる様子が挑戦してみようという気持ちにつながっているようです。

4月から設置している巧技台。一人ひとりが自分のペースで体を動かすことを楽しんでいます。

環境構成　一人ひとりがゆったりと過ごせる環境

1人になれる場所や落ち着ける空間があることは、長時間、園で過ごす子どもたちにとって大切なことです。室内の隅をうまく利用したり、クッションを置いてみるなど工夫をしてみましょう。

手先を使って遊ぶ手作りおもちゃを壁に貼ったり、棚を置いて、おもちゃを自由に持ち込めるようにしたりしています。

狭い・低い場所をうまく利用する

押し入れは、じっくり遊びたい時や少人数で遊びたい時、1人になりたい時に、落ち着いて遊べる場所になるように設定しています。遊びで使う子もいますが、安心したい時に入っている子どももいます。

友だち 友だちの思いに気づけるように

自分の思いや気づいたことを、仕草や簡単な言葉で友だちに伝えようとする姿が見られます。
保育者は、それぞれの思いに寄り添いながら、
友だちの思いに気づけるように代弁などをすることが必要です。

それぞれの思いに共感する

　なんにでも登ろうとするこの時期、子どもたちにとって、絵本棚は座るのにちょうどよい高さだったようです。棚から絵本をすべて出し、座っていました。しかしある子どもは、「乗ってはいけないもの」とわかっていて、「ダメ」と言葉や仕草で自分の思いを友だちに伝えようとしていました。その子に指摘され、座っていた子どもたちは気まずさを感じて、自分から降り始めました。保育者は「乗ってほしくない」という思いを一方的に伝えるのではなく、子どもの乗りたい気持ちも受け入れながら、「ここは絵本のおうちだよ」ということをくり返し伝えていました。

絵本棚をイスにする子どもたち。友だちに指摘され、絵本を戻し始めました。

今月の保育教材

絵本
『くだもの』平山和子／作、福音館書店

食べることに関心の高い子どもたちは、本物のように見える果物の絵が大好きです。保育者の「さあどうぞ」という言葉に、果物をつまむまねをしてパクッ。「おいしー」と子どもたちはうれしそうです。

食育 食べる楽しさを大切にする

食べることだけでなく、食べ方にも、個人差が大きい時期です。
子どもが食べようとする意欲を大切にしながら、保育者には
一人ひとりに応じたかかわり方や配慮が求められます。

一人ひとりの食べ方に応じた配慮が必要です。

スプーンの持ち手をぎゅっと握り、ひじを支点として、横から口に運んでいます。

一人ひとりの食べ方を保障する

　安心できる保育者や友だちと一緒に、楽しく食べられる雰囲気を大切にしています。この時期は、食べさせてもらったり、手づかみで食べたりする子も多く見られます。中には、スプーンやフォークを使って食べる子もいますが、早く食具が使えるようになるのがよいのではなく、一人ひとりの食べ方を受け入れながら、手指の発達や興味に応じてかかわっていくことが大切です。

1歳児 7月の指導計画

前月末の子どもの姿
- 生活リズムが安定してきたが、下痢や嘔吐が流行し、体調を崩す子どもがいた。
- 外遊び、水遊びなどで友だちとかかわることが増え、上手く気持ちを表せない時に、噛みつく、ひっかくなどをしてしまうこともある。
- 水遊びでは自分で蛇口を開閉する姿も見られるようになり、必要な量だけ水を出して遊んでいる。

クラス全体の計画

子どもの姿ベースのねらい●と内容◆

❶水遊びやプール遊びなどを通して水に親しむ。
◆水の感触に慣れ、水に親しみ、保育者と一緒に水遊びを楽しむ。[環境]
◆水、泥、絵の具の感触に慣れ、親しむ。[環境]
◆水、泥、絵の具や道具を使いながら、自分なりに試すことを楽しむ。[表現]
◆夏野菜に関心をもち、水やりをする。[環境]
❷保育者や友だちとかかわりながら、好きな遊びを見つけて楽しむ。
◆保育者や友だちに言葉や身振りで気持ちを伝えようとする。[言葉]
◆日常の生活の中で、言葉でのやりとりや絵本を読むことを楽しみ、言葉に親しむ。[言葉]
◆季節の歌や手遊びなどを保育者や友だちと一緒に楽しむ。[人間関係]
❸保育者に見守られながら、夏を心地よく過ごす。
◆保育者と一緒に、自分で身の回りのことをやろうとする気持ちをもつ。[健康]
◆スプーンやフォークを使って、自分で進んで食べようとする。[健康]

環境構成★・保育者の配慮◎

安心して、夏を心地よく過ごす
◎着脱、排泄など保育者との安定したかかわりの中で、自分でやってみようとする気持ちを大切にする。
◎自分で食べようとする姿や、スプーンやフォークを使おうとする姿を認め、食べる意欲をもてるようにする。
◎戸外に出る時は必ず帽子をかぶり、熱中症に十分気をつける。
◎一人ひとりの状態を十分に把握し、水分補給、午睡や休息、プールに入る時間などに配慮する。

室内で好きな遊びをじっくり楽しめるように
★室内で過ごすことが多くなるので、自分の好きなことを見つけてじっくりと遊べるように、ままごとやお絵描きボード、変身のための衣装や小道具など、おもちゃの置き方や出し方を工夫する。
★ままごとでじっくり遊べるように、スペースをつくる。システムキッチンや座卓を置き、食材やスプーン、フォークなどの道具も用意しておく。
★常設しているおもちゃだけではなく、指先を使って遊べるおもちゃも取り入れ、落ち着いて遊べるスペースを設ける。
★踏み切り板を利用して緩やかな坂を作り、体を動かして遊べるようにする。

水に親しみ、水遊びを楽しめるようにする
★子どもが試行錯誤しながら水遊びを楽しめるように、砂、土、絵の具などの感触を楽しめる素材を用意する。
★子どもの試したいという気持ちを受け止め、感じたことや気づいたことに共感し、言葉にして伝えていく。
★子どもと一緒に栽培している野菜に水やりをしたり、収穫した野菜を洗ったりしながら、野菜に興味がもてるようにする。

保育者や友だちとのかかわりを楽しめるように
◎友だちの持っているものを使いたい時には、保育者が互いの思いを代弁し、身振りや言葉で伝えていくようにする。
◎一緒に絵本を見る時に、絵本に出てくる言葉を伝え、言葉のやりとりを楽しめるようにする。
◎季節の歌や、手遊び、体を動かす遊びなどを通して、保育者や友だちとかかわることの楽しさを感じられるようにする。

暑い日が続く場合の食事への配慮

食欲が落ちやすい時期なので、一人ひとりの子どもの食べ具合や残食の内容・量などをこまかく把握し、盛りつけ方や量を工夫します。風通しがよいなど涼しい場所に食事の机を配置し、心地よく食べることができるよう配慮します。

個々の生活リズムや体調に合わせた睡眠を

睡眠時間の短い子や暑さで疲れの見える子は、午睡時間を十分に確保するために早めに休めるようにし、一人ひとりに応じた睡眠が取れるように心がけます。必要に応じてほふく室に布団を敷けるように準備しておきます。

96 「子どもの姿ベースのねらい●と内容◆」の「内容」は子どもの姿をもとに5つの領域を意識して作ります。5つの領域のマークを入れました。
[健康][人間関係][環境][言葉][表現] ※マークの詳細はP9を参照

| 月のねらい | ❶水遊びやプール遊びなどを通して水に親しむ。
❷保育者や友だちとかかわりながら、好きな遊びを見つけて楽しむ。
❸保育者に見守られながら、夏を心地よく過ごす。 | 健康・安全・食育の配慮 | ・エアコンの設定温度の調節や感染症予防のための消毒をこまめに行う。
・いつでも体を休められるスペースをつくる。
・夏風邪などで体調を崩しやすくなるので、休息や水分を十分にとるように配慮する。 | 行事 | ・プール開き
・七夕
・避難訓練（プール）
・夏祭り
・誕生会 |

 さくら（1歳6か月）

前月末の子どもの姿	・探索活動を楽しみ、機嫌よく過ごす。 ・思いが通らないと足をバタバタさせて怒りを表現する。 ・食事では早く食べたい気持ちが強く、率先して席に座る姿が見られる。
子どもの姿とベースのねらい◆と内容○	○安心した環境の中で、ゆったりと過ごし、好きな遊びを楽しむ。 ◆水遊びや、歩くなど体を使って遊ぶことを楽しむ。
保育者の配慮★環境構成◎	★十分に体を動かして遊べるスペースをつくり、探索活動を楽しめるようにする。 ★プール遊びでは、水に少しずつ慣れるために、タライを準備する。
家庭との連携	・園での食事の様子、水分補給や休息について丁寧に伝え、家庭での生活リズムの参考にしてもらう。

家庭との連携

・プール・水遊び用の水着やバスタオルなどの準備や支度の方法を丁寧に知らせる。
・プール遊びのある日は、朝、体温などの健康チェックをしてもらえるように、おたよりなどで伝える。
・水遊びやプール遊びの様子を丁寧に伝えることで、保護者に安心してもらい、水が苦手な子どもも少しずつ水に親しめるようにしていく。
・夏風邪で体調を崩すなど、生活リズムが乱れやすくなるので、家庭でも十分に気をつけてもらえるように促す。

職員の連携

・子どもの体調の変化やプールに入れない子どもの確認を見落とさないように、保護者からの連絡を保育者で共有する。
・病気の予防方法や適切な過ごし方について看護師と情報を共有する。

評価（子どもを捉える視点・見通し）

・安心して心地よく過ごすことができたか。
・一人ひとりのリズムやペースに合わせて、生活することができていたか。
・水遊びやプールで、その子なりの楽しみ方を味わえていたか。
・自分の好きなことを見つけて遊べていたか。

夏の気候に配慮した健康管理を

熱中症や脱水症状をおこさないように、活動内容に合わせて、こまめに水分補給ができるようにします。戸外の活動は涼しい時間帯や木陰を選んで遊ぶようにし、体を動かした後は、ゆっくり過ごす時間を設けるようにします。

一人ひとりが楽しめる遊び方を提案する

一人ひとりに合った楽しみ方ができるように、ジョウロやペットボトルを利用したシャワーなどを用意します。水遊びやプール遊びができない子どもには、フィンガーペインティングや水やりなどの遊びを提案してみましょう。

たくみ（2歳1か月）

前月末の子どもの姿	・家庭の出来事を保育者に話してくれる。 ・ジャングルジムに挑戦し、自分から体を動かしたり、水遊びを楽しんだりする姿が見られる。
子どもの姿とベースのねらい◆と内容○	○保育者や友だちと一緒に、水遊びやプール遊びを十分に楽しむ。 ◆生活の中で、保育者や友だちと言葉のやりとりを楽しむ。
保育者の配慮★環境構成◎	◎新しい遊びに挑戦しようとする気持ちを支える。 ◎生活の中での出来事や気持ちを言葉にしたり、会話を楽しんだりするための時間を十分につくる。
家庭との連携	・園で体を動かして楽しんでいる様子や友だちと遊んでいる様子を伝え、家庭での会話の糸口になるようにする。

「月のねらい」は子どもの姿をもとに、資質・能力の3つの柱を意識して振り返りができるように作ります。本書では特に意識したいものに下線を入れています。
「知識・技能の基礎」………、「思考力・判断力・表現力等の基礎」‒ ‒ ‒、「学びに向かう力・人間性等」_____　※下線の詳細はP9を参照

7月の資料

1歳児

暑い時季を健康で快適に過ごせるように、プールなどの水遊びをうまく取り入れながら、一人ひとりのリズムやペースを大切にしましょう。

戸外遊び：水遊びを十分楽しむための工夫

水に慣れ、親しめるように、一人ひとりの水遊びでの楽しみ方を保障できる環境を用意しておきましょう。試したい気持ちに共感しながら、感じたことや気づいたことを言葉にして表現していくことが大切です。

水に慣れる・親しむために

水遊びが苦手な子ども用にタライを、水遊びが好きな子ども用にプールを用意しました。最初は、好きな道具やおもちゃを持って、プールに浸かっていましたが、日を追うごとに水に慣れ、水を楽しめる子どもたちが増えてきました。

ある日、1人の子どもがプールの中で腹ばいになって遊び始めました。その姿を見て、同じように腹ばいでプールの中を動く子どもの姿が見られるようになりました。子ども自らがプールの中に全身を沈め、水遊びを十分に楽しんでいました。

友だちの動きをまねて、様々な動きに挑戦中。

道具を使って、水をすくったり流したりして楽しんでいます。これは、手首を返す動きにつながっています。

今月の保育教材

絵本
『はらぺこあおむし』エリック・カール／作、もりひさし／訳、偕成社

仕掛けのある絵本は、子どもの発達によって楽しみ方が変わります。1歳児クラスの子どもたちは、あおむしが食べていく穴に指を入れて楽しんでいました。そして、たくさんの食べものの中から、「これ！」と食べたいものをつまんで食べるまねをする姿も見られます。

自分なりの楽しみ方ができる工夫

水遊びでは、様々な楽しみ方ができるように、道具やおもちゃは複数の種類を用意しています。道具を使って遊び、「バシャン」という水の音や、水しぶきなど、様々な水のおもしろさを味わっていました。

例えば、ジョウロを水の中に沈めると、中の空気が出ていく時に音がします。子どもが、その様子を不思議そうに見ている時に、保育者が「ブクブクしたね」と伝えることで、「ブクブク」という言葉を知り、それを意味づけていきます。水遊びを通して、子どもたちは「ブクブク」「ジャー」「バシャーン」という言葉を使うようになりました。このような行為をくり返すことは、水の性質に気づくことにもなります。

| 環境構成 | ごっこ遊びが楽しめる環境 |

ままごと、お風呂ごっこ、掃除ごっこなどの生活再現の遊びは、親しみやすい遊びになります。子どもたちの興味やイメージに合わせて、置いておく素材、道具やおもちゃを工夫してみましょう。

ままごとを楽しめるように

家庭でのお母さんなどの動きをまねる姿が見られるようになりました。そこで、ごっこ遊びが楽しめるように、キッチンや座卓を置き、ままごとコーナーを作りました。スプーンやフォークを使ったり、皿やコップを持つなどしています。手提げ袋に、おもちゃの食材などを入れて持ち歩いたり、安心できる場所に持ち込んだりする姿も見られました。

ままごとコーナーで遊ぶ子どもたち。食べるつもり、飲むつもりを楽しんでいました。

| 食育 | 野菜に興味をもつきっかけをつくる |

食材に興味をもつことは、食べることへの意欲につながります。園で野菜を栽培するなどの経験を通して、様々な食材を知り、食材が身近なものになっていくことが大切です。

5歳児に大事なキュウリを見せてもらいました。

園で収穫した野菜にふれる機会を設ける

食育活動の一環として、5歳児が、園で育てたキュウリを収穫しました。子どもたちが野菜に興味をもつきっかけになればと考え、5歳児にお願いし、収穫したキュウリを見せにきてもらいました。お兄さんは自分たちが育てたキュウリを大事そうに手のひらに載せて、そっと差し出してくれました。お兄さんの仕草を見た子どもたちは、「大事なものだ」ということを感じ、優しく触っていました。

1歳児 8月の指導計画

前月末の子どもの姿

- 全員が水に親しめるようになってきた。水中をはったり、タライを水に浮かべて乗ったりとダイナミックに遊ぶ子どももいる。
- 巧技台で体を使って遊んだり、見立てやつもり遊びをする姿が見られる。
- 暑さと水遊びの疲れから、食後はそのまま寝たがる子どもや、体調を崩す子どもも多い。

クラス全体の計画

子どもの姿ベースのねらい●と内容◆

❶ 保育者と一緒に心地よく過ごす中で、自分でやってみようとする。
- ◆食事、水分、休息を十分にとり、快適に過ごす。 健康
- ◆保育者に手伝ってもらいながら、衣服の着脱をしようとする。 健康
- ◆スプーンやフォークを使って、よく噛んで意欲的に食べようとする。 健康

❷ 水遊びやプール遊びのおもしろさや気持ちよさを味わう。
- ◆水に親しみ、プールに入った時の気持ちよさを感じる。 健康 環境
- ◆保育者に見守られる中で試す楽しさを味わい、水の性質や道具の特徴に気づく。 環境

❸ 身近な人に関心をもち、まねたり見立て遊びを楽しんだりする。
- ◆保育者や友だちと一緒に、ままごとや乗り物遊びなど、見立て遊びを楽しむ。 人間関係 環境
- ◆友だちに興味をもち、ふれ合ったり、同じ遊びをしたりする。 人間関係
- ◆絵本の中のくり返し出てくる言葉を一緒に言ってみたり、好きな歌を歌ったり、保育者の言葉をまねたりして楽しむ。 人間関係 表現
- ◆生活に必要な簡単な言葉や挨拶に気づく。 言葉
- ◆絵本を見たり、読んでもらったりすることを楽しむ。 人間関係 言葉

環境構成★・保育者の配慮◎

身の回りのことを自分でしようとする気持ちを引き出す
- ◎ズボンを自分で脱ぎはきしようとする姿が見られるので、その気持ちを受け止め、さり気なく援助する。
- ◎食べようとする姿を見守り、自分で食べられるものやのどごしのよいものを勧め、食欲が落ちないように配慮する。

水遊びやプールで一人ひとりが楽しめるように
- ★プールを2つに分け、深さや温度を変えて、水が苦手な子や自分のペースで遊びたい子も満足できるようにする。
- ★水にふれる気持ちよさや解放感を味わえるよう、ジョウロやバケツなどの道具を多めに用意し、一人ひとりが好きな方法で水遊びができるようにする。

友だちに興味をもち、保育者や友だちと一緒に遊びを楽しめるように
- ★少人数で遊べる空間をつくり、子どもがやりたいと思う気持ちが満たされるようにする。
- ★友だちがやっていることをまねて遊べるよう、同じおもちゃを複数用意する。
- ★室内でも体を十分に動かせるように、巧技台を常設し、時々配置を変えていろいろな動きが楽しめるようにする。
- ★中型積み木を使って、積む、並べる、乗ることを楽しめるように置いておく。

- ★ままごとコーナーには、システムキッチンを常設し、食材や食器、食具などを自由に使えるようする。
- ★踏み切り板を利用して、駆け上がるなどの動きが楽しめるようにする。
- ★廃材パックの囲いや布の囲いを自由に使えるようにし、落ち着いて遊びたい時や1人で遊びたい時の場所になるようにする。
- ★押し入れの中は、クッションや布団などを置いて、くつろいだり、休息ができるようにする。
- ◎子どもがおもしろそう、やってみたいと思うことに共感し、友だちと一緒に遊ぶ楽しさを味わえるようにする。
- ◎子どもが伝えたいと思っていることを言語化して代弁する。
- ◎絵本は、一人ひとりのペースに合わせてゆっくり読み、テンポのよい言葉のくり返しを楽しめるようにする。
- ◎生活に必要な挨拶や言葉に気づけるよう、「おはようございます」「いただきます」など、保育者が状況に適した言葉を使う。

試行錯誤しながら水遊びを楽しめるように

ペットボトルなどを利用した手作りのおもちゃや、ジョウロなどを多く用意します。一人ひとりの遊び方に共感する言葉をかけるなど、水の性質や道具の特徴に気づけるようにしましょう。

室内遊びを充実させる

暑い時季は室内遊びが多くなるので、巧技台やマットを設置して、体を十分動かせるスペースをつくります。巧技台は、子どもの様子や動きに応じて置き方を工夫しましょう。大型積み木や段ボール箱を使って、1人ずつ入れる空間をつくると、遊びの幅が広がります。

「子どもの姿ベースのねらい●と内容◆」の「内容」は子どもの姿をもとに5つの領域を意識して作ります。5つの領域のマークを入れました。
健康 人間関係 環境 言葉 表現　※マークの詳細はP9を参照

| 月のねらい | ❶保育者と一緒に心地よく過ごす中で、自分でやってみようとする。
❷水遊びやプール遊びのおもしろさや気持ちよさを味わう。
❸身近な人に関心をもち、まねたり見立て遊びを楽しんだりする。 | 健康・安全・食育の配慮 | ・一人ひとりの状態を把握し、水分補給や休息、プールに入っている時間などに配慮する。
・暑さで食欲が落ちる、眠くなる、水遊びでお腹が空くなど、一人ひとりに柔軟に対応できるように配慮する。 | 行事 | ・避難訓練
・身体測定
・プール締め
・誕生会 |

さくら（1歳7か月）

前月末の子どもの姿	・水遊びでは、タライを使って楽しむなど、水を嫌がらなくなった。 ・歩くことを楽しむ姿が見られる。 ・朝の登園時間が遅いためか、午睡時になかなか眠れない。
子どもの姿・ベースのねらい○と内容◆	○ゆったりした生活をし、暑い季節を快適に過ごす。 ◆水遊びやプールを十分に楽しむ。 ◆探索活動を通して、好きな遊びを見つける。
環境構成★保育者の配慮◎	◎十分な休息と水分補給を心がけ、水遊びが長時間になりすぎないように気をつける。 ◎体を動かす遊びだけでなく、絵本を読むなど落ち着いて過ごせる時間ももつくる。
家庭との連携	・家庭での生活の様子を聞き、睡眠など子どもの生活リズムに合わせたかかわりができるようにする。

たくみ（2歳2か月）

前月末の子どもの姿	・食欲のない時があり、食事の量を加減することがある。 ・食事や着脱では、自分でやろうとする姿が見られる。 ・水遊びを十分に楽しみ、保育者との簡単なやりとりを通して言葉に親しんでいる。
子どもの姿・ベースのねらい○と内容◆	○身の回りのことを自分でやろうとし、安心して過ごす。 ◆水の感触に親しみ、保育者や友だちと一緒にプール遊びを十分に楽しむ。 ◆保育者と簡単な言葉のやりとりを楽しむ。
環境構成★保育者の配慮◎	◎水分補給や気温に気をつけ、自分でやろうとする気持ちを大切にする。 ◎水の性質や道具の特徴に気づけるように、水遊びの楽しさを言葉で表現する。
家庭との連携	・自分でやろうとする姿を伝え、家庭でも理解してもらえるようにする。 ・園と家庭での食事の様子を共有し、無理なく食事が楽しめるように配慮する。

家庭との連携

・感染症や皮膚のトラブルが流行しているので、子どもの状態を連絡し合う。軽い症状でも、感染を防ぐために早めの受診をお願いする。
・暑さで疲れや生活リズムの乱れが出やすい時季なので、朝の受け入れの時には、健康状態や食欲の有無、睡眠などを、口頭や連絡ノートを通して確認する。
・園では子どもの「自分でしたい」という気持ちを大切にしながらかかわっていることを伝え、家庭でも子どもの気持ちを受け入れてもらえるように話し合う。

職員の連携

・プールの準備や片づけ時は、子どもの安全確保のために役割分担をする。
・食事や着脱時に、自分でしたい気持ちを大切にできるように連携して見守る。

評価（子どもを捉える視点・見通し）

・食事、着脱、排泄など、一人ひとりの発達に応じて、「やろう」とする気持ちをもてていたか。
・保育者や友だちに興味をもち、おもちゃや絵本を通して一緒に遊ぶことを楽しめていたか。
・水遊びやプールでは、その子なりの楽しみ方を味わえていたか。

見立て遊びが十分に楽しめるように

ままごとコーナーで遊びたい子どもが増えてきたら、システムキッチンを1つ増やして、一人ひとりの遊びが保障できるようにします。子どもの興味に応じて、ままごと用のスカート、おんぶひも、ベッドなどの数を調整し、子どもが取り出しやすいように収納します。

休息がとれる環境設定を

夏は疲れが出やすく、眠くなる子や横になりたがる子がいるので、布団をすぐ出せるようにしたり、カーテンで直射日光を防いだりして、十分に休息がとれるようにします。また、水分をこまめにとれるようにも配慮します。

「月のねらい」は子どもの姿をもとに、資質・能力の3つの柱を意識して振り返りができるように作ります。本書では特に意識したいものに下線を入れています。「知識・技能の基礎」......、「思考力・判断力・表現力等の基礎」____、「学びに向かう力・人間性等」____ ※下線の詳細はP9を参照

1歳児

8月の資料

夏バテしやすい時季は、保育室内の遊び環境を充実させ、
体を十分動かしたり、ゆったりと過ごせたりするように工夫しましょう。

室内遊び　少人数で遊べる環境をつくる

暑い日は保育室で過ごす時間が長くなりがちです。
子ども一人ひとりが好きな遊びをじっくりと安全に楽しめるように、
空間構成を工夫し、少人数で遊べる環境をつくりましょう。

体を動かすことを楽しめる環境

　保育室内で全身を使った遊び（動的遊び）ができるように、巧技台で幅のある坂を作りました。以前に設置していた坂よりも一段分高くして、坂を急にしています。板を2枚にして、壁に設置することで、駆け上がる、駆け降りるという動きもできるようになりました。このような環境があることで、自然と動きが引き出されているようです。友だちの動きを見てまねをする子どもも。友だちが見本となり、子ども同士で刺激をし合いながら体を動かす姿が見られました。

以前より急な傾斜になった巧技台の坂。両足でジャンプをしながら降りる子どももいました。

遊びの中で手先を使うことを学ぶ

　取り合いになる人気のおもちゃがあるので、友だちと一緒に遊べるように、似たものを段ボール箱を使って作りました。段ボール箱に穴を開け、穴から木の棒を落とすおもちゃです。保育者が見本を見せなくても、自然と子どもたちは棒を落として楽しんでいます。慣れてきた頃に、段ボール箱の側面にも穴をあけ、楽しみ方が広がるようにしました。

穴が小さめのため、うまく落とすためには、試行錯誤が必要。すべての棒を落とすと、段ボールを開けて棒を拾い集め、また遊び始めていました。

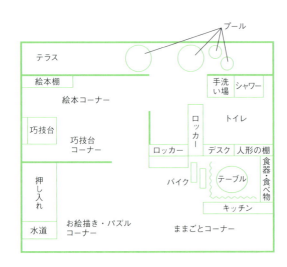

友だちとじゃばらの囲いの中に入って。落ち着いて遊べる空間が必要です。

落ち着いて遊べる空間

廃材パックを利用して、じゃばらの囲いを作っています。囲って、家やお風呂に見立てて遊ぶ子どもや、「自分の場所」を作る子どもの姿が見られました。線路に見立て、電車を走らせる子どももいます。子ども自身が上に乗って、椅子として使うこともでき、子どものイメージによって様々な使い方をしていました。

> **今月の保育教材**
> 絵本
> 『おまつりおばけ』くろだかおる／作、せなけいこ／絵、フレーベル館
> 子どもたちは、友だちとかかわり、相手の気持ちを学んでいる時期です。この絵本で、子どもたちは、おばけと同じ表情をしたり、おばけふうせん屋でお気に入りを選んだりして、楽しんでいます。そのうち、「泣いている」「笑っている」と、子どもたちはおばけの表情に気づいていきます。

戸外遊び　一人ひとりの楽しみ方を保障する

子どもは、自分のペースに合った遊びをすることで、
満足感や充実感を味わい、「やってみたい」という意欲も引き出されます。
子どもの姿を丁寧に理解し、7月から続く水遊びの環境も見直していきましょう。

プールを自分なりに楽しめるように

プールを始めて1か月もすると、子どもたちは水遊びにも慣れ、楽しみ方も多様になってきます。子どもの様子や興味に沿えるよう、プール遊びの環境も少しずつ変えました。ダイナミックに遊ぶ用と道具などを使ってじっくり遊ぶ用にプールを2つに分け、タライも置いておきました。プールの側にはベンチを置き、水を汲む・流す遊びや水車遊びを、台の上でもじっくり遊べるようにしました。

プール遊びの時間は子どもによって違います。早くあがった子どもは、保育室の中で好きな遊びができるように、保育者同士が連携しながら、遊び環境を整えています。

プールでバシャバシャと水遊びをしたい子ども、一人でじっくり遊びたい子ども。子ども自身が自分で遊び方を選べるように、複数のプールを準備しています。

103

1歳児 9月の指導計画

前月末の子どもの姿
・室内では巧技台などで体を動かす遊び、屋外ではタライプールを楽しむ姿が見られる。
・気の合う子と一緒に歌を歌ったり、まねをしたりするなど子ども同士で楽しむ姿がある。
・自分でしたいという気持ちから、保育者の援助を嫌がる子が多い。
・トイレでおしっこが出る子が増え、排尿間隔が長くなっている。

クラス全体の計画

子どもの姿ベースのねらい●と内容◆

❶身の回りのことを自分なりにやってみようとする。
◆おむつが濡れたら知らせたり、トイレに行って排泄をしようとしたりする。 健康
◆食事やおやつの前に手洗いをし、清潔にしてから食べることを知る。 健康
❷自分の気持ちや要求を言葉などで伝え、安心して過ごす。
◆自分の思いやしてほしいことを仕草や簡単な言葉で伝えようとする。 言葉
◆保育者や友だちと言葉でやりとりすることを楽しむ。 言葉 人間関係

◆絵本や紙芝居を楽しみ、簡単な言葉のくり返しや言葉の響き、リズムを味わう。 言葉
❸保育者や友だちと一緒に、全身を使った遊びを十分に楽しむ。
◆固定遊具、巧技台、かけっこなど、多様な動きを経験することを通して、体を動かすことを楽しむ。 言葉
◆友だちのしていることに興味をもち、同じことや同じものを介して遊ぶことを楽しむ。 人間関係 環境
◆保育者や友だちと一緒に、歌を歌ったり、手遊びをしたりする。 人間関係 表現

環境構成★・保育者の配慮◎

身の回りのことを自分でしようとする意欲がもてるように
★食事中に眠くなりやすい子は、その前に少し寝かせたり、食後すぐに眠れるように布団を準備したりする。
◎外から帰った時やそれ以外でも、手洗いを促していき、清潔な手で食事をする喜びを共有できるようにする。
◎靴や衣服の着脱の仕方や食具の持ち方などを伝え、必要に応じて援助しながら、自分でできた喜びを感じられるようにする。
◎トイレで排泄しようとする気持ちを大切にし、便座に座ることを褒め、意欲につなげるようにする。

保育者や友だちに気持ちや要求を伝えられるように
★「これ読んで」の気持ちを大切にし、じっくりと絵本を見る時間やスペースをつくる。
◎「友だちと同じことをしたい」という思いを受け止めながら言葉で仲介し、友だちと一緒に楽しめるようにする。

保育者や友だちと一緒に安全に体を動かす楽しさを感じられるように
★トランポリン、巧技台、はしごなどを設置し、体を動かす遊びを楽しめるようにする。
★段ボール箱を様々な場所に設置して、出入りを楽しんだり、箱に入って隠れてみたりなど、それぞれが楽しめるようにする。
◎巧技台やはしごは、危険のないように使い方を知らせる。
◎子どもたちの好きな曲に合わせ、一緒に体を動かして楽しさを共有する。
◎優しい声で歌を歌ったり、手や体を動かしたりし、子どもが興味をもって模倣できるようにする。

好きな遊びが楽しめるように
★興味をもちやすくするために、ままごとコーナーを出入口から見える場所に移動する。
★ままごとを落ち着いてじっくり楽しめるように棚とシステムキッチンをコの字型に設定する。
★友だちとお母さんごっこが楽しめるように、人形、スカートやエプロンの数を見直し人形を寝かせるベッドも用意する。
★廃材パックなどを利用して、空間を仕切り、電車遊びの場所を作る。

身の回りのことを本人のペースでできるように
靴や衣服の着脱は、小さいグループに分けて行い、子どものペースに合わせられるようにします。手洗いでは、できるだけ順番を待たずに手を洗えるように、蛇口の前にスペースを確保し、数人ずつ洗えるようにします。

一人ひとりに応じた排泄を
排尿の感覚やタイミングを見ながら、個々に応じてトイレに誘うようにします。トイレに行くことや便座に座ることに喜びを感じられるようにし、排尿できた時には受容し、共感します。

104 「子どもの姿ベースのねらい●と内容◆」の「内容」は子どもの姿をもとに5つの領域を意識して作ります。5つの領域のマークを入れました。
健康 人間関係 環境 言葉 表現 ※マークの詳細はP9を参照

| 月のねらい | ❶身の回りのことを自分なりにやってみようとする。
❷自分の気持ちや要求を言葉などで伝え、安心して過ごす。
❸保育者や友だちと一緒に、<u>全身を使った遊びを十分に楽しむ。</u> | 健康・安全・食育の配慮 | ・夏の疲れから、体調を崩しやすい時期なので、食事の様子や睡眠量などをしっかり把握する。
・残暑が厳しいので外遊びは涼しい朝のうちとし、早めに室内に戻るようにする。
・トイレは清潔に保ち、子どもたちが進んで行きたくなるようにする。 | 行事 | ・引き取り訓練
・中学生職場体験
・運動会に向けての活動
・誕生会 |

さくら（1歳8か月）

前月末の子どもの姿	・プールに入れず、保育室で過ごすことが多かったが、様々な遊びに興味をもち、楽しむ姿が見られる。 ・スプーンやフォークを使って、自分で食べようとする。
子どもの姿とベースのねらい◯と内容◆	◯戸外遊びや室内遊びで好きなことを見つけ、十分に楽しむ。 ◆スプーンやフォークを使って、苦手なものも少しずつ食べようとする。
環境構成★保育者の配慮◉	★好きな遊びが十分にできるように興味に応じて環境を工夫し、保育者も一緒に楽しむ。 ◉スプーンやフォークで食べることを知らせながら、苦手なものは小さく切って少しずつ食べられるようにする。
家庭との連携	・遊びの様子を具体的に伝え、運動会を楽しみにしてもらえるようにする。 ・園と家庭での食事の様子を共有しながら、同じかかわり方ができるように協力してもらう。

家庭との連携

・季節の変わり目で体調を崩す子が出てくるため、一人ひとりの体調管理に気をつけ、家庭と連絡を密に取り合うようにする。
・体温調整しやすい衣服を用意してもらい、着替え用の衣類を常に補充してもらう。
・靴や衣服の着脱、手洗いや食事前の準備など、子どもが自分でしようとする姿を伝え、育ちを一緒に喜べるようにするとともに、時間がかかる時にも見守るように伝える。
・体を動かす楽しさを十分味わうことを大切にしていること、運動会は個々の発達や興味に合わせた活動にすることを伝え、親子で運動会を楽しみにできるようにする。

職員の連携

・体を動かす遊びや散歩などを十分に楽しめるように、一人ひとりの発達や興味に応じた働きかけの方法や安全面について話し合い、共有する。

評価（子どもを捉える視点・見通し）

・巧技台など体を動かす遊びを十分に楽しみ、様々な動きができる遊びを経験できていたか。
・靴や衣服の着脱を自分でやろうとする気持ちをもてていたか。
・保育者や友だちと好きな遊びが楽しめていたか。
・保育者や友だちに自分の気持ちや要求を伝えようとしていたか。

たくみ（2歳3か月）

前月末の子どもの姿	・少しずつではあるが巧技台に挑戦する姿が見られる。できた時には喜んで「見て」と話す。 ・絵本を読んでと要求し保育者と1対1で読む。
子どもの姿とベースのねらい◯と内容◆	◯戸外や室内遊びで体を十分に動かすことを楽しむ。 ◆保育者と一緒に絵本に親しみ、言葉でやりとりする楽しさを味わう。
環境構成★保育者の配慮◉	◉保育者が一緒に体を動かして興味をもてるようにするとともに、自信につながるような言葉をかける。 ★落ち着いた雰囲気でじっくり絵本を楽しめるように時間や場所を確保する。
家庭との連携	・体を動かすことを楽しんでいることを伝え、運動会への期待をもてるようにする。 ・絵本に興味があることを知らせ、家庭でも親子で楽しんでもらえるようにする。

じっくり絵本を楽しむために

絵本コーナーをパーティションなどで囲い、椅子や床に座り、落ち着いて1対1や少人数で絵本を楽しめるようにします。絵本棚に置く絵本は厳選し、子どもが見つけやすく手に取りやすいように工夫しましょう。

友だちや友だちが持っているものへの興味を大切に

友だちと同じことをしたいが思いが通じない時もあります。「○○したかったね」と気持ちを受け止めて言葉にし、受け止めてもらえた満足感を味わえるようにします。願いが叶わない時は気分転換を図りましょう。また、好きな遊びが十分にできるように、おもちゃの数を調整します。

「月のねらい」は子どもの姿をもとに、資質・能力の3つの柱を意識して振り返りができるように作ります。本書では特に意識したいものに下線を入れています。
「知識・技能の基礎」　　　「思考力・判断力・表現力等の基礎」　　　「学びに向かう力・人間性等」　　　※下線の詳細はP9を参照

5月の資料

1歳児

1日の気温の変化に配慮しながら、戸外での遊びが十分楽しめるように、散歩先や体を動かす遊びの内容を工夫してみましょう。

戸外遊び　全身を十分に動かせる環境

気候がよくなり、園庭での遊びや散歩をじっくり楽しみたい時季です。子ども自身が体の使い方を試行錯誤できる環境を用意し、保育者も一緒に体を動かすことを楽しみましょう。

自分の体を使って揺らす

地面につきそうなくらいロープを低くした「ぶらんこ」を設置しました。「怖くない」と思って、挑戦してほしいと思ったからです。座る時に援助が必要な子どもには援助をしますが、保育者が揺らすことはしないようにしました。子どもたちは「揺れたい」と思って体を動かすとぶらんこが揺れることに気づいていきました。友だちがぶらんこで遊んでいる姿を見て、ほかの子どももやって来て、まねをして楽しんでいました。ぶらんこに座ることに1か月ほどかかる子どももいれば、すぐにこげるようになる子どもも。個人の発達に応じて楽しめるように、ロープの長さを変えて遊べるようにしました。

ロープを使ったぶらんこ。子どもたちは、大きく揺れたい時は、足で地面を蹴り、勢いをつけて揺らすようになりました。

様々な体の使い方を試す

たいこ橋で「登る」「頂上まで来て、そのまま降りる」ことをくり返し楽しんでいた子どもたち。この時期になると、「頂上で体勢を変えて、またいで反対側から降りる」こともできるようになりました。子どもたちは、自然とはだしになって遊んでいます。友だちと一緒に登る、一緒に降りるなど、友だちの動きを意識しながら、まねる姿も見られます。

たいこ橋で、様々な体の使い方を試します。

106

自分の体を使って進む

　保育者としては、今は足蹴りの車で、地面をしっかり蹴って前に進むことを楽しんでほしいと思っていますが、年上の子どもが三輪車に乗っていると、自分も乗ってみたくなるようです。最初は、足が届かない三輪車に乗るために、乗り方を試行錯誤していました。つま先を伸ばし、足で地面を蹴り、自分の体を使って三輪車をなんとか動かそうとします。そのうち、後ろに進むことを楽しみ始めました。ペダルをこいで前に進むのには、まだ時間がかかりそうです。子ども自身が、試行錯誤しながら体を使い、やり方を見出していく経験が大切です。

三輪車に乗ったものの、ペダルをこぐことはできず……。

友だち 友だちの存在を互いに意識する

自分の思いや要求を仕草や簡単な言葉で伝えようとする姿を支え、
保育者が言葉で共感しながら、友だちと一緒に過ごしたり、
一緒に遊ぶ楽しさを味わえるようにしましょう。

惹かれ合う友だちの存在

　友だちの存在を意識し始めました。互いに意識し、惹かれ合う仲よしの友だちの存在も。一緒にいること、同じように遊ぶことを楽しんでいる姿が見られます。友だちと顔を見合わせて笑ったり、友だちの動きをまねたり、同じものを持って遊んだりしています。砂場の道具やごっこ遊びの手提げ袋などを複数用意し、友だちと一緒に楽しめるようにしています。

手作りバイクに一緒に乗り、買い物かごをさげて、買い物ごっこのイメージを膨らませていました。

今月の保育教材

絵本

『できるかな？　あたまからつまさきまで』エリック・カール／作、くどうなおこ／訳、偕成社

動物の体の動きをまねて楽しみます。なかなかできない動きもありますが、それでも子どもたちはなんとかやってみようとします。保育者も一緒に動きながら楽しみます。

惹かれ合う仲よしの友だちと、同じことをして遊んでいます。

1歳児 10月の指導計画

前月末の子どもの姿
- ジャングルジムなどで体を動かす。
- 友だちと一緒に遊ぶ中で自分の思いを通そうとトラブルになることもあるが、言葉で伝えようとする姿がある。
- 絵本コーナーでじっくり落ち着いて絵本を読んでいる。
- 衣類の着脱では、ズボンを自分ではこうとする子どもが多い。

クラス全体の計画

「自分で」という気持ちに共感するかかわりを

「自分で」と主張する姿を見守るとともに、必要に応じてさりげなく援助することで、子どもの思いや気持ちに寄り添います。子どもがやりたいと思ったことに満足感や達成感を味わえるようにします。

子どもの姿ベースのねらい●と内容◆

① 試行錯誤しながら、身の回りのことを自分なりにやろうとする。
◆ 衣服の着脱に興味をもち、自分でできるところからやってみようとする。 健康
◆ スプーンやフォークの持ち方に慣れ、様々な食材に親しみ、食べることを楽しむ。 健康
◆ 石鹸で手を洗うことに興味をもち、清潔にする気持ちよさを感じる。 健康
② 保育者や友だちと一緒に体を十分に動かす楽しさを感じる。
◆ かけっこやボール遊び、固定遊具を通して、全身を使った遊びを楽しむ。 健康
◆ 散歩や戸外遊びを通して身近な自然にふれ、秋の自然を味わう。 環境
◆ 保育者や友だちと一緒に歌や音楽に合わせて、体を動かすことを楽しむ。 人間関係 表現 健康
③ 生活に必要な簡単な言葉を使おうとする。
◆ 保育者や友だちに自分の気持ちや思いを簡単な言葉で伝えようとする。 人間関係 言葉
◆ 好きな友だちと一緒に、同じものを持ったり、同じ言葉をかけ合ったりして、ごっこ遊びを楽しむ。 人間関係 環境
◆ 好きな絵本を読んだり、歌を歌ったりしながら、言葉のやりとりを楽しむ。 言葉 表現

秋の自然に興味をもち、親しめるように

戸外遊びや散歩を通して、落ち葉や木の実を見つけ、ふれられる機会を十分につくります。秋らしい風や雲などにも興味がもてるように言葉をかけ、秋の自然に親しめるようにします。

環境構成★・保育者の配慮◎

子ども自身が考えながら身の回りのことをやろうとする気持ちを支える
★ 靴やズボンなどの着脱スペースを確保し、着る意欲につながるように靴やズボンなどの向きを揃える。
◎ 入っている食材やスプーン、フォークの持ち方を伝え、食べようとする姿を見守る。
◎ 蛇口をひねる、石鹸で洗うなど一連の流れを丁寧に伝え、清潔にする大切さや気持ちよさを味わえるようにする。
◎ おむつが濡れていない時は、トイレに誘ってみる。

秋を感じながら、体を動かす楽しさが味わえるように
★ 晴れた日は、散歩や戸外遊びを十分に取り入れ、落ち葉や木の実などに興味をもてるようにする。
★ テラスにフープや巧技台を準備し、跳ぶ、登るなど全身を使った遊びを楽しめるようにする。
★ 子どもの「自分で」「自分が」という気持ちを受容し、遊びたい気持ちが満たされるように、おもちゃの種類や数を調整する。
◎ 保育者が一緒に楽しむことで、かけっこやボール遊びに興味をもてるようにする。
◎ 固定遊具では、個々の楽しみ方を認め、保育者同士で連携し、発達に応じた対応ができるようにする。

絵本やごっこ遊びを通して言葉のやりとりを楽しめるように
★ 見立て遊びに使える用具や素材、スカートやハンカチなどを用意し、おうちごっこや病院ごっこを楽しめるようにする。
★ 落ち着いてじっくり遊びたい子どもや、くつろぎたい子どもの思いを保障できるように、仕切りなどで囲まれたスペースをつくる。
◎ 絵本に親しみながら、言葉のリズムや響きを味わい、保育者や友だちと一緒に簡単な言葉を使う楽しさを味わう。

好きな遊びを十分に楽しめるように
★ ブロックの数や種類を調整し、押し入れなどで落ち着いて、十分に遊び込めるようにする。
★ お絵描きや粘土でじっくり遊べるように、製作コーナーを設定し、クレヨンや粘土を必要な量、用意しておく。

108　「子どもの姿ベースのねらい●と内容◆」の「内容」は子どもの姿をもとに5つの領域を意識して作ります。5つの領域のマークを入れました。
健康 人間関係 環境 言葉 表現　※マークの詳細はP9を参照

月のねらい	❶試行錯誤しながら、身の回りのことを自分なりにやろうとする。 ❷保育者や友だちと一緒に体を十分に動かす楽しさを感じる。 ❸生活に必要な簡単な言葉を使おうとする。	健康・安全・食育の配慮	・気温差があるので、室内の温度管理や、衣服、布団の調整などをして体調を崩さないよう配慮する。 ・戸外遊びや排泄後の手洗いやうがいは、自分でやりたいという気持ちを大切にしながら、一人ひとりに丁寧にかかわる。	行事	・運動会 ・保護者会 ・歯科健診 ・秋季健康診断 ・誕生会

 さくら（1歳9か月）

前月末の子どもの姿	・好きな遊びを見つけてじっくり遊んでいる。 ・三輪車に興味をもち、乗ろうとする。 ・しっかり遊んだ後は、食事が待ちきれず、勢いよく食べている。 ・午睡時は保育者の抱っこで入眠するが、体力もついてきて時間がかかることもある。
子どもの姿とベースのねらいと内容◆〇	○生活リズムや習慣を少しずつ身につけ、安心して過ごす。 ◆戸外や室内で、体を動かす遊びや好きな遊びを十分に楽しむ。 ◆トイレで排泄しようとする。
環境構成・保育者の配慮★◎	◎様々な遊びに興味がもてるように、体を使った遊びを提案し、保育者も一緒に楽しむ。 ◎トイレで排泄する時は、保育者が見守り、「やろう」とする気持ちに共感する。
家庭との連携	・肌が荒れている時は、保護者と相談しながら、必要に応じて肌のケアをする。 ・活発に遊ぶ姿を伝え、気温差に対応できる衣服を用意してもらう。

家庭との連携
・運動会に向けて体調を崩さないように十分に気をつけてもらい、体調不良の時は早めに受診してもらう。
・気温差が大きいので、暑い日、涼しい日用の衣服と、調整しやすい衣服を準備してもらう。
・散歩や体を動かすことが増えたので、足に合った靴を用意するように伝える。
・トイレトレーニングが進んできたので、トイレ用のタオルを用意してもらう。
・運動会などをきっかけに、保護者同士の交流が深まるように働きかける。

職員の連携
・「自分で」という気持ちや、友だちへの関心が強くなっているので、かかわり方について話し合い、個々の子どもへの理解を共有する。

評価（子どもを捉える視点・見通し）
・身の回りのことを自分でやろうとする気持ちをもてていたか。
・できた時のうれしい気持ちや満足感を味わえていたか。
・体を動かす遊びや好きな遊びを十分に楽しめていたか。
・一人ひとりの子どもが、遊びやおもちゃに興味をもち、十分に楽しめていたか。
・保育者に仲介してもらいながら、友だちとのかかわりを楽しんでいたか。

ごっこ遊びが楽しめるように
人形を患者に見立ててお医者さんごっこをするなど、遊びの内容を試行錯誤できるように、人形用のベッドや布団など、イメージが膨らむような道具や素材を用意します。

 **たくみ**（2歳4か月）

前月末の子どもの姿	・登園時に泣いてしばらく落ち着かず、気持ちの切り替えに時間がかかることがある。 ・保育者のまねをして、友だちに読み聞かせをする姿が見られる。 ・食事が進まない時がある。
子どもの姿とベースのねらいと内容◆〇	○好きな遊びや体を動かす遊びを十分味わい、安心して過ごす。 ◆友だちと好きな遊びや絵本を楽しむ。 ◆様々な食材に興味をもち、食べることを楽しむ。
環境構成・保育者の配慮★◎	◎思い切り好きな遊びができるように、保育者も一緒に遊び充実感や達成感を共有する。 ◎食欲がない時には無理をせず、食材に興味をもてるように言葉をかける。
家庭との連携	・園での出来事を話す時間を大切にできるよう、好きな遊びの時の様子を丁寧に伝える。 ・家庭と園での食事の様子を共有し、食材や調理方法について話し合う。

ブロックの様々な使い方ができるように
ブロックの種類や数を増やしたり、別のものを用意したりして、見立て遊びなどほかの使い方ができるようにしましょう。例えば、ブロックでケーキを作って「ハッピーバースデー」の歌を歌う姿も見られます。

「月のねらい」は子どもの姿をもとに、資質・能力の3つの柱を意識して振り返りができるように作ります。本書では特に意識したいものに下線を入れています。「知識・技能の基礎」..........、「思考力・判断力・表現力等の基礎」_ _ _ _、「学びに向かう力・人間性等」_____ ※下線の詳細はP9を参照

1歳児

10月の資料

友だちと一緒に遊べる環境を整えたり、必要に応じて仲立ちをしたりしながら、友だちに関心をもってかかわろうとする姿を支えましょう。

環境構成

一緒に遊ぶ楽しさを感じられるように

友だちと「同じことをしたい」という思いに寄り添い、おもちゃの種類や数などを調整したり、必要に応じて手作りおもちゃなども用意しながら、好きな遊びが十分できる環境を整えましょう。

ごっこ遊びを楽しむ

古い事務机を利用して、園庭に基地を作りました。これを家に見立てて、中に入って遊んでいます。1人の子どもが入ると、友だちのまねをして、どんどん入る子どもが増えていました。イメージを膨らませて遊ぶ子どももいますが、友だちと体を密着させて一緒に過ごすだけでも楽しいようです。

運動会でお兄さん・お姉さんが使っていたパネル(黄色い枠)。お兄さん・お姉さんの使い方をまねて、遊び始めました。友だち同士、互いに惹かれ合って、一緒に入って遊んでいました。好きなおもちゃや道具を、それぞれが持ち、楽しんでいます。

また、押し入れの中では、エプロンと三角巾を身に着けて、お店屋さんごっこをしています。絵本棚にブロックを並べてケーキに見立てて、「見て、ケーキ屋さんだよ」と教えてくれました。押し入れの中で展開していることで、じっくり遊ぶことができていました。

しゃがんで、アヒル歩きをしながら、中に入っていきます。

狭いスペースに、友だちとくっついて入っています。

パネルを使って。

押し入れの中で、お店屋さんごっこ。友だちがお客さんになって、食べにきてくれました。

今月の保育教材

絵本
『ねないこだれだ』せなけいこ／作・絵、福音館書店

子どもたちは、「こんなじかんにおきているのはだれだ」のセリフで、絵本に引き込まれていきます。次々に出てくる生き物を見ながら、"おばけ"の登場をわくわくしながら待ちます。子どもたちは、この絵本でおばけが身近なものになったようです。

滑り台で友だちと同じ動きを楽しむ

　滑り台では、友だちを意識して、一緒に滑ることを楽しんでいます。顔を見合わせて交互に滑ったり、友だちの腰につかまって、つながって滑ったりしています。様々なものを滑り台の上から滑らせて、滑り方の違いを試す姿も見られました。

友だちたちと一緒に過ごす

　子どもたちがくつろいで過ごせるように、遊び用の布団を用意しています。友だちと一緒に中に入ったり、布団の上で絵本を読んでいます。それが遊びになっているようです。

様々な滑り方を、友だちと何度もくり返していました。

布団も友だちとの遊び道具に。

自然　身近な自然にふれる

身近な自然に興味をもてる環境を整え、落ち葉や木の実を触ったり、拾ったり、匂いをかいだりと、保育者や友だちと一緒に秋の自然に親しめる工夫をしてみましょう。

葉っぱや実にふれ、興味をもつ

　地域の人が様々な葉っぱや実を持って、子どもたちに見せにきてくれました。子どもたちは、様々な形、大きさの葉っぱや実を見て、ふれて、匂いをかいでいました。葉っぱや実についてのお話も真剣に聞いていました。この活動がきっかけとなり、園庭遊びや散歩の時に、子どもたちは葉っぱに興味をもつようになりました。

大きな葉っぱを持って、熱心に話を聞いています。

111

1歳児 11月の指導計画

前月末の子どもの姿
・体を動かす遊びに興味をもつ子どもが増え、固定遊具や三輪車を楽しんだり、保育者と追いかけっこやボール遊びをしている。
・保育者や友だちと一緒に、木の実や葉っぱにふれたり、探索や見立て遊びをする。
・友だちと同じことをしたくて、トラブルになることも多いが、思いを言葉で伝えようとする姿がある。

クラス全体の計画

秋の自然を十分に味わえるように

落ち葉や木の実に興味をもち、ふれたり、集めたりすることを十分楽しめるように、散歩の行き先などを工夫します。保育者や友だちと、拾った落ち葉や木の実を比較し、色や大きさの違いに気づけるように言葉をかけます。

手先を使う遊びに興味がもてるように

粘土やクレヨンを使った遊び、ちぎり絵などの製作のほか、手作りおもちゃを利用して、めくる、引っ張る、つまむなどの手先を動かす遊びを積極的に取り入れます。手先の動きの経験を広げられるように、遊びを工夫したり、手作りおもちゃを用意したりするとよいです。

子どもの姿ベースのねらい●と内容◆

❶保育者や友だちと一緒に、秋の自然にふれ、体を動かして遊ぶ楽しさを味わう。
◆かけっこ、固定遊具、フープや巧技台を通して、体を動かして遊ぶ。 健康
◆跳ぶ、登る、ぶらさがる、くぐる、引っ張る、こぐなどの動きに挑戦し、様々な体の使い方を知る。 健康
◆粘土、なぐり描きなど、手先を動かす遊びを楽しむ。 健康
◆秋の自然に興味をもち、落ち葉や木の実にふれたり、拾ったりする。 環境
◆保育者と一緒に、試したり、考えたり、試行錯誤して遊ぶ。 環境

❷見立てやごっこ遊びなどをしながら、言葉で表現しようとする。
◆友だちの名前に興味をもつ。 言葉
◆友だちがしていることや持っているものに興味をもち、同じことをしようとする。 人間関係 環境
◆ままごと遊びやお医者さんごっこなどの見立て遊びを楽しみ、動作や言葉のやりとりを楽しむ。 環境 言葉
◆保育者や友だちと絵本のくり返しの言葉を唱和したり、歌を歌って楽しむ。 人間関係 言葉 表現

環境構成★・保育者の配慮◎

好きな遊びを見つけ、自分なりに楽しむ
★園庭遊びや散歩を通して、歩く、走る、跳ぶ、ぶらさがる、くぐる、坂を登り下りするなど、様々な動きのきっかけをつくる。
★色づいた葉っぱにふれたり、比べたり、集めたりすることを楽しめるようにする。持ち帰れるように、持ち歩く容器も用意する。
◎保育者と楽しめるボール投げや追いかけっこなどの遊びを積極的に取り入れる。
◎子どもの発見や試すおもしろさを見逃さないように、必要に応じて言葉をかけたり、次の発展につながる提案をしたりする。
◎見立て、つもり遊びは、一人でゆっくり楽しみたい子と、人とかかわりたい子がいるので、それぞれの楽しみ方を保障し、満足感を味わえるようにする。

じっくり遊びに取り組めるように
★興味のあることに挑戦できる時間とスペースをつくり、十分に楽しめるようにする。
★粘土やちぎり紙、クレヨンなどは、机や囲いで専用スペースを設定し、落ち着いてじっくり楽しめるようにする。
★子どもが好きな場所で自由に遊べるように、テラスを遊び場として整える。
★必要以上におもちゃの取り合いが起こらないよう、子どもの行動を予想しておもちゃの種類や数を調整する。

保育者や友だちと言葉でやりとりする楽しさが味わえるように

◎遊びの中で感じた喜びや悔しい思いを言葉にして共感し、気持ちを受け止める。
◎子どもが伝えようとしている時は、子どもの身振りや片言の言葉を代弁して確認し、子どもが伝わったと感じられるようにする。
◎言葉のリズムやくり返しがおもしろい絵本を用意し、言葉を使う楽しさを味わえるようにする。

気持ちや思いを受け止めてもらい、安心して過ごす

★身の回りのことを自分ですることに挑戦する時間と場所をつくり、じっくり取り組めるようにする。
◎できた喜びやうまくいかない悔しさを言葉にして、気持ちを十分に受け止める。
◎苦手な食材や、スプーンなどの食具で食べる姿に共感し、できたことの喜びが感じられるようにする。
★同じ場所で食事をすることで、安心して食事が楽しめるようにする。

112 「子どもの姿ベースのねらい●と内容◆」の「内容」は子どもの姿をもとに5つの領域を意識して作ります。5つの領域のマークを入れました。
健康 人間関係 環境 言葉 表現 ※マークの詳細はP9を参照

| 月のねらい | ❶保育者や友だちと一緒に、秋の自然にふれ、体を動かして遊ぶ楽しさを味わう。
❷見立てやごっこ遊びなどをしながら、言葉で表現しようとする。 | 健康・安全・食育の配慮 | ・室内の温度・湿度や換気、衛生に配慮するとともに、一人ひとりの健康状態に合わせて衣服や遊ぶ場所を調整する。
・寒くなるとトイレに行く回数が増えるので、一人ひとりの排尿間隔をつかみ、トイレに誘う。 | 行事 | ・身体測定
・不審者訓練
・誕生会 |

さくら（1歳10か月）

前月末の子どもの姿	・戸外では抱っこを求め、遊びに興味をもてないことがある。 ・自分の思いや要求を言葉で伝えようとする。 ・食事はよく食べ、苦手な野菜も完食することが多い。
子どもの姿とベースのねらい◆内容○	○戸外や室内で、好きな遊びを見つけ、保育者と一緒に楽しむ。 ◆自分の思いや要求を言葉で伝えるなど、保育者と言葉でのやりとりを楽しむ。
環境構成★保育者の配慮◉	◉水や砂遊びを十分に楽しめるよう、保育者が一緒に遊ぶことで楽しさを共有する。 ◉思いや気持ちを受け止め、言葉にして共感することで、安心して過ごせるようにする。
家庭との連携	・好きな遊びや食事の様子を具体的に伝えることで、保護者が子どもの成長を実感し、親子共に、登園することを楽しみにしてもらえるようにする。

たくみ（2歳5か月）

前月末の子どもの姿	・好きな遊びがなかなか見つからないことがある。 ・語彙が増え、強い口調で話すことがある。 ・片づけや衣服の着脱など、自分から積極的に行うことが多い。
子どもの姿とベースのねらい◆内容○	○戸外遊びで体を十分に動かして遊ぶことを楽しむ。 ◆身の回りのことに興味をもち、やってみようとする。
環境構成★保育者の配慮◉	◉保育者が一緒に体を動かし、やってみようとする意欲をもてるようにする。 ◉「自分で」という気持ちを受け止め、できた達成感や充実感をもてるようにする。
家庭との連携	・園での様子を具体的に伝えながら、子どもの身の回りのことを自分でやろうとする気持ちを受け止め、自分の気持ちを言葉で表現しようとする姿に共感してもらえるようする。

家庭との連携

・体調を崩しやすい時期なので、風邪の予防や早めの治療、静養をお願いする。
・日中は薄着で過ごせるように、調整しやすい衣服で登園するように伝える。
・外遊び用の上着、靴下、室内用の上履きを用意してもらう。
・保護者が子どもの成長を感じられるように、保育者や友だちとの具体的なかかわりの様子を丁寧に伝える。
・子どもが自分の思いを主張する姿を受け止め、共感することを大事にしながらかかわっていることを伝える。

職員の連携

・友だちと遊びたい気持ちとともに、自分の思いを主張したい気持ちがあるので、友だちとのやりとりを丁寧に仲介できるように、連携して時間を確保する。

評価（子どもを捉える視点・見通し）

・戸外や室内で好きな遊びを見つけ、十分に楽しめていたか。
・戸外で体を動かし、秋の自然に興味をもてていたか。
・全身や手先の多様な動きを経験できていたか。
・友だちに興味をもち、かかわろうとしていたか。
・簡単な言葉で友だちとやりとりを楽しんでいたか。

友だちへの興味を大切にしたかかわりを

友だちと同じことをしたいという気持ちが強くなり、おもちゃの取り合いなどがあるので、保育者が仲立ちとなり、思いに共感しながら、友だちの気持ちも伝えていきます。「○○ちゃんと一緒に行こうか」「○○ちゃんに渡してあげて」など、友だちとかかわる心地よさを味わえるようにしましょう。

進んで食事ができるように配慮をする

スプーンやフォークを使い、食器に手を添えると食べやすいことに気づけるようにしましょう。テーブルの高さ、椅子とテーブルの距離、足の位置など、一人ひとりの様子を見守り、無理のない姿勢で食べられるようにします。

「月のねらい」は子どもの姿をもとに、資質・能力の3つの柱を意識して振り返りができるように作ります。本書では特に意識したいものに下線を入れています。
「知識・技能の基礎」..........「思考力・判断力・表現力等の基礎」_____「学びに向かう力・人間性等」_____　※下線の詳細はP9を参照

1歳児

11月の資料

保育者や友だちに自分の思いや気持ちを
仕草や自分なりの言葉で伝えようとする姿を支えましょう。

言葉　仕草や言葉でやりとりをする楽しさを味わう

挨拶や生活の中で使う簡単な言葉に興味をもてるように、
保育者がモデルになり、やりとりを楽しめるようにしましょう。

ままごとを楽しむ

砂場で料理のままごとをして遊んでいる姿が見られるようになりました。子どもたちは、家族が料理をする姿を見て、まねをしているようです。お弁当を作っている子どももいます。10月に、葉っぱの話を聞いてから、自分たちの遊びに葉っぱや木の実を取り入れるようになりました。何を作っているのか、自分から教えてくれる子や保育者とのやりとりを楽しむ子どももいます。

ままごとで遊ぶ子どもが増えてきたので、落ち着いて遊べるように、保育室のままごとコーナーの場所を変更し、広く設定しました。食材を皿に並べたり、袋に入れて持ち歩いたり、レンジや冷蔵庫に出し入れして調理したりする姿も見られました。「○○してください」「どうぞ」と友だちに言葉をかける姿も見られます。

お皿、おたま、フライパンなどを使って、炒めたり、混ぜたりしています。

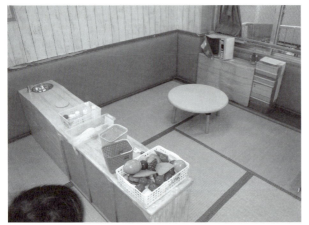

畳の上に作ったままごとコーナー。友だちと遊べるよう、十分な広さがあります。

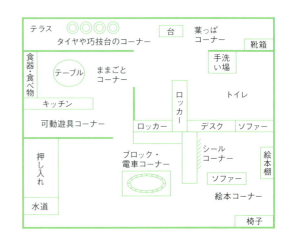

環境構成 遊び込める環境を整える

友だちの存在を感じながら遊んだり、同じものを持って遊ぶなど、
友だちとかかわれるようにおもちゃや道具、遊ぶスペースなどを工夫してみましょう。

段ボール箱の線路で電車を走らせる

電車や車を床で走らせていた子どもたち。そのうち、棚などの高いところで走らせるようになりました。高さのある場所で走らせると、走っている電車や車の様子を横から見ることができます。

そこで、段ボール箱を使って線路を作りました。段ボール箱に登って遊ばないように、トンネルと坂道をつけました。立体の線路にしたことで、電車を走らせている友だちの様子を見ながら、自分も電車を動かして遊んでいます。

サーキットをイメージして作った線路。

今月の保育教材

絵本
『おつきさまこんばんは』林明子／作、福音館書店
挨拶など生活の中で使う言葉に興味をもつ時期。絵本を読み終わった後、子どもたちは背表紙を見て、必ずまねをしています。「おつきさま、こんばんは」と、ちょこんと頭を下げるようになり、夜空を見上げるきっかけにもなっているようです。

木の実や落ち葉を集める

子どもたちは、集めたものを「手に持っていたい」「部屋に持って帰りたい」という思いがありました。そこで、廃材の牛乳パックで外出用のマイバッグを作りました。マイバッグを持って園庭に出かけ、拾ったものを入れて持ち歩いたり、三輪車に吊るしたりしています。

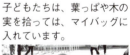

子どもたちは、葉っぱや木の実を拾っては、マイバッグに入れています。

1歳児 12月の指導計画

前月末の子どもの姿
- 好きな遊びをくり返し楽しむ姿が見られる。
- 友だちと同じ遊びをしたいという思いで、「一緒に過ごす」「思いを共有する」「模倣をする」などのかかわりが見られる。
- 給食前の手洗いが習慣になっている子どもが多い。
- 「上着を着る」「靴下や靴を履く」「帽子をかぶる」などを自分でしようとする。

行事を楽しめるように

クリスマスなどの行事を楽しめるように、少しずつ遊びや生活に取り入れましょう。保育室内の飾りつけや絵本、歌などを用意し、雰囲気を感じて、関心がもてるように配慮します。園での経験を家庭と共有できるよう、子どもの様子を丁寧に伝えます。

少人数で外遊びの準備を

園庭に出る時に自分で靴を出して履こうとする姿が見られたら、少人数ずつ身支度ができるようにします。個別にかかわりながら、「自分でやりたい」気持ちを大切にし、タイミングを見て言葉をかけるようにしましょう。

クラス全体の計画

子どもの姿ベースのねらい●と内容◆

❶戸外保育者や友だちと体を動かして遊ぶことを十分に楽しむ。
◆追いかけっこやボール遊びなど、全身を動かす楽しさや気持ちよさを味わう。【健康】
◆跳ぶ、登る、ぶらさがる、くぐる、引っ張る、こぐなどの動きに挑戦する。【健康】

❷保育者や友だちと簡単な言葉のやりとりをしながら、一緒に遊ぶ。
◆友だちがやっていることをまねたり、簡単な言葉を交わしたりする。【人間関係】【言葉】
◆友だちと一緒にいることや同じものを使って遊ぶことを楽しむ。【人間関係】【環境】

◆自分の思いやしてほしいことを簡単な言葉や仕草で保育者や友だちに伝えようとする。【言葉】

❸クリスマスを身近に感じ、保育者と一緒に雰囲気を味わう。
◆保育者の歌や音楽のリズムを感じながら、思うままに楽器を鳴らすことを楽しむ。【環境】【表現】
◆室内の装飾を見たり、季節の歌を歌ったりして、クリスマスの雰囲気を味わう。【表現】

環境構成★・保育者の配慮◎

体を動かすことを十分楽しめるように
★跳ぶ、登る、くぐるなどの動きが経験できるように、トランポリンや巧技台などを用意する。
★室内では、手作りバイクに乗り、床を蹴って進むことを楽しめるようにする。
★牛乳パックの大型積み木は、子どもたちが自由に出し入れできるようにし、つなげてはしごにして渡ったり、積み上げたりして遊べるようにする。
◎子どもとふれ合いながら保育者も一緒に体を動かし、子どもも楽しめるようにする。
◎固定遊具で活発に動く姿が見られるので、一人ひとりの発達を把握し、危険なく楽しめるようにする。

見立てやつもり遊びなどが楽しめるように
★一人ひとりがじっくり遊ぶことを保障できるよう、おもちゃの数を調整し、種類の異なるおもちゃは離れた場所に置くようにする。
★一人でじっくり遊べるように、押し入れの下におもちゃを持ち込めるようにする。
★線路やトンネルのついた箱を準備し、電車や車を好きなように動かしたり、並べて遊べるようにする。
★暖かい日はテラスにござを敷き、好きなおもちゃで遊べるような空間をつくる。
◎友だちと同じことがやりたいという気持ちを受け止め、それぞれの遊びを保障する。
◎子ども同士のかかわりを見守りながら、うまくいかない時には、気持ちを受け止め、友だ

ちの存在を意識したり、相手の気持ちに気づけるようなかかわり方を知らせる。
◎子どもが見立てたものに共感し、遊びがさらに発展するように、様々な素材やチェーンなどを用意する。

簡単な言葉に親しみがもてるように
◎子どもが伝えようとすることにじっくり耳を傾け、寄り添って聞くことで安心して自分の思いを伝えられるようにする。
◎季節の絵本を出し、一緒に見て、言葉のやりとりを楽しむ。

クリスマスを身近に感じられるように
★子どもたちが楽しめるような歌、手遊びを用意し、リズムに合わせて、マラカスや鈴など好きな楽器も使えるようにする。
◎子どもたちと一緒にクリスマスの装飾のシールを貼り、楽しさを共有する。

気持ちや思いを表出し、安心して過ごす
◎「自分で」の気持ちを大切にし、自分でしようとする姿を見守る。
◎安心して手洗いができるように、保育者も一緒に洗い、タオルで丁寧に拭く。
◎食べたいものを自分で食べる楽しさが味わえるように、食べたことを褒める。

116 「子どもの姿ベースのねらい●と内容◆」の「内容」は子どもの姿をもとに5つの領域を意識して作ります。5つの領域のマークを入れました。
【健康】【人間関係】【環境】【言葉】【表現】 ※マークの詳細はP9を参照

| 月のねらい | ❶戸外で保育者や友だちと体を動かして遊ぶことを十分に楽しむ。
❷保育者や友だちと簡単な言葉のやりとりをしながら、一緒に遊ぶ。
❸クリスマスを身近に感じ、保育者と一緒に雰囲気を味わう。 | 健康・安全・食育の配慮 | ・気温の変化や子どもの健康状態を見ながら、衣服の調節や活動する場所を考える。
・換気を心がけ、温度・湿度調整に努める。
・食事前やトイレ後などに一緒に手洗いをし、清潔に過ごせるようにする。 | 行事 | ・避難訓練
・身体測定
・サンタと遊ぼう
・誕生会 |

さくら（1歳11か月）

前月末の子どもの姿	・抱っこを求めてくることもあるが、戸外で積極的に遊ぶ姿が見られる。 ・友だちに親しみをもち、友だちのことを心配することもある。 ・少しずつ言葉で表現することも見られる。
子どもの姿ベースのねらいと内容	○体を十分動かして遊ぶことを楽しむ。 ◆安定した気持ちで過ごしながら、保育者に自分の思いを簡単な言葉で伝えようとする。
環境構成・保育者の配慮	★かけっこや固定遊具、巧技台などで、室内外で体を動かすことを楽しめるようにする。 ◉話している内容をよく聞き、代弁しながら思いを受け止めるようにする。
家庭との連携	・友だちへの興味や遊びの様子などを送迎時や連絡帳で詳しく伝え、子どもの成長や子育ての喜びが感じられるようにする。

家庭との連携

・体調を崩しやすい時期なので、体調の変化に気をつけ、健康状態や生活リズムについてこまめに連絡を取り合う。
・気温差があるので、調節や着脱のしやすい衣服を用意してもらう。
・クリスマスの行事があることを知らせ、家庭でも楽しみを共有できるように働きかける。
・送迎時や連絡ノートで、遊びの様子や友だちとのかかわりについて詳しく伝え、子どもへの理解が深まるようにする。
・言葉でやりとりをする子どもが増えてきたので、家庭でも会話を楽しめるように働きかける。

清潔にする気持ちよさを感じられるように

子どもが自分から手を洗おうとすることを大切にし、保育者がさりげなく手を添えて洗い方や拭き方、蛇口の開閉、石鹸の使い方などを丁寧に知らせていきましょう。手を洗うこと、清潔にすることの気持ちよさを感じられるように言葉をかけます。

たくみ（2歳6か月）

前月末の子どもの姿	・保育者に気持ちを伝えながら安定して過ごしているが、午睡時になかなか眠れない。 ・縄ブランコに興味をもちチャレンジするが、バランスを取れず苦戦している。
子どもの姿ベースのねらいと内容	◆戸外で興味のある遊びに挑戦し、満足感を味わう。 ◆身の回りのことを自分でやってみようとする。
環境構成・保育者の配慮	◉戸外で積極的に体を動かす時は、保育者も一緒に動き、体を動かす楽しさを知らせる。 ◉靴や靴下などの着脱に興味をもっているため、自分のペースでできるようにかかわる。
家庭との連携	・厚着をすると動きにくいことを伝え、衣服を調節したり、薄着の習慣がつくように保護者に理解を求める。

職員の連携

・友だちと一緒に遊ぶ中でぶつかり合う場面が増えるので、一人ひとりの思いに丁寧にかかわることができるように、保育者同士で連携する。

評価（子どもを捉える視点・見通し）

・好きな遊びをじっくり楽しめていたか。
・戸外では、かけっこや固定遊具などで体を動かすことを楽しめていたか。
・跳ぶ、登る、くぐるなど多様な体の動きを経験できていたか。
・簡単な言葉のやりとりを楽しんでいたか。
・見立て遊びや絵本などを通して、保育者や友だちと言葉のやりとりを楽しんでいたか。

「自分で」の気持ちを大切に

自分でしようとする気持ちが育つよう、見守り、励ましたり褒めたりします。例えば、自らトイレで排泄しようとする気持ちやできた時の喜びに共感する、スプーンやフォークで食べようとする意欲を引き出し、自分で食べようとする姿を見守る、などです。

「月のねらい」は子どもの姿をもとに、資質・能力の3つの柱を意識して振り返りができるように作ります。本書では特に意識したいものに下線を入れています。「知識・技能の基礎」........、「思考力・判断力・表現力等の基礎」____、「学びに向かう力・人間性等」____　※下線の詳細はP9を参照

12月の資料

1歳児

見立て遊びや楽器遊びなどをくり返し楽しむ中で、
友だちとのかかわりをより感じられるようにしましょう。

環境構成　見立て遊びを楽しめる環境を整える

イメージを膨らませて、見立て遊びが楽しめるようになってきた子どもたち。
子どもの興味に応じて、素材や道具を工夫し、
見立てたものに共感しながら、遊びをじっくり楽しめるようにしましょう。

イメージが膨らむように

　可動式の手作り仕切りを子どもたちが持ってきて、家に見立てて遊んでいます。お母さん・お父さん役になって、イメージを共有しながら、一緒にご飯を食べたり、仕事に出かけたりして楽しんでいます。

　見立て遊びを楽しんでいる子どもたち。既成の食べ物ではなく、様々な素材を用意することで、イメージを膨らませて、ままごとを楽しめるようにしました。1個のチェーンリングにリングを重ねてつけて塊にして、誤飲を防ぐとともに、トングなどで挟みやすくしました。10個つなげたチェーンリングを麺に見立てたり、ボウル、トング、泡立て器も用意し、洗ったり、炒めたり、調理をするまねをして楽しんでいました。

　保育園ごっこでは、寝る時に保育者がトントンすることをまねて、保育者役の子どもが、子ども役の子どもたちをトントンしながら寝かしつけています。途中から仲間に入る子どももいます。子どもたちは、自分が経験したこと、見たことを再現して楽しんでいます。保育者役だった子どもが途中で子ども役になるなど、役割を交代しながら遊んでいました。

可動式の手作り仕切りの中に入って遊ぶ子どもたち。

トランポリンをベッドに見立てて、保育者のまねをしています。

フェルト、毛糸、チェーンリングなどの素材を準備しました。

環境構成　音の違いやリズムを感じる

本物の楽器を叩いたり、ふれたりする中で、楽器が身近なものになっていきます。
音色を味わったり、音の違いに気づくことにもつながります。
手作り楽器があると、より多くの子どもが楽しめます。

楽器を鳴らすことを楽しめるように

園のエントランスには様々な打楽器が置かれ、子どもたちは自由に楽器にふれ、音を出すことができる環境が設定されています。やりたい子どもがやりたい時に楽しんでいます。

この頃、子どもたちは楽器への興味が強くなり、「保育室でも遊びたい」という声がありました。そこで、牛乳パックなどの廃材を使って楽器を作りました。子どもたちは、食用ラップの芯をバチにして、牛乳パックを叩き、音を出すことを楽しんでいます。そのうち、食用ラップの芯に声を吹き込むと響くことに気がつき、声を吹き込むことをくり返し楽しむようになりました。

園のエントランスには、ハンドベルや太鼓など、様々な楽器が置かれています。

今月の保育教材

絵本
『ノンタン！ サンタクロースだよ』キヨノサチコ／作・絵、偕成社

動物のサンタクロースの絵を指さして、保育者が答えることをくり返し楽しんでいます。「ゾウは？」と保育者が尋ねると、「ここ！」とやりとりを楽しむこともあります。サンタクロースとの出会いを楽しみ、クリスマスを身近に感じることのできる絵本です。

廃材で作った楽器。叩いたり、吹いたりして音を出します。

1歳児 11月の指導計画

前月末の子どもの姿
- 寒さに負けず、外遊びを楽しんでいる。縄ブランコや砂遊びなどにじっくり取り組む姿が見られる。
- 保育室で体を動かし、友だちの動きをまねて遊んでいる。
- 保育者や友だちに簡単な言葉や仕草で思いを伝えようとし、気の合う友だちと一緒に遊ぶことも多い。
- 手洗いや衣服の着脱などに自分から挑戦しようとする姿も見られる。

自分でやってみようとする意欲を引き出す

「自分でやりたい」という意欲が芽生えたタイミングを見逃さないことが大切です。それぞれのやり方やペースを尊重し、「できた」という満足感がもてるように、保育者が見守りながら、必要に応じて、言葉をかけたり、援助をしたりします。

伝承遊びを知る機会をつくる

伝承遊びに興味がもてるように、室内の目につきやすい場所に福笑いなどを置いておき、興味をもった子どもと一緒に遊びましょう。目隠しはせずに、顔のパーツを自由に置き、いろいろな表情になることを楽しみます。

クラス全体の計画

子どもの姿ベースのねらい●と内容◆

- ❶簡単な身の回りのことを自分でやろうとする。
- ◆保育者に見守られながら、衣服の着脱を自分なりにやってみようとする。 健康
- ◆スプーンやフォークを使って、自分で食べることを楽しむ。 健康
- ◆保育者と一緒に石鹸で手洗いをし、気持ちよさを感じる。 健康
- ❷友だちと一緒に体を動かして遊ぶことを楽しむ。
- ◆ジャングルジム、たいこ橋などに友だちと一緒に登り、そこで過ごすことを楽しむ。 健康 人間関係
- ◆走る、ジャンプする、登るなどして、全身を十分に動かす。 健康
- ❸気の合う友だちとかかわることを楽しむ。
- ◆同じものを持ち、気の合う友だちと一緒に遊ぶことを楽しむ。 人間関係 環境
- ◆友だちの存在を意識し、様々なものに見立てて遊ぶことを楽しむ。 人間関係 環境
- ◆友だちに自分の思いや気持ちを仕草や簡単な言葉で伝えようとする。 言葉
- ◆保育者や友だちと一緒に絵本を読んだり、歌や音楽に合わせて好きなように楽器を鳴らすことを楽しむ。 人間関係 表現

環境構成★・保育者の配慮◎

身の回りのことを自分でやってみたいと思えるように
- ◎「自分で」という気持ちに寄り添い、一人ひとりのやり方やペースを尊重しながら、できたという満足感が味わえるようにする。
- ◎食材に親しみがもてるように、食材を触ったり、噛んで味わったりすることを大切にし、食べようとする意欲をもてるようにする。
- ◎手洗いの方法を伝えながら、お湯や石鹸を使って清潔にする気持ちよさなどを知らせる。

戸外で体を動かすことを楽しめるように
- ★段ボール箱を園庭に用意し、中に入ったり、押したりして遊べるようにする。
- ◎一人ひとりの体調や興味に応じて、思い切り体を動かしたい子どもは早めに、室内遊びを好む子どもは遅めに戸外に出るなどの配慮をする。
- ◎ジャングルジムなどに登ることを怖がる子どもは、保育者がしっかり支え、安心して挑戦できるようにする。

くつろいだり、落ち着いて遊んだりできるように
- ★棚を利用して空間を仕切り、落ち着いて絵本を読めるようにする。
- ★福笑いなどの正月遊びのおもちゃを置き、興味のある子どもが楽しめるようにする。
- ★クッションなどを利用して、体を休めることのできる場所をつくる。
- ◎押し入れは、1人でゆっくり遊びたい子どもが好きなおもちゃを持ち込めるようにする。
- ◎ゆったりとした時間を設け、絵本を読んだり、手遊びを楽しんだりできるようにする。

友だちとかかわることを楽しむ
- ★保育者や友だちと、音楽に合わせて楽器を演奏できるように、楽器の数を十分揃える。
- ◎自分の思いが通らない時には、保育者が相手の気持ちを知らせたり、自分の気持ちを相手に伝えられるように仲立ちをする。
- ◎ものの名前や簡単な挨拶の言葉を知らせ、言葉をつかったやりとりを楽しめるようにする。

見立て遊びが楽しめるように
- ★ままごとで遊ぶ子どもが増えてきたら、システムキッチンの場所を移動させ、空間を十分に確保する。
- ★料理をするイメージが膨らむように、ボウルや泡立て器を用意し、保育者も一緒に楽しむ。

「子どもの姿ベースのねらい●と内容◆」の「内容」は子どもの姿をもとに5つの領域を意識して作ります。5つの領域のマークを入れました。 健康 人間関係 環境 言葉 表現 ※マークの詳細はP9を参照

月のねらい	❶ 簡単な身の回りのことを自分でやろうとする。 ❷ 友だちと一緒に体を動かして遊ぶことを楽しむ。 ❸ 気の合う友だちとかかわることを楽しむ。	健康・安全・食育の配慮	・保育室内の換気や消毒に十分努め、感染症が広がらないように配慮する。 ・一人ひとりの体調や生活リズムに配慮し、年末年始の休み明けで不安定にならないようにする。 ・衣服の調整や、手洗いを一人ひとり丁寧に行う。	行事	・新年子ども会 ・身体測定 ・避難訓練 ・誕生会

さくら（2歳）

前月末の子どもの姿	・抱っこをするとなかなか離れようとせず、保育者と一緒にいたがる。好きな遊びがなかなか見つからない時もある。 ・「さくらちゃんの」「パパ」など言葉が出てきていて、保育者の言葉も理解している。
子どもの姿・ねらいと内容	○ 安定した気持ちで機嫌よく過ごし、好きな遊びを見つけて楽しむ。 ◆ 保育者と簡単な言葉でのやりとりを楽しむ。
保育者の配慮・環境構成	★ 言葉のくり返しのある絵本や言葉遊びなどを通して、簡単な言葉のやりとりが楽しめるようにする。 ◎ 保育者も一緒に体を動かすことで、戸外遊びに興味がもてるようにする。
家庭との連携	・家庭と園での様子を伝え合い、生活リズムを整えられるようにする。 ・外遊び中、ポケットに手を入れているので、ポケットのない上着を用意してもらう。

家庭との連携

・年末年始の休み明けで、生活リズムが乱れがちの子どもがいるため、家庭との連携を密にし、生活リズムを整えていくようにする。
・感染症が流行する時期のため、注意喚起し、早めの通院などの対応をお願いする。
・厚着になり過ぎないように、調整ができる衣服や着替えを準備してもらう。
・保育者や友だちとかかわろうとする姿や、自分の思いや気持ちを伝えようとする姿を家庭に伝え、子どもの成長を感じてもらえるようにする。
・掲示などを活用して正月遊びを紹介し、家庭でも遊ぶきっかけをつくる。

楽器に親しめる環境を準備する

保育室やエントランスなどに楽器を置いて、楽器に触ったり、鳴らしたりできるようにします。さらに、空き箱などの廃材で楽器を作ると、歌や音楽に合わせて、好きなように叩いたり、鳴らしたりして遊び始めます。

 たくみ（2歳7か月）

前月末の子どもの姿	・保育者と言葉のやりとりを楽しみ、体験したことを順序立てて話している。 ・一度できると、次も自分からやろうとする。 ・食事では、一口量を意識しながら、ゆっくり食べようとしている。
子どもの姿・ねらいと内容	○ 戸外で体を動かして遊ぶことを楽しむ。 ◆ 衣服の着脱や食具を使って食事をするなど、自分でやってみようとする。
保育者の配慮・環境構成	◎ 気候のよい日は、体調に配慮しながら、保育者と戸外遊びを楽しめるようにする。 ◎ 身の回りのことを自分でやろうとする意欲を引き出し、必要に応じて援助する。
家庭との連携	・午前中から十分に遊べるように、登園時間を守るよう家庭にも協力してもらう。 ・話をたくさんする姿を一緒に喜び、子どもの話を聞く大切さを共有する。

職員の連携

・感染症の予防や対応について看護師を含めて全職員で話し合い、共通理解を図る。
・一人ひとりの体調や生活リズムについて、保育者間で伝え合い、把握する。

評価（子どもを捉える視点・見通し）

・全身を使って動くことを十分に楽しめていたか。
・身の回りのことを自分なりにやってみようとしていたか。
・イメージを膨らませ、見立て遊びを楽しめていたか。
・保育者や友だちに自分の思いや気持ちを仕草や簡単な言葉で伝えようとしていたか。

見立て遊びを十分に楽しめるように

ままごと用の食材やおもちゃが限られていて遊びが広がらない時は、チェーンリング、フェルト、毛糸などや、おたま、トングなど実際のキッチン用具を用意してみましょう。イメージが膨らみ、遊びが継続していきます。

「月のねらい」は子どもの姿をもとに、資質・能力の3つの柱を意識して振り返りができるように作ります。本書では特に意識したいものに下線を入れています。「知識・技能の基礎」………、「思考力・判断力・表現力等の基礎」＿＿＿＿、「学びに向かう力・人間性等」＿＿＿＿　※下線の詳細はP9を参照

1月の資料

正月明け、一人ひとりの体調や生活リズムに配慮しながら、園での生活や遊びがより楽しめるようにしましょう。

戸外遊び　友だちと一緒に遊ぶことを楽しむ

クラスの友だちや幼児クラスのお兄さん・お姉さんが楽しんでいることに興味をもったり、「こうしてみたい」と試行錯誤しながら楽しむことができるように環境を工夫しましょう。

友だちと一緒に登ってみる

秋頃からジャングルジムに挑戦する子どもが出てきました。最初は、怖がる子どももいます。保育者は、子どもをジャングルジムと自分の体の間に置き、絶対に落ちない状況をつくることで、子どもは安心して登るようになってきました。この頃は、登れるようになったことの喜びや満足感、友だちの存在を感じながら、自分で登る子どもが増えてきました。

幼児クラスのお兄さん・お姉さんが遊んでいたマットでは、お兄さんたちが離れると、置いていったマットをそのまま使って、友だちと一緒に過ごす姿もありました。

保育者に援助されながら、チャレンジ。友だちをまねて、上を目指します。

友だちと同じものを使って遊ぶ

幼児クラスのお兄さんたちが遊んでいた雨樋に興味をもち、同じように遊び始めました。スコップで水を汲んできて、水を流すことをくり返し楽しんでいます。「こうしてみたい」という思いが出てきて、何度も挑戦しています。容器に砂を入れ、ひっくりかえして、形にすることも楽しんでいます。

まだ自分の遊びの世界を楽しんでいる子どもたち。でも、友だちと椅子に並んで座り、一緒にいることの心地よさを感じながら、友だちがやっていることに興味をもち、同じようなものを使って同じように遊んでいます。

5歳児や友だちのまねをする中で、砂場遊びが少しずつ変わってきました。

環境構成 「自分で」という気持ちに応える

身の回りのことを自分でやってみたいと思えたり、自分でする喜びを感じられるように、子どもの意欲を見逃さずに受け止め、一人ひとりのペースで進められるようにしましょう。

自分でできる環境をつくる

子どもたちは園庭に出て遊びたくなると、「靴下ちょうだい」「ジャンパーちょうだい」と言うようになりました。そこで、子どものジャンパー・靴下・帽子をセットにして置いておくようにしました。すると、子どもたちは遊びに出かけたい時、自分から率先して準備をするように。保育者は見守りながら、できないところや裏表が逆になっているところなどを、「さりげなく」プライドを傷つけないように援助します。

園庭遊びの前に、自分で靴下を履きます。

伝承遊び 正月の行事を知る機会をつくる

生活や遊びの中で、子どもたちが日本の伝統的な行事や伝承遊びに親しみがもてるように、見たり、ふれたりできる工夫をしましょう。

「しし舞」に親しむ

幼児クラスは正月行事の集会がありましたが、1歳児クラスは集会には参加せず、各クラスで正月行事にふれる機会をつくりました。子どもたちが怖がらないことを大事にし、保育者が「しし舞」を持ち、子どもたちは、見たり、ふれたりしながら、自分なりの親しみ方をしていました。

今月の保育教材

絵本
『もこもこもこ』たにかわしゅんたろう／作、もとながさだまさ／絵、文研出版
擬音の響きやリズムのおもしろさを味わえる絵本。最初は、じっと聞いて楽しんでいましたが、そのうち覚えた言葉を一緒に言うようになります。保育者と1対1での言葉のやりとりを楽しめるようにしています。

しし舞を保育者が持つと、子どもたちが集まってきます。

1歳児 2月の指導計画

前月末の子どもの姿

- 好きな場所、好きな遊びを自分で選び、じっくり遊び込む姿や、気の合う友だち2〜3人と遊ぶ姿が見られる。
- 友だちと同じことをして楽しむ場面が多く、同じものを欲しがり、ものの取り合いになることもある。
- 園庭に出る時の身支度やトイレでの着脱、食後の口拭き、手洗いなどを自分でしようとする子どもが増えてきている。

自分で身支度ができるように

自分でやりたい気持ちを支えられるように、例えば着替えの服を床に並べておきます。着替えのスペースを広く確保して、服の前後や裏表を整えて置き、自分のペースで着替えられるようにしましょう。

寒い時季こそ体を動かせる環境を

散歩の回数を増やしたり、様々な動きを引き出せる環境を準備したりして、体を動かすことを十分に楽しめるようにします。巧技台などを保育室に設置し、室内でも安全に楽しめる工夫をすることが大切です。

クラス全体の計画

子どもの姿ベースのねらい●と内容◆

❶ 身の回りのことを自分なりに試しながらやってみようとする。
◆ スプーンやフォークを使い、自分で食べようとする。 健康
◆ 試行錯誤しながら、自分で衣服の着脱をしようとする。 健康
◆ 鼻水が出たことに気づいて知らせたり、自分で拭こうとしたりする。 健康
◆ 尿意や便意を感じて知らせ、トイレに行って座ってみる。 健康
❷ 保育者や友だちと一緒に、簡単な言葉のやりとりをしながら好きな遊びを楽しむ。
◆ 氷や霜柱など冬の自然にふれて遊ぶ。 環境
◆ 跳ぶ、くぐる、またぐなど全身を動かして遊ぶことを楽しむ。 健康
◆ 友だちがしていることに興味をもち、同じものを持ったり、同じことをする喜びを感じる。 人間関係 表現
◆ 様々な素材や道具を使って、友だちと一緒にままごとを楽しむ。 人間関係 環境 表現
◆ 保育者や友だちと簡単な言葉のやりとりを楽しむ。 言葉
◆ 気に入った絵本を保育者や友だちと一緒に見る。 言葉
◆ 手作りの鍵やヒモ通しなどで、手や指を使って遊ぶことを楽しむ。 環境

環境構成★・保育者の配慮◎

身の回りのことを自分なりにやろうとする

★ 外に出る準備をしやすいように、出口付近に広いスペースをつくり、衣服を広げて着替えられるようにする。
★ 食事では、苦手な食材を小さく刻んだり、麺類を7cmくらいの長さにしたりして食べやすくする。
★ ティッシュやごみ箱を子どもの手が届くところに設置する。
◎ 自分でやりたいという気持ちを汲み、見守ったりさりげなく援助したりして、できたという満足感を味わえるようにする。また、やってもらいたい気持ちも受け止める。
◎ おむつが濡れていない時や便意を感じている時にトイレに誘ってみる。

冬の自然を味わえるように

★ 廃材パックやヨーグルト容器などに水を入れて、園庭などに置いておき、変化が見られるようにする。
★ 散歩の回数を増やし、歩いたり、坂道を上り下りしたりしながら、冬の自然を探索する。
◎ 園庭遊びや散歩を通して、氷や霜柱を見つけたり、雪にふれたりしながら冷たさやおもしろさを一緒に楽しむ。雪や氷にふれた後はお湯を用意して、冷えた手を温める。

好きな遊びを保育者や友だちと一緒に楽しむ

★ 保育室内にトランポリンと巧技台、鉄棒を設置し、体を動かすことを十分楽しめるようにする。
★ 友だちと同じ遊びができるように、同じものを複数用意する。
★ ままごとを友だちと十分楽しめるように、イメージが膨らむ素材を用意し、テーブルを2台出すなどスペースを広げる。
★ 手先を使って遊べる手作りおもちゃを設置する。
★ 大きな段ボールなどを利用し、中に入って遊んだり、居場所として使えるようにする。
◎ ものの取り合いなどの場面では、互いの気持ちが伝わるように仲立ちする。
◎ 子どもの話を聞く時は、時々反復して、伝わっていることを知らせ、共感する気持ちが伝わるようにする。
◎ 同じ絵本でも一人ひとり楽しみ方が違うので、1対1でゆったりかかわれるようにする。

124 「子どもの姿ベースのねらい●と内容◆」の「内容」は子どもの姿をもとに5つの領域を意識して作ります。5つの領域のマークを入れました。
健康 人間関係 環境 言葉 表現 ※マークの詳細はP9を参照

月のねらい	❶身の回りのことを自分なりに試しながらやってみようとする。 ❷保育者や友だちと一緒に、簡単な言葉のやりとりをしながら好きな遊びを楽しむ。	健康・安全・食育の配慮	・室内の気温・湿度、換気に十分に気をつけ、快適に過ごせるように配慮する。 ・施設内の消毒をこまめに行い、感染症の予防に努める。 ・手洗いを徹底し、水分補給を十分に行う。	行事	・節分 ・保護者会 ・身体測定 ・誕生会

さくら（2歳1か月）

前月末の子どもの姿	・保育者といたいという思いが強く、抱っこを求めてくることもあるが、活動範囲が広がり、よく動いて遊ぶ姿も見られる。 ・語彙は限られているが、言葉のやりとりを楽しんでいる。
子どもの姿とベースのねらいと内容◆○	○好きな遊びを見つけ、保育者や友だちと一緒にじっくり楽しむ。 ◆保育者と簡単な言葉でのやりとりを楽しむ。
保育者の配慮環境構成★◎	◎甘えたい気持ちを丁寧に受け止め、安心して過ごせるようにする。 ◎体を動かすことを十分楽しめるように、保育者も一緒に動く。
家庭との連携	・園と家庭での様子を共有し、安心して過ごせるようにする。 ・家庭でも子どもの思いに寄り添い、子どもの話に耳を傾けてもらえるようにする。

たくみ（2歳8か月）

前月末の子どもの姿	・体験したことを再現して、保育者に伝えようとする。 ・保育者や友だちと一緒に絵本を見たり、見立て遊びを楽しんだりしている。 ・自分で鼻をかもうとする。
子どもの姿とベースのねらいと内容◆○	○保育者や友だちと一緒に、全身を使って遊ぶことを楽しむ。 ◆自分で身の回りのことができた喜びを感じる。
保育者の配慮環境構成★◎	★楽しみながら体を十分に動かせる環境を室内につくる。 ◎チャレンジしようとする気持ちを大切にし、できた喜びを感じられるように言葉をかける。
家庭との連携	・体を十分に動かして遊べるように、体温調節のできる衣類を準備してもらう。 ・甘えたい気持ちがあることを伝え、思いに寄り添う大切さも共有する。

家庭との連携

・インフルエンザなどの感染症が流行する時季なので、保護者と連携を取り、一人ひとりの体調を把握できるようにする。
・保護者会で日々の子どもの写真を見てもらい、1年間の成長を喜び合えるようにする。懇談は、保護者が子育ての悩みを話し合い、共有できる場となるようにする。
・保育者や友だちとのやりとりの様子を丁寧に伝え、保護者も子どもの成長を感じられるようにする。
・着替えなどを自分でやろうとしていることを伝えるとともに、甘えたい気持ちも受け止め、思いに寄り添う大切さを共有できるようにする。

職員の連携

・友だちと遊ぶ様子などを共有し、それぞれの子どもへのかかわり方への共通認識をもつ。
・子どもの体調を看護師も含めて共有し、体調の変化に迅速に対応できるようにする。

評価（子どもを捉える視点・見通し）

・身の回りのことを自分になりにやってみようとしていたか。
・冬の自然にふれ、戸外遊びを十分に楽しめていたか。
・ごっこ遊びなどを通して、友だちや保育者と簡単な言葉のやりとりを楽しめていたか。

保護者会は子どもの成長を喜び合う機会に

保護者会では、今の子どもたちの姿とともに、これまでの子どもの育ちを振り返り、保護者と成長を喜び合いましょう。さらに、進級を控えて子どもが不安にならないように、甘えたい気持ちを受け止めることの大切さも伝えていきましょう。

友だちと好きな遊びをくり返し楽しめるように

ままごとなどのごっこ遊びの中で、友だちとの簡単な言葉のやりとりを楽しむ姿も見られます。くり返し遊べるように、必要に応じて言葉をかけ、仲立ちをしながら、友だちとのかかわりがより楽しめるようにしましょう。

「月のねらい」は子どもの姿をもとに、資質・能力の3つの柱を意識して振り返りができるように作ります。本書では特に意識したいものに下線を入れています。「知識・技能の基礎」............「思考力・判断力・表現力等の基礎」_____「学びに向かう力・人間性等」_____ ※下線の詳細はP9を参照

1歳児

2月の資料

全身を動かしたり、手先を使って遊んだりできる様々な環境を整え、好きな遊びを見つけ、じっくり楽しめるようにしましょう。

環境構成　好きな遊びをじっくり楽しめる環境

保育室や園庭など、各所の遊び環境を充実させ、保育者同士が連携しながら、好きな場所で、好きな遊びをじっくり楽しめるようにしましょう。

様々な動きを楽しむ

保育室の中でも思い切り体を動かしたくて、走り回る子どもたちの姿がありました。そこで、トランポリンを保育室に常設しました。子どもたちは、少しずつ「待っていれば交代してもらえる」こともわかり、順番を待てるようになりました。トランポリンで「両足を揃えて跳ぶ」動きを経験したことで、巧技台から飛び降りる時にも、両足を揃えて跳ぶ姿が見られるようになりました。

常設の巧技台では、登る、降りる、跳ぶことをくり返し楽しんできました。長く遊んできた巧技台に愛着を感じているようで、さらにいろいろな動きを試す姿も見られます。

くぐるという動きができるように、園庭にタイヤを組み合わせたものを設置しました。子どもたちは、くぐる、またぐ、登るという動きを楽しみながら遊んでいました。

トランポリンを保育室の隅に設置することで、保育者が1人いれば安全に遊べます。

巧技台では、自分が滑るだけではなく、乗り物に乗って滑る子どもも。

今月の保育教材

絵本
『きんぎょがにげた』五味太郎／作、福音館書店
子どもたちは、逃げた金魚を一生懸命探して楽しみます。どこにいるかわかるようになっても、「どこかな？」「ここ！」というやりとりを楽しんでいます。そのうち、絵本に描かれた様々なものにも気づき始めます。

園庭のタイヤ。順番にくぐり抜けます。

手先を使って
くり返し楽しむ

　手先を使って遊べるように、鍵おもちゃを作成しました。数が限られているので、最初は、子どもが少なくなる夕方の時間帯に出しましたが、その子どもたちが親しめた頃、ほかの子どもたちも遊べるようにしました。最初は固定しないで置いておきましたが、しばらくしてから、固定しました。固定したことで、遊びが分散し、落ち着いてじっくり遊べるようになりました。

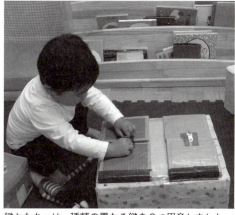

鍵おもちゃは、種類の異なる鍵を3つ用意しました。

ブロックを高く積み上げたり、見立てたりして遊んでいます。保育者が積み上げたブロックを倒すことを楽しむ子どももいます。

食育　食材を知るきっかけをつくる

子どもたちが給食の調理にかかわることで、食材により興味をもち、食材を知ることにつながります。給食が楽しみになり、食べることへの意欲にもつながります。

給食の調理にかかわる

　「調理にかかわる」ことを目的に、タマネギの皮むきに挑戦してみました。最初は、4等分したタマネギを見たり、匂いをかいだりしてみました。保育者がタマネギの皮をむいて見せると、「やりたい」と子どもたちから声があがり、やってみることになりました。
　その後園庭で遊んでいる時に、給食室からいい匂いがしてきたので、「今日はなんだろうね」と話しかけると、「タマネギだよ。さっき皮をむいたもん」という言葉が子どもから返ってきました。給食のスープにはタマネギが入っていて、「みんなで皮をむいたタマネギだよ」と伝えながら、食べました。

タマネギを見たり、匂いをかいだり。手を出せなかった子どももいるので、もう一度機会をもちました。栄養士も参加し、みんなで皮をむいてみました。

127

1歳児 3月の指導計画

前月末の子どもの姿
- 園庭遊びや散歩を通して、歩く、走るなど体を動かすことを楽しむ子どもが多い。
- 簡単な言葉でやりとりをしながら、友だちと遊ぶことが増えてきた。
- 靴下、靴、ズボンをはくなど、自分でやろうとする意欲が見られる。
- 思いが通らない時や甘えたい時には、保育者にスキンシップを求めてくる姿もある。

安心して進級できるように

進級が近づいてくると、保育者や保護者は子どもの成長した姿を期待しがちです。このような大人の期待は、子どもに不安や戸惑いを感じさせることにつながります。これまで以上に、思いや甘えたい気持ちを丁寧に受け止めながら、子どもが安心して進級できるようにすることが大切です。

言葉の発達に応じた絵本の読み聞かせを

保育者や友だちと簡単な言葉でやりとりするようになると、絵本の見方も変わってきます。絵本に出てくる言葉を声に出して言ったり、保育者が読んでいる言葉をまねしたり。これまで親しんできた絵本を再登場させると、楽しみ方が広がります。

クラス全体の計画

子どもの姿ベースのねらい●と内容◆

❶自分なりに試したり、イメージを膨らませたりしながら、好きな遊びをくり返し楽しむ。
◆園庭や散歩に出て、走る、跳ぶなど全身を動かして遊ぶことを楽しむ。 健康
◆保育室内の巧技台や仕切り壁などを、イメージや遊びの内容に合わせて使おうとする。 環境
◆気の合う友だちと一緒に、イメージを膨らませながら、見立て遊びを楽しむ。 人間関係 環境
◆様々な素材や道具を遊びに取り入れ、使い方を試しながら遊ぶことを楽しむ。 環境
◆保育者や友だちと一緒に絵本や紙芝居、簡単な歌やリズム遊びを楽しむ。 言葉 表現

❷保育者や友だちとかかわる中で、自分の思いや気持ちを簡単な言葉にして伝えようとする。
◆園庭や散歩で花や虫に興味をもち、見つけた喜びなどを保育者や友だちと共有する。 人間関係 環境
◆同じものを使いたい、一緒に遊びたいという気持ちを友だちに簡単な言葉で伝えようとする。 言葉
◆保育者に自分の思いや経験したことを伝えようとする。 言葉
◆身の回りのことを自分でできた喜びや満足感を言葉で表現しようとする。 言葉

環境構成★・保育者の配慮◎

好きな遊びをくり返し楽しめるように
★春の陽気を感じながら、花や虫を見つけ、匂いをかいだり、触ることを楽しめるようにする。
★好きな遊びを十分に楽しめるように、子どもの動線を考慮しながら、仕切りなどを使って遊びの場所を整える。
★気の合う友だちと見立て遊びをじっくり楽しめるように、キッチンや机の置き場所を工夫し、素材や道具の数や種類を調整する。
★色に興味がもてるように、ままごとで使う毛糸やチェーンリングを色分けして置いておく。
★多様な形の積み木を用意し、保育者も一緒に遊びながら、子どもの気づきを引き出す。
◎散歩などを通して、走る、跳ぶなどの動きを広い場所で十分に楽しめるようにする。
◎一人ひとりの遊び方や試し方を認め、発見したことに共感しながら、満足感が味わえるようにする。
◎2歳児が外出している時に2歳児の保育室で遊ぶ機会をつくり、進級後の環境に少しずつ慣れるようにする。

保育者や友だちに自分の思いや気持ちを伝えられるように
★子どもの話そうとする気持ちを大切にし、一人ひとりの話をじっくり聞ける落ち着いた雰囲気をつくる。
◎友だちとのやりとりがスムーズにいかない時は、双方の思いを代弁しながら、やりとりの仕方を知らせる。
◎絵本に出てくる言葉をまねしたり使ってみたりしながら、言葉のやりとりを楽しむ。

身の回りのことができた喜びを感じられるように
◎身の回りのことにじっくり取り組めるように、時間や空間を十分保障する。
◎やってみようとする意欲を受け止め、必要に応じてさりげなく援助しながら、自分でできた喜びを共有する。
◎おむつが濡れていない時はトイレに誘い、自信へとつなげられるようにする。
◎保育者と会話を楽しみながらも、食べることにも気持ちが向くように丁寧に言葉をかける。
◎食具の使い方を知らせ、食べやすいことをくり返し伝える。

128 「子どもの姿ベースのねらい●と内容◆」の「内容」は子どもの姿をもとに5つの領域を意識して作ります。5つの領域のマークを入れました。
健康 人間関係 環境 言葉 表現 ※マークの詳細はP9を参照

月のねらい

1. 自分なりに試したり、イメージを膨らませたりしながら、好きな遊びをくり返し楽しむ。
2. 保育者や友だちとかかわる中で、自分の思いや気持ちを簡単な言葉にして伝えようとする。

健康・安全・食育の配慮

- 気温差に配慮し、衣服の調整や着替えをこまめに行う。
- 行動範囲が広がり、動きも俊敏になってきているので、保育者が連携して安全管理をしっかり行う。

行事

- ひなまつり
- 身体測定
- 進級式
- 避難訓練
- 誕生会

さくら（2歳2か月）

前月末の子どもの姿
- 好きな遊びが見つかると、安心してじっくり遊ぶ。
- 身の回りのことを自分でしようとするが、思うようにできないと、泣いたり、怒りだしたりすることがある。

子どもの姿とねらい・内容
- ○園庭や保育室で、好きな遊びを楽しみながら安心して過ごす。
- ◆自分の思いや気持ちを簡単な言葉で伝えようとする。

環境構成★保育者の配慮◉
- ◉甘えを受け入れ、気持ちを満たしながら、安心して遊べるようにする。
- ◉思いや気持ちに共感、代弁し、安心して保育者に思いを伝えられるようにする。

家庭との連携
- 自分でやりたい気持ちや甘えたい気持ちへの園での援助の仕方を伝えて、同じようにかかわれるように協力してもらう。

たくみ（2歳9か月）

前月末の子どもの姿
- 園庭や保育室で好きな遊びを見つけ、じっくり楽しんでいる。
- 保育者に絵本を読んでもらいたがる。
- 自分の思い通りにいかない時は、友だちに強い口調で言う姿が見られる。

子どもの姿とねらい・内容
- ○戸外や室内の好きな場所で好きな遊びをじっくり楽しむ。
- ◆友だちや保育者に自分の思いや気持ちを簡単な言葉で伝えようとする。

環境構成★保育者の配慮◉
- ◉走る、跳ぶ、ぶらさがるなど、楽しみながら遊べるよう、保育者も一緒に体を動かす。
- ◉相手の気持ちを考え、自分の気持ちの伝え方を知らせていく。

家庭との連携
- 身の回りのことを自分でやろうとする気持ちを大切にしながら、できた時には一緒に喜び、「やってみたい」という気持ちがもてるように協力してもらう。

家庭との連携

- インフルエンザなどがまだ流行することも考えられるので、生活リズムを整え、体調管理に気をつけてもらえるよう伝える。
- 着脱のしやすい衣服や調整しやすい衣服を用意してもらう。
- 「できるでしょ」「お兄さんになるんだから」など進級を意識した言葉をかけるのではなく、甘えたい気持ちも十分受容してもらえるように伝える。
- 子どもの話を丁寧に聞くことの大切さを知らせていく。
- 保護者の進級に向けての心配事や不安に丁寧に答え、進級をスムーズに行えるようにしていく。

職員の連携

- 2歳児の保育室で遊ばせてもらえるよう、2歳児クラスの保育者と話し合う。
- 保育者間で一人ひとりの子どもの育ちを確認し合い、次年度に丁寧に引き継げるようにする。

評価（子どもを捉える視点・見通し）

- 好きな遊びを保育者や友だちと一緒にじっくり楽しめていたか。
- 走る、跳ぶなど全身を使って遊べていたか。
- おもちゃ、道具や素材を自分なりに試しながら、遊べていたか。
- 保育者や友だちに、自分の思いや気持ちを簡単な言葉などで表現しようとしていたか。
- 身の回りのことを自分でしようとし、喜びを味わえていたか。

「自分で」という気持ちを大切にする

進級を控え、自分でやりたい気持ちが高まる時期です。活動から活動への移行は少人数で行い、時間がかかっても対応できるようにします。同時に、子どもが自分でやることを当たり前と思わず、自分でやろうする姿に、「ありがとう」「できたね」などの言葉を丁寧にかけたいものです。

食具を使って食べる楽しさを味わえるように

自分で食べることを楽しみながら、落ち着いた雰囲気の中で食事ができるようにしましょう。一人ひとりの食具の使い方を見取り、必要に応じて持ち方を援助します。スプーンとフォークの使い分けができるように食べ方を伝えていきましょう。

「月のねらい」は子どもの姿をもとに、資質・能力の3つの柱を意識して振り返りができるように作ります。本書では特に意識したいものに下線を入れています。
「知識・技能の基礎」..........、「思考力・判断力・表現力等の基礎」_ _ _ _、「学びに向かう力・人間性等」_____　※下線の詳細はP9を参照

3月の資料

1歳児

進級を控え、不安な気持ちをもつ子どももいます。
暖かい日も増え、解放感を感じながら、安心して遊び込めるようにしましょう。

戸外遊び：興味や好奇心を満たす環境

興味をもつ分野が広がったり、1つのものを使ってじっくり試したりする姿が見られます。子どもが好奇心を満たし、満足感を十分味わえるように、遊びの場所やおもちゃなどを工夫しましょう。

身近なものを使って

なわ跳びを出してきて、ビールケースの穴に通してみたり、引っ張り出してみたり、配管に巻きつけたり、結んだり。雨樋に水を流したり、おもちゃを滑らせたり。

1つのおもちゃや道具を使って、じっくり時間をかけて遊んでいます。友だちの使い方を見て、自分もやってみようとする姿があり、互いに影響を受けながら楽しんでいます。

なわ跳びや雨樋を使って、様々な遊び方を試しています。

園外での活動を通して

園外の活動では、近くの公園に行きます。体幹がしっかりしてきて、走る姿も安定してきました。

暖かくなってきて、公園では春の草花や虫に出会う機会もあります。触ってみたり、摘んでみたり、じっくり見てみたり、匂いをかいでみたりと、様々な親しみ方をしています。

園外の活動では、園庭にはない遊具を楽しむこともできます。ベンチを乗り物に見立てて、友だちと一緒に乗り、先頭の子どもは運転手の役割のようで、前を向いて膝立ちの姿勢です。足の裏のツボを刺激できる遊具は、靴を脱いで使うことになっている約束を伝えると、自分で靴下や靴を脱いで、歩き方や立ち方を試していました。

近くの公園に向かう坂道を駆け上がっています。保育者に見守られながら、一人ひとりのペースで登っていました。公園では、園庭にはない遊具、自然とふれ合えます。

環境構成 安心して進級するための工夫

子どもたちは、進級に対して、楽しみに思いつつも、不安や戸惑いも抱いています。
新しい環境に少しずつ親しみ、進級への期待をもてるように十分な配慮をするようにしましょう。

新しい環境に親しめるように

2歳児クラスの保育室との間の扉を開けておいて、自由に出入りできるようにしました。子どもたちは、好きなおもちゃを借りて、自分たちの保育室に戻って、借りてきたおもちゃで遊びます。安心して遊べる環境で、新しいおもちゃを楽しむことができます。子どもたちは、借りてきたおもちゃは、お兄さん・お姉さんのものだとわかっていて、遊んだ後は自分から返しに行っていました。

洗濯ばさみが入っているかごを借りてきて、自分たちの保育室で遊びました。

2歳児が留守の時に、保育室を見に行きました。興味をもったおもちゃで遊ぶ子どももいます。

甘えたい気持ちを十分に受け止める

進級を控えた時期だからこそ、一人ひとりの思いや、甘えたい気持ちを十分に受け止めるようにしています。絵本の読み聞かせは、1対1を基本としていますが、興味のある子どもが集まってくることもあります。一人ひとりの子どもの甘えたい気持ちに応えられるようにかかわっています。

今月の保育教材

絵本
『うずらちゃんのかくれんぼ』きもとももこ／作、福音館書店
園庭で、子どもたちが隠れていて、保育者が「どこかな。どこかな」と探して遊ぶことがあったので、この絵本を読みました。絵本を読んだ後は、園庭で隠れた子どもたち自身から「もう、いいかい」「まあだだよ」「もういいよ」という絵本の中の言葉が出てきていました。

両膝に子どもを乗せて、背中にくっついてきた子どもにも手を添えて——。一人ひとりの甘えたい気持ちを受け止めます。

1歳児の遊びの環境
大切にしたいポイント

1歳児

「子どもの姿ベース」の指導計画と保育を進めていくために、大切にしたい環境のポイントを解説します。
世田谷仁慈保幼園の園長・佐伯絵美先生にお話をうかがいました。
1歳児クラスの保育室の環境から、いろいろな工夫の一例を紹介します。

手を使って遊ぶ環境

1歳児になると、細かい動きもできるようになります。容器の細い口からものを入れたり、洗濯ばさみ型のおもちゃをつなげてみたり、積み木をいくつも重ねることもできるようになる時期です。おもちゃだけでなく、日常生活でよく使うものを組み合わせて、より手を使う遊びが誘発されるように環境を構成していきます。

チェーンリングを食材に見立てて、器用に炒めます。

チェーンリングの側にペットボトルを置いておくと、リングをペットボトルに入れるという遊びが生まれます。

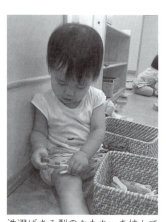
洗濯ばさみ型のおもちゃを挟んでつなげます。

積み木の下の紙には、積み木と同じ大きさの黒い四角が並んでいます。パズルのように、黒い部分にぴたっと積み木が合わせられます。その上にさらに立体を作っていく子どもも。

木の積み木のヒモ通し。

手を使って積み上げたり、出し入れしたり、何かに見立て遊びができるような道具や素材を用意しておくことで、遊びが豊かに生まれます。

指先が使えるおもちゃ
- チェーンリング…食材に見立てる、つまんで容器に入れる
- 積み木…シンプルな積み木を積み上げる
- ヒモ通し・ボタンかけ・スナップかけ
- ティッシュケースから布を引き出すおもちゃ

いろいろな感触を楽しむ環境

様々な感触に出会いたい時期です。例えば、水にふれること1つとっても、様々な感触を体験することができます。時には全身を使って楽しめるような、ダイナミックな遊び方もしてみるといいですね。

粘土を踏んで、足の裏で感触を楽しみます。粘土遊びでは、粘土に「コーヒー」「バニラエッセンス」「カレー」などを練り込んで、匂いにもふれられる機会にしています。

色をつけた寒天。ひんやり、プルプルした感触を味わいます。

この時期は五感を使い、様々な感触を楽しむことが大切です。感触の違う自然物や素材などを季節などに応じて提供してみましょう。

水の遊びがプールだけではもったいない。蛇口から出る水の量を調節することで、チョロチョロ、バシャバシャ、触った時の感触が違います。ただ水道の蛇口をひねるだけで、出し方によって様々な感覚を味わえる体験になるのです。浅いトレーに水を張って、手のひらでピチャピチャ触れば、また違った水との出会いになります。

子どもたちが散歩で拾った葉っぱやドングリ、石などは、製作物を作るのに使うだけではなく、触り心地の違いを感じたり、割ってみて中から出てくるものを触ってみたりもします。出会った対象を探究できるように、じっくりとかかわりをもてるように配慮します。

親子イベントで一緒に楽しむ

親子イベントでも感触遊びは好評です。ビニールプールに、大量の寒天や、片栗粉を水と混ぜたものを入れ、指先だけでなく、全身で感触を楽しみました。子どもよりも保護者のほうがはまってしまうほど盛り上がりを見せました。

絵本が読める環境

子どもたちの興味・関心を見取り、それぞれに合った絵本を準備しましょう。
絵本のスペースにもマットやクッションを置き、リラックスして好きな絵本が楽しめる場となるようにします。

1歳児の絵本は、おもちゃ棚に平置きにして、側に表紙の写真を貼っています。自分の好きな絵本が選びやすく、元に戻す時も戻しやすいように工夫されています。床にカーペットやクッションを敷いて、寝転んだり、くつろいだりしながら、絵本が読めるコーナーです。窓に貼られた写真と子どもたちの興味、本棚の絵本はリンクするように設定しています。

保育者の膝の上で読んでもらう子どももいますし、1人でお気に入りの絵本をめくる子どももいます。一斉に絵本を読み聞かせる時間はありませんが、絵本もたくさんの遊びの中の1つと捉え、子どもたちが自由に選べるものとしています。

絵本を読んでもらうことが楽しくなってくる時期です。膝に乗ってゆっくり絵本を楽しめる環境を用意しましょう。

自由に動き回れる環境

足取りもしっかりとしてきて、動きが活発になってくる1歳児。室内も子どもの動きたい気持ちに応える環境にしていきましょう。安全なスペースで十分に体を動かすことで、子ども同士のトラブルも少なくなります。
毎年同じ環境構成をするのではなく、その年度の子どもの様子を見ながら、その子たちに合った環境を考えていきます。

運動用のマットは、リラックスする場としても使えます。

廊下や階段も体を動かすことができる場所として活用します。天気が悪く外で遊ぶことができない時に、開放しています。保育者も一緒になって運動します。

3段の跳び箱から、保育者に補助してもらい、ジャンプ！ できたうれしさに共感します。

牛乳パックで作った低い平均台。ちょっとしたスリルを味わいながら渡ります。体全体を使ってバランスを取ることを覚えます。

動くことが楽しくなる時期です。室内でも自由に動けるスペースを保障しましょう。子どもが入れる大きさの箱を準備して、中に入ったり、押して動かしたりして遊ぶような環境もいいですね。

動きたい気持ちに応える環境

保育室の棚に登りたがる子どもがいて、安全面で心配していたことがありました。もっと体を動かしたいのだと思い、跳び箱とマットを設置したところ、早速それで遊び出し、棚に登ることもなくなりました。必要な環境を整えることで、体を動かしたい子どもは運動コーナーで思い切り遊び、パズルなどほかの活動をしたい子どもも思う存分集中できるようになります。

2歳児の月案と資料

[執筆]
髙嶋景子

[資料提供・協力園]
逗子市立小坪保育園（神奈川県）
世田谷仁慈保幼園（東京都）
文京区立お茶の水女子大学こども園（東京都）
ゆうゆうのもり幼保園（神奈川県）
若葉台バオバブ保育園（東京都）

2歳児の年間計画

年間目標
- 一人ひとりが安心して生活を送る中で、自分の思いを表現し、十分に自己発揮していく。
- 保育者とのかかわりの中で、自分でできることが増え、生活に必要な身の回りのことを自分でしようとする。
- 友だちとのかかわりを楽しみ、一緒に遊ぶ楽しさを味わう。

	Ⅰ期（4～5月）	Ⅱ期（6～8月）
子どもの姿	・進級したことに喜びを感じている子もいれば、新しい環境への不安や戸惑いを見せている子どももいる。 ・拠り所になる保育者に気持ちを受け止めてもらい、少しずつ新しい環境に慣れて、友だちとのかかわりも増えていく様子が見られる。	・生活の流れがわかり、身の回りのことを自分でしようとする。 ・水や泥遊びを積極的に楽しんでいる子が多いが、中には、汚れることを嫌う子もいる。 ・友だちとのかかわりが増えてきているが、ものの取り合いや順番などで思いがぶつかり合い、トラブルになることも出てくる。
ねらい●	●新しい環境に慣れ、安心して無理のないリズムで過ごす。 ●1日の生活の流れがわかり、身の回りのことに興味をもって自らやろうとする。 ●好きな遊びを見つけ、遊びを通して友だちに親しみを抱いていく。 ●戸外で気持ちよく体を動かし、春の自然物にふれていく。	●水、泥、砂などの感触を楽しむなど、夏ならではの遊びを十分に楽しみ、開放感を味わう。 ●友だちと遊ぶ中で、保育者の支えを受けながら、自分の思いや感情を表現し、互いの気持ちに気づいていく。 ●様々な食材に興味をもち、食を楽しむ。
内容◆	◆新しい生活の場に慣れ、保育者や友だちと楽しい雰囲気の中で食事をしたり、安心して眠ったりする。 健康 ◆様々な遊びの中から好きな遊びを見つけ、友だちと一緒に楽しむ。 環境 人間関係 ◆散歩や園庭での遊びを通して、虫や植物など春の自然にふれ、興味をもつ。 環境	◆水、泥、砂などを使った遊びを通して、それぞれの感触をじっくり味わい、その変化を楽しむ。また、全身を使って開放的に遊ぶ。 環境 健康 ◆ごっこ遊びなどの友だちとのかかわりの中で、相手の思いや意図を感じたり、気づいたりする。 人間関係 言葉 ◆栽培や収穫、調理などを通して食材に興味をもち、食を楽しむ。 環境 健康
環境構成★・保育者の配慮◎	◎一人ひとりの子どもが安心して生活できるよう、不安や緊張を受け止めながら、穏やかなかかわりを心がける。 ★子どもの様子を見ながら遊ぶものの種類や量を検討し、好きな遊びにじっくりかかわり、落ち着いて遊び込める環境をつくる。 ★好きな遊びを通して友だちとの出会いが生まれるよう、それぞれの遊びのコーナーや場の配置を工夫していく。 ★散歩などで春の自然に親しむ機会をつくると同時に、図鑑や絵本、掲示などを通して興味・関心が生まれる工夫をしていく。 ◎絵本や歌を通して、友だちと体を動かし、一緒に歌う楽しさを味わえるような機会をつくっていく。	★水遊びや泥遊びは、それぞれのペースで楽しみ、水や泥と親しんでいけるよう、様々な楽しみ方のできる場や環境を用意する。 ★園庭のプランターで夏野菜を育て、子ども自身がその成長を楽しむと同時に、収穫したものを一緒に調理することで食や食材に興味がもてるような機会をつくる。 ◎ものの取り合いや順番などでトラブルになった際には、丁寧に気持ちを受け止め、互いの気持ちに気づけるよう配慮していく。 ◎身の回りのことを自分でしようとする意欲を尊重し、じっくり取り組めるよう時間を確保し、手伝いが必要なところはさりげなく援助しながら、自立を支えていく。
家庭や地域との連携	・新しい環境に対する保護者自身の不安や期待を受け止め、日々の子どもの様子を、丁寧に、具体的に伝えることを通して信頼関係を築いていく。 ・保護者懇談会では、保護者同士がつながりをもち、関係を広げていけるよう語り合いの時間を確保する。	・暑さで疲れやすい時期でもあるため、睡眠時間や食事内容などの情報共有を丁寧に行い、子どもの体調管理を心がけていく。 ・個別面談では、園での子どもの様子や保育者のかかわりを伝えながらも、それぞれの保護者の話を丁寧に聞き、家庭での様子や悩みなどにも丁寧に対応していく。
健康・安全・食育の配慮	・落ち着いた雰囲気の中で、それぞれのペースで着替えたり、食べたり、眠ったりできるよう、個々に合わせた生活の流れを心がける。	・栽培・収穫した野菜は、調理室と連携して、子どもと一緒に調理して食べる機会をつくっていく。 ・暑さや疲れなどで心身の不調が出やすい時期になるため、換気や室温の調整に気を配ると同時に、休息や水分補給をしっかりするよう留意する。

「内容」は子どもの姿をもとに5つの領域を意識してつくります。5つの領域のマークを入れました。
健康 人間関係 環境 言葉 表現 ※マークの詳細はP9を参照

■ 保育者や友だちと一緒に言葉のやりとりを楽しみ、イメージを共有しながらごっこ遊びや集団遊びを楽しむ。
■ 様々な季節の自然にふれ、関心をもった事象について探り、発見する楽しさを知る。

Ⅲ期（9〜12月）	Ⅳ期（1〜3月）
・身の回りのことについて自分でできることが増えてくる。 ・気の合う友だちとの遊びが持続するようになり、イメージを共有しながら遊ぶことを楽しむ様子が見られる。 ・散歩を通して、身近な季節の自然にふれ、興味をもったり、季節の変化に気づいたりする。	・異年齢の子どもとのかかわりにも関心をもち、新たな遊びに出会い、まねをしながら楽しんでいる。 ・ごっこ遊びや簡単なルールのある遊びを楽しめるようになる。 ・自分の体験を保育者や友だちに言葉で伝え、保育者の支えを得ながら、相手の話にも耳を傾け、共有を楽しむ姿がある。
●全身を動かして遊ぶ楽しさを知る。 ●友だちとイメージや簡単なルールを共有して遊ぶ楽しさを味わう。 ●自分のイメージしたことを様々な素材を使って表現することを楽しむ。 ●季節の自然にふれ、自然事象のおもしろさ、不思議さに関心をもつ。	●生活の見通しをもって、身の回りのことを自らすることに喜びを感じる。 ●様々な体験からイメージを膨らませ、友だちとごっこ遊びを楽しむ。 ●自分の発見や思いを保育者や友だちに言葉で伝え、共有する。
◆走る、跳ぶ、登るなど全身を使って伸び伸びと遊ぶ楽しさを知る。 健康 ◆絵本や紙芝居、日常経験などの共通のイメージをもとに、ごっこ遊びを楽しむ。また、簡単なルールを共有して遊ぶ楽しさを知る。 人間関係 表現 ◆季節の自然にふれ、興味をもった事象について自分なりに試し、探究することの楽しさを味わう。 環境 表現	◆着替えや排泄などの必要なタイミングに自分で気づき、自信と喜びを感じながら自分でしようとする。 健康 ◆様々な体験からイメージを膨らませ、必要なものを作り、新たな展開を考え、友だちとごっこ遊びを楽しんでいく。 表現 人間関係 言葉 環境 ◆発見や思いを周囲の他者に言葉で伝え、共有することを楽しむ。 言葉 表現 人間関係
★体を動かす楽しさやリズムが合う心地よさを味わえるよう、多様な動きができる環境を用意し、子どもの楽しんでいる動きやリズムに合わせて楽しさを共感していく。 ★運動会などの行事は、子どもたちの日常の遊びをもとに、みんなが楽しめるよう展開を考えていく。 ★秋の自然にふれて、興味・関心を広げ、様々な製作ができるよう環境を整える。 ◎絵本や紙芝居などのお話の世界のイメージを共有して楽しんでいるごっこ遊びが広がるよう、子どもたちの発信を支え、共有しやすくするための環境を工夫していく。	◎身の回りのことを自分で行う喜びと自信を感じられるよう、自分でやろうとすることについてはゆっくり取り組めるようにし、できた喜びに共感していく。 ★ごっこ遊びのイメージを共有し、さらに新たな展開が広がるよう、イメージに即したものや空間を考え、環境を整えていく。 ★自らのイメージや体験、新たな発見などを伝えようとする姿に寄り添い、互いに伝え合う機会をつくり、共有につながる環境を整え、遊びの展開や友だちとのかかわりの広がりを支えていく。 ★進級に向けて3歳以上児の環境に親しむ機会をつくると同時に、年上の子どもたちとの交流の機会を大切にしていく。
・行事については、当日までの取り組みの過程を事前に丁寧に伝え、その過程における子どもたちの経験や学びについて保護者と共有していくようにする。 ・保育参加は、園生活の様子や子どもたちのかかわりを知る機会となるよう、見てほしいポイントなども事前に丁寧に発信していく。	・子どもたちの遊びの中での育ちや経験を具体的なエピソードを交えて丁寧に発信していく。 ・進級に向けて、子どもの姿を丁寧に伝え、その成長を共有すると同時に、不安や期待などを個別に聞きながら丁寧に対応していく。
・戸外から戻った際や食前などの手洗いやうがいをこまめに行い、風邪などの感染症予防に努める。 ・旬の食材を子どもと一緒に調理し、様々な食べ方を楽しむ。	・室内の温度、湿度を確認して調整し、換気に気を配ったりする。手洗いやうがいをこまめに行い、感染症予防に努める。 ・進級後、新しい環境でも安心して安全に過ごせるよう、新しい保育室や園庭などにも少しずつ慣れて、そこでの生活や遊びに期待をもてるようにしていく。

「ねらい」は子どもの姿をもとに、資質・能力の3つの柱を意識して振り返りができるように作ります。本書では特に意識したいものに下線を入れています。
「知識・技能の基礎」‥‥‥‥‥、「思考力・判断力・表現力等の基礎」_____、「学びに向かう力・人間性等」_____　※下線の詳細はP9を参照

2歳児 4月の指導計画

4月当初の子どもの姿

- 進級したことに喜びを感じている子どもが多く、新しい部屋やおもちゃに興味を示す様子が見られる。
- 一方で、新しい保育者や環境との出会いに緊張と戸惑いも感じているようで、遊び始めても落ち着かず、周囲を気にする姿も見られる。
- 戸外では花が咲いたことやアリやダンゴムシが出てきたことに気づき、興味をもって見たり、ふれたりすることを楽しんでいる。

個々のペースやリズムに合わせたかかわりを

新しい環境に緊張や不安を感じている子どもたちが落ち着いて過ごせるように、できるだけ一人ひとりのペースやリズムに合わせて、排泄や食事、午睡なども子どもの動きを見ながら対応できるよう、保育者同士の連携を工夫していくことが求められます。

じっくり遊び込める環境の工夫を

新しい保育室やおもちゃとの出会いは、子どもにとって魅力的であり、自分で選び、使ったり、試したりできる環境はとても大切です。しかし、あまりに種類やものが多すぎても、じっくり遊び込むことが難しい姿が生まれることもあります。自ら興味をもったものとじっくりかかわり、遊び込める環境のあり方をその都度検討していくことも大切です。

クラス全体の計画

子どもの姿ベースのねらい●と内容◆

❶ 新しい保育者や環境に慣れ、安心して生活できるようになる。
◆ 新しい環境の中で起こる気持ちの揺れや不安を保育者に受け止めてもらいながら、安心して過ごせるようになる。 健康
◆ もち上がりの保育者を拠り所としつつ、新しい保育者とのかかわりを深める。 人間関係
◆ 新しい保育室の配置に慣れ、自分の持ち物の場所を知る。また、排泄や衣服の着脱などの身の回りのことを保育者に手伝ってもらいながら、自分でもやってみようとする。 健康 環境

❷ 自分の安心できる場所や好きな遊びを見つけていく。
◆ 自分の好きな遊びを見つけ、1人でじっくりと遊んだり、友だちとかかわって遊んだりすることを楽しむ。 人間関係 環境 言葉
◆ 季節の歌や踊りを楽しみながら、体で表現することやリズムが共振する楽しさを味わう。 人間関係 表現

❸ 草花や虫などにふれ、春の訪れを感じて興味をもってかかわろうとする。
◆ 園庭や散歩先などで、春の草花や虫などに出会い、見たりふれたりして親しむ。 環境

環境構成★・保育者の配慮◎

安心して生活するために
★ 自分の持ち物の場所がわかるよう、靴箱やロッカーなどには本人の顔写真を貼る。
★ 個々の遊びの状況や生活のリズムに応じて、食事や午睡、排泄なども、子どもの動きに合わせて対応できるよう、それぞれのスペースと動線を確保する。
◎ 衣服の着脱や持ち物の片づけの時に、安心して覚えられるよう、保育者が丁寧にかかわる。
◎ 一人ひとりの排泄の間隔を把握し、タイミングを捉えて無理なくトイレに誘っていく。
◎ 自分で着替えたいという思いを受け止め、丁寧にかかわり見守る。時には、保育者にやってほしいという気持ちも受け止めていく。

絵本や歌を通して共有や共振の楽しさを味わう
★ 絵本棚の絵本は、子どもの興味や関心に応じて随時入れ替えていく。
◎ 子どもと一緒にゆったりと絵本を味わい、一人ひとりの興味の対象を丁寧に捉え、耳を傾けることで、子どもの興味が広がり伝わる喜びが味わえるようにする。
◎ 遊びの中で自然に季節の歌や踊りを楽しみ、表現することやリズムや動きが共振する楽しさを味わえるようにする。

好きな遊びを見つけじっくりと遊ぶ
★ ままごと、ブロック、卓上遊び、絵本など、それぞれが落ち着いて遊べるよう、子どもの動線に配慮し、遊びの場やコーナーを整える。
★ 新しい環境でも落ち着いて過ごせるよう、1歳児クラスの時に遊び慣れた人形やおもちゃも一部用意しておく。
◎ 保育者も一緒に遊びながら、それぞれの子どもがどんなことを楽しみ、味わっているかを丁寧に捉えたり、そっと見守ったりする姿勢を大切にする。

春の自然に親しみ、興味・関心が芽生えるために
★ 園庭や散歩先で見つけた草花や虫の写真を保育室内に掲示し、自分や友だちの発見を確認したり、共有したりできるようにする。また、クラスオリジナルの散歩マップを作成し、壁面に掲示する。
◎ それぞれの子どもの発見したことや不思議に思ったことを丁寧に受け止め、その驚きや喜びに共感していく。
◎ 散歩先では、一人ひとりの子どもがじっくりと興味のある対象にかかわれるよう、保育者間で子どもの動きを共有し、危険がないよう留意する。

「子どもの姿ベースのねらい●と内容◆」の「内容」は子どもの姿をもとに5つの領域を意識してつくります。5つの領域のマークを入れました。
健康 人間関係 環境 言葉 表現 ※マークの詳細はP9を参照

| 月のねらい | ❶新しい保育者や環境に慣れ、安心して生活できるようになる。
❷自分の安心できる場所や好きな遊びを見つけていく。
❸草花や虫などにふれ、春の訪れを感じて興味をもってかかわろうとする。 | 健康・安全・食育の配慮 | ・一人ひとりの生活リズムや体調に合わせて、ゆったりと過ごせるように配慮する。
・安心して入眠できるような環境を整え、睡眠を十分に取れるようにする。
・食事の前には時間的余裕をもち、落ち着いた雰囲気の中で安心して食べられるよう配慮する。 | 行事 | ・進級式
・保護者懇談会
・避難訓練 |

 はるか（2歳4か月）

4月当初の子どもの姿	・新入園児。新しい環境に緊張しているのか、不安な表情で登園して来る。 ・周囲の子どもたちの遊びの様子をじっと見ていて、関心のある様子は伝わってくる。
子どもの姿ベースのねらい◆と内容○	○安心して生活し、好きな遊びを見つけ、楽しむ。 ◆不安な気持ちを保育者に受け止めてもらい、保育者を拠り所としながら、興味のある遊びを見つけ、自分でも遊ぶ楽しさを知る。
環境構成★保育者の配慮◎	◎衣服の着脱や排泄の際などには丁寧にかかわり、安心して自分でもやってみようと思えるよう支えていく。 ◎興味をもって見ている遊びには、保育者も一緒に参加することで、遊び方や楽しさを知ることができるように心がける。
家庭との連携	・園での様子を丁寧に伝え、新しい環境で緊張している分、家庭で甘える姿があれば受け止めてほしいことを伝え、はるかの不安が取り除かれるよう、信頼関係を築いていく。

家庭との連携

・進級に伴う不安を受け止め、子どもも保護者も安心して過ごせるよう、朝夕の送迎時に子どもの様子を丁寧に伝える。
・特に、新入園児の保護者には、安心できるような言葉かけを心がける。
・個々の生活リズムを把握することで、子どもが心地よく過ごせるよう、家庭での過ごし方についても情報共有を丁寧に行っていく。
・保護者懇談会では、園での子どもたちの様子を具体的に伝えるとともに、保護者同士で親睦を深められるような語り合う機会を設ける

子どもの発見や探究を支える壁面の工夫

子ども自身が興味をもったり、発見したことを保育者や友だちと共有したり、自分自身でも振り返ったりするための手がかりとして、写真やマップなどを壁面に掲示します。掲示することで、その対象に対する興味が持続し、他者と共有する楽しさが生まれます。

 りょうた（2歳10か月）

4月当初の子どもの姿	・進級後の新しい環境に慣れず、前担任を求めて泣くこともある。 ・園庭や散歩先では、虫に興味をもち、様々な虫を探している。
子どもの姿ベースのねらい◆と内容○	○安心して、じっくり遊ぶ中で興味の対象を広げていく。 ◆様々な虫と出会い、新しい発見のおもしろさや、それを受け止めてもらう喜びを味わう。
環境構成★保育者の配慮◎	★様々な虫と出会えるように、虫のいる公園への散歩を増やす。虫を写真に撮り、保育室に掲示してほかの子どもたちと共有する。 ◎もち上がりの保育者が寄り添い、不安な気持ちを受け止めながら、ゆったりとかかわる。
家庭との連携	・新しい環境に戸惑いはあるものの、もち上がりの保育者や友だちとのかかわりを通して、好きな遊び（虫探し）をじっくり楽しんでいる様子を伝えていく。

職員の連携

・子どもの様子や保護者からの連絡の情報共有を確実に行い、共通理解を図る。
・アレルギー児への対応は調理師・看護師とも連携を取り、配慮点を共有する。

評価（子どもを捉える視点・見通し）

・新しい環境の中で、安心して自分のリズムで生活できているか。
・新しい保育者や友だちとのかかわりの中で、共に暮らす楽しさや心地よさを感じられているか。
・遊びの中で自分の思いや考えを自分なりに表現したり、試したりできているか。春の自然に興味・関心をもってかかわったり、味わったりしているか。

保護者の不安を受け止め、支える様々な配慮

進級・入園したばかりの新年度は、保護者も不安を感じている時期です。送迎時の会話や連絡帳で子どもの姿を丁寧に伝えるだけでなく、保護者会などでは、子どもたちの生活や遊びの様子を写真やビデオで具体的に伝え、ほかの保護者と語り合える機会をつくるなど、様々な工夫をしましょう。

「月のねらい」は子どもの姿をもとに、資質・能力の3つの柱を意識して振り返りができるように作ります。本書では特に意識したいものに下線を入れています。「知識・技能の基礎」　　　「思考力・判断力・表現力等の基礎」　　　「学びに向かう力・人間性等」　　　※下線の詳細はP9を参照

4月の資料

2歳児

新年度、新しい環境や仲間との出会いの中で、子どもたちが安心して生活し、遊び込めるようになるための工夫を考えてみましょう。

戸外遊び　子どもの発見や対話を広げる工夫

暖かい気候に誘われて、様々な草花や虫が顔を出す春は、子どもたちの興味も広がっていきます。子どもたちの好奇心に応えて、興味をもったものをじっくり観察したり、そこで発見したことを共有できるように工夫したりすることが、子どもたちのさらなる探究を支えます。

春の自然との出会い

散歩先でも、様々な虫や草花に興味をもって、子どもたちは見る、摘む、飾るなど様々なかかわり方をしています。時には、「○○の虫を探したいから、今日は、○○公園に行きたい」と散歩先をリクエストしてくることも……。

子どもたちの声に応えて、散歩の行き先が変わることもあります。

アオムシを見つけた！
少し怖いけれど、2人で見つけたアオムシを、木片に乗せて、じ〜っと観察中。

友だちと一緒に
こちらではダンゴムシ探しに夢中。

それぞれの子どもがカゴを持っていくと、虫探しの気分も高まります。時には、虫カゴが花カゴに早変わりすることも。自分の摘んだ花を何度もうれしそうに確認したり、保育者に見せたりする姿が見られます。自分の発見と収穫が、自分にも、他者にも見えやすくなることで、気持ちも高まり、興味も続きやすくなるようです。

散歩の目的や楽しさを可視化し、共有するために掲示物を工夫する

散歩先で子どもたちが興味や関心をもったり、発見したりしたことを、日々書き込んでいく「お散歩マップ」を作成。保育室に掲示すると、子どもたちから「○○へ行って、○○を探したい」という目的をもって散歩に行こうとする姿や、各々の発見を伝え合い、おもしろがる姿が見られるようになりました。子どもたちの興味や関心を見える化し、共有しやすくすることで、子どもたち主体の対話や探究が広がっていきます。

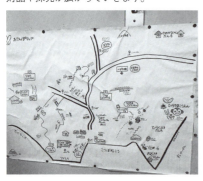

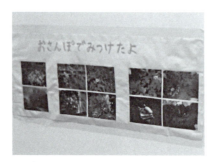

子どもの発見は写真で掲示
散歩先で見つけた虫や花は、その場で写真に撮って、保育室の壁面に掲示してみると、「○○公園にいたね」「ダンゴムシは丸まるんだよ」など思い出しながら、各々の発見を保育者や友だちと共有していく姿が見られます。

今月の保育教材

絵本
『はらぺこあおむし』エリック・カール／作、もりひさし／訳、偕成社

虫に興味をもち、アオムシを見つけた時期だからこそ、絵本の味わい方も違ってきます。お話を聞きながら、壁面に貼られた自分たちが見つけたアオムシの写真を確認しに行く姿も……。

環境構成 遊び込むための環境構成（室内）

新しい保育室、新しい環境に囲まれて、まだ戸惑いや緊張のある子どもたち。
安心して遊びを楽しみ、じっくりと遊び込むようになるためには、
その時々の子どもの姿に応じた環境の構成と再構成が必要です。

安心して過ごせるように

新しい環境、新しい保育者との生活の中で、少しでも安心して過ごせるように、新年度当初は、1歳児クラスの時に遊んだ人形やおもちゃの一部を2歳児クラスの保育室に移動します。

また、「自分のもの」があることで落ち着いて遊び込める子もいるため、1歳児の時に保護者が作った「僕の（私の）箱」（写真右）を2歳児でも引き続き活用しています。

"遊び込む" ために
おもちゃの種類や量を検討

新しいおもちゃや道具も、最初は使い方がよくわからなかったり、緊張から周りも気になって、遊び始めてみたものの、なかなか遊び込めない姿も見られます。そんな時は、保育者間で相談し、一旦、おもちゃの種類や量を絞ってみても……。遊び始めた子どもの側に保育者が寄り添い、遊びを共有してみると、一つひとつのものにじっくりかかわる姿が見え始めます。

「僕の（私の）箱」。だれかと一緒に遊ぶことが楽しくなると、積み木のように積み上げたり、たくさんつなげて電車ごっこやお店屋さんごっこに使ったりするなど遊びの幅が広がっています。

お鍋に入ったチェーンリングをスプーンで移し替え始めたAくん。なかなか難しいけれど、黙々とすべてのチェーンリングを移し終えた集中力には思わず脱帽。

常に子どもの姿に合わせて環境の再構成を

いつまでもおもちゃの種類や量を絞っていれば集中できるというわけではありません。じっくりものにかかわって、試すおもしろさや手応えを得た子どもたちは、次には、もっと別のものも試したくなります。そのため、そのような姿が見られ始めたら、少しずつものを入れ替えたり、種類や量を増やしたりします。それらの中から、自分で選んで遊ぶことができるようになると、子ども同士の新しいかかわりや、遊びと遊びのつながりも生まれていきます。

2歳児 5月の指導計画

前月末の子どもの姿

- 好きな遊びを通して友だちとのかかわりが生まれ、やりとりを楽しむ姿も見られるようになってきたが、一方で、気持ちがうまく伝わらず、ものの取り合いになったり、手が出てしまうこともある。
- 戸外では花や虫への興味が続いており、散歩でも様々な花や虫を探したり、ふれようとしたりする姿が見られる。
- 身の回りのことも自分でやろうとする姿が見られる。

クラス全体の計画

子どもの姿ベースのねらい●と内容◆

❶ 好きな遊びを通して、友だちとのやりとりを楽しみ、親しみを抱いていく。
◆ 園庭や保育室で見つけたものを使って自分のイメージを広げたり、使い方を試したり、工夫することを楽しむ。 [環境][表現]
◆ 友だちや保育者とのかかわりを心地よく感じ、言葉のやりとりを楽しむ。 [人間関係][言葉]
◆ 歌や踊りを通して、友だちと同じ動きをしたり、リズムが合うことの心地よさや喜びを味わう。 [健康][表現][人間関係]

❷ 季節の変化を感じながら、様々な自然にふれ、発見を楽しむ。
◆ 身近な生き物（ダンゴムシ、アリ）などをじっくり観察して発見するおもしろさを味わう。 [環境]
◆ 散歩先で見つけた花や木の実を使い、色水遊びや草木染めを楽しむ。 [環境][表現]

❸ それぞれに無理のない、心地よいリズムで過ごす。
◆ 食事を楽しみにして食卓につき、友だちや保育者と一緒に食べることを楽しむ。 [健康][人間関係]
◆ 自分のリズムで安心して心地よく眠り、気持ちよく目覚める。 [健康]

環境構成★・保育者の配慮◎

好きな遊びを通して友だちとの出会いが生まれるような環境の工夫を
★ ごっこ遊びや見立て遊びのイメージを助けるような道具や衣装、素材の種類と量を吟味して準備する。
★ 粘土や紙とペン、シールなど、子どもたちが自分の興味に合わせて遊び始められるような素材を少しずつ増やしていく。
★ おもちゃや素材は手の届くところに置き、興味のあるものを自由に出して遊べるようにしておく。
◎ それぞれのイメージしていることや楽しんでいることを見守りながら、自然な形で共感し、言葉を添えていくことで、周囲の子どもたちにも伝わるように心がける。

友だちと一緒に歌や踊りを楽しむために
★ 散歩先で様々なこいのぼりを見つけたり、クラスでもこいのぼりを作って飾ることで、季節の行事への関心を共有できるようにする。
◎ 晴れた日は園庭のこいのぼりの下で、こいのぼりの歌や踊りを楽しみ、体を伸び伸びと動かす気持ちよさだけでなく、身近な友だちと同じ動きをしたり、リズムが合う楽しさを味わえる機会をつくる。
★ いろいろな楽器（鈴や太鼓、ハーモニカ、リコーダーなど）を用意し、楽器を使いながら、歌を楽しめるようにする。

自然物にふれながら様々な発見が生まれる工夫を
★ 子どもたちが出会う可能性のある虫の図鑑や写真絵本を絵本コーナーに用意しておく。
◎ 晴れた日は散歩へ出かけ、季節の虫や草花や木の実を一緒に見つける楽しさを味わうだけでなく、じっくり観察したり、何かを発見している姿を丁寧に捉え、共感していく。
★ 散歩先の様々な木の実に興味をもつ子が増えてきたため、大きな桜の木のある公園へ出かけ、桜の実を拾い、園庭で色水遊びや草木染めが楽しめるような環境を用意する。

調理室との連携により広がる食育
◎ 木の実拾いに興味をもっている子どもたちと一緒に園庭の梅の実を拾い、調理担当の職員にも参加してもらって、梅ジュース作りを一緒に楽しむ機会をつくる。

それぞれのリズムに合わせた生活を保障するために
◎ 遊び終わったタイミングで、片づけや着替えをそれぞれのペースで行い、気持ちよく食卓につけるよう、ゆったりとかかわる。
◎ トイレに興味が出てきた子たちには、トイレで排泄できた時の気持ちよさに共感していく。
◎ それぞれの排泄間隔を把握して声をかけるようにするが、誘い過ぎないように気をつける。

イメージを引き出したり、広げられる環境を

様々な遊びを通して、友だちとのかかわりややりとりを楽しみ始める時期だからこそ、それぞれの見立てやイメージが湧きやすく、共有しやすいものや場があることで、よりつながり合うことの楽しさを味わえるようになります。子どもたちのごっこのイメージを捉え、活用できそうなものの種類や量を吟味しながら用意していきましょう。

様々な文化と出会う散歩の工夫

節句などの伝統行事やその行事にかかわる文化的資源にふれるには、園内だけでなく、園外の様々な地域資源を活用しましょう。普段の散歩も、そうした意識で散歩先を選んだり、工夫することで、子どもたちが出会う文化の幅が広がっていきます。

「子どもの姿ベースのねらい●と内容◆」の「内容」は子どもの姿をもとに5つの領域を意識してつくります。5つの領域のマークを入れました。
[健康][人間関係][環境][言葉][表現] ※マークの詳細はP9を参照

| 月のねらい | ❶ 好きな遊びを通して、友だちとのやりとりを楽しみ、親しみを抱いていく。
❷ 季節の変化を感じながら、様々な自然にふれ、発見を楽しむ。
❸ それぞれに無理のない、心地よいリズムで過ごす。 | 健康・安全・食育の配慮 | ・気温が高くなる日も増えてくるため、気温の変化や子どもの活動に応じて、衣服の調節や水分補給に気を配る。
・食事を楽しみにして食卓につけるよう、それぞれの子どものリズムに合わせて、ゆったりと時間を確保する。 | 行事 | ・親子ふれ合い遠足
・歯科健診
・避難訓練 |

はるか（2歳5か月）

前月末の子どもの姿	・緊張がとれてきて、保育者と一緒に少しずついろいろな遊びを楽しむ姿が見られる。友だちへの興味も少しずつ出てきている様子。 ・戸外遊びでは汚れることに抵抗感があるようで、泥や色水遊びには、あまりかかわろうとしない。
子どもの姿ベースのねらい◯と内容◆	◯保育者と共に好きな遊びを楽しむ中で、友だちとかかわる楽しさも知る。 ◆お気に入りの人形を使ったごっこ遊びを通して、友だちとのやりとりを楽しむ。
環境構成★保育者の配慮◉	◉安心して遊べるよう寄り添いつつ、イメージや見立てていることを言葉にしていくことで、周囲の子どもたちにも伝わるよう心がける。 ◉戸外遊びは、無理せず、まずは一緒に楽しめることを探していく。
家庭との連携	・新しい環境に慣れ、保育者や友だちと一緒に過ごすことを楽しんでいる様子を具体的に伝えていく。

りょうた（2歳11か月）

前月末の子どもの姿	・虫に興味のある子ども同士で、散歩先で一緒に虫探しをしたり、虫の写真絵本を見ている。 ・トイレに自分から行くようになったが、遊んでいる時は行きそびれてしまうこともある。
子どもの姿ベースのねらい◯と内容◆	◯興味のあるものを通じて、友だちとのやりとりを楽しみ、親しみを抱く。 ◆友だちと一緒に虫を探したり、互いの気づきを共有する楽しさを味わう。
環境構成★保育者の配慮◉	★虫好きな子どもたちが一緒に興味を広げられるよう、虫の種類や生態がわかる図鑑や写真絵本を絵本コーナーに用意しておく。 ◉遊び始める前にトイレに誘い、遅れた場合は、「濡れちゃって気持ち悪いね。パンツを替えようか」と本人が気持ち悪いことに気づいて、自ら着替えようと思えるよう丁寧にかかわる。
家庭との連携	・生き物への興味や友だちとのかかわりが広がっていることを伝え、その成長を共有する。

家庭との連携

・親子ふれ合い遠足については、事前に目的やスケジュール、内容などを丁寧に伝え、楽しんで参加してもらえるように配慮する。遠足当日は、クラス内の親子と互いに親睦を深めながら、子ども同士のかかわりの様子も知ってもらえるよう気を配る。
・新入園の家庭には、園生活に慣れてきた子どもの姿を具体的に伝えながら、安心してもらえるよう丁寧なコミュニケーションを心がける。
・泥や水で遊ぶことも増えてくるので、タオルや着替えを多めに用意してもらうよう伝えておく。それと同時に、子どもたちの遊びの様子を、送迎時に見てもらえるよう、写真に短いコメントをつけてホワイトボードに掲示していく。

職員の連携

・生活が落ち着いてきたので、一人ひとりの発達や個人差について情報を共有し、生活の流れや援助の方法について確認し合っておく。

評価（子どもを捉える視点・見通し）

・好きな遊びや興味のあるものを通して、友だちとのやりとりが生まれてきているか。
・様々な自然にふれる経験を通して、自分なりの発見を楽しんだり、工夫することのおもしろさを味わったりしているか。
・それぞれの子どもが心地よいリズムで主体的に生活できているか。

様々な発見につながる活動の工夫

草花や木の実など自然物は、様々な色や匂い、感触など、多くの発見を生み出してくれる重要な教材です。ただ見たり触ったりするだけでなく、そこから子どもたちの発見や工夫がさらに広がっていくような遊びや活動を考えてみましょう。そのためには、子ども自身がかかわれる工程や工夫できる範囲をいかに組み込んでいくか、活動のデザインの仕方にも工夫が必要です。

子どもたちの活動の幅を広げる職員間の連携

園内には、調理師や栄養士、看護師など多様な職種の職員がいます。それぞれの専門性を活かして連携していくことで、子どもたちの暮らしや活動の幅が豊かに広がっていきます。

「月のねらい」は子どもの姿をもとに、資質・能力の3つの柱を意識して振り返りができるように作ります。本書では特に意識したいものに下線を入れています。
「知識・技能の基礎」........「思考力・判断力・表現力等の基礎」_____「学びに向かう力・人間性等」_____ ※下線の詳細はP9を参照

5月の資料

2歳児

新年度の生活も落ち着き、身近な自然や事象に関心が高まってくる時期だからこそ、その興味を広げる工夫を考えてみましょう。

自然・探究 自然物との出会いから生まれる発見と探究

身近な自然物を通して、匂いや色、味、感触などの違いや変化にふれ、その不思議さやおもしろさに気づくことで、身近な事象への関心が高まり、様々な発見や自分なりの工夫が生まれてきます。

自然物を使った様々な発見を楽しめる遊びの工夫

園庭や散歩先で出会う様々な草花や木の実も、ただ見るだけでなく、色水遊びや草木染めなど様々な遊びに活用できます。匂いや色、感触など、自然のものだからこそ感じられる多様な違いを味わったり、そこから生まれる変化に気づくことで、発見する喜びや自分なりに工夫する楽しさを経験できます。

4月に何度もお花見に来た公園。5月になると桜の木の下にたくさんの実が落ちていました。

拾ってきた桜の木の実で色水を作り、白い布に筆で色をつけます。

みょうばん液に浸してゴシゴシして、さらにそれを水道水で洗って……。布を鍋で煮て染めることもできますが、それでは、子どものかかわれる工程が少なくなるので、あえて、遊びとお手伝いの要素がたくさんあって、それぞれに楽しめる方法を工夫してみました。

調理室とも連携して……

園庭の梅の実を拾って「梅ジュース」を作りたいという声が出てきたので、調理室の職員に梅ジュースの作り方を教えてもらい、一緒に作りました。様々なスタッフと協働することで、子どもの暮らしと経験が豊かに広がっていきます。

前日、梅の実を拾っていた幼児クラスのお兄さんたちのまねをして梅の実拾いが始まりました。

調理室の職員が梅の実に穴をあける方法を教えてくれました。

穴をあける目は真剣そのもの。

散歩の工夫

様々な文化との出会いを広げる散歩の工夫

節句などの伝統行事も、園内だけでなく、地域の様々な資源を活用することで、
子どもたちの興味の幅もぐっと広がります。子どものその時々の興味・関心を捉えて、
「本物」や上質な文化との出会いを保障していくことも大切です。

地域の文化的資源との出会いを通して広がる興味・関心

　端午の節句が近付き、園庭に大きなこいのぼりが飾られると、子どもたちは興味津々。こいのぼりの話題が増えたため、いろいろなこいのぼりに出会えるよう、4月下旬頃から散歩コースを毎日変えて、子どもと一緒に地域のこいのぼり探しを始めました。そんなある日、近所の公園にある古民家にこいのぼりが飾られたという話を聞き、早速みんなで見に行くと、その大きさと迫力に圧倒されたのか、食い入るように見つめる姿が……。そして、こいのぼりの色や大きさ、動き、表情まで、たくさんの発見が生まれてきました。

　伝統や文化との出会いを広げていくためにも、園内だけでなく、地域にある様々な資源に目を向け、活用していくことが求められます。

こいのぼりが見えてくると、身を乗り出して見ていたけれど、もっともっと近づくと、その迫力からだんだん無言に……。

じーっと見ていたら、色や大きさの違い、表情などいろいろな気づきが生まれてきました。

今月の保育教材

絵本
『くだもの』平山和子／作、福音館書店
桜の木の実を拾って来た日に、子どもたちが興味津々で見ていた絵本。様々なくだものが鮮やかに描かれ、ページをめくると「さあ、どうぞ」と思わず手を伸ばしたくなる工夫が見られます。

歌
「こいのぼり」「つばめ」
散歩先での出会いや発見を一緒に楽しむ気持ちが高まります。

古民家の中には、大きな兜も飾られていて、子どもたちは興味津々。

翌日、こいのぼりを作って遊んでいると、砂場に挿して飾る姿も……。こいのぼりの飾り方もしっかり学んでいます。

2歳児 6月の指導計画

前月末の子どもの姿

- 同じものを使ってやりとりしながら遊ぶことを楽しむ姿も増えてきた。互いの名前を覚えて呼び合ったり、相手を誘い出して一緒に遊んだりする。
- 砂場に穴を掘って水を入れて足湯のようにしたり、山を作ったりなど、泥や砂や水にふれて遊ぶことを楽しんでいる姿が見られる。
- トイレに興味をもち、トイレで排泄しようとする子どもも増えてきた。

室内でも遊び込めるコーナーの充実

それぞれの子どもの興味やイメージをもとに、遊びが広がったり、継続したりできるよう、それぞれのイメージや楽しみ方に合った使い方のできる道具や素材を検討しながら準備しましょう。遊びが継続するために、いくつかのコーナーは常設にして、やりたい時にいつでも遊べるようにしておくことも効果的です。

知的好奇心の芽生えにつながる環境の工夫を

子どもたちが自ら興味をもったことを自分なりに調べたり、自分の発見したことを確かめたり、試したりする楽しさを味わえるように必要な教材や環境を工夫しましょう。2歳児でも、自分たちが見つけたことを図鑑や写真絵本で確かめたり、互いの発見を伝え合おうとしたりする姿が生まれてきます。

クラス全体の計画

子どもの姿ベースのねらい●と内容◆

❶ 友だちと一緒に遊ぶ中で、興味・関心を共有する楽しさを知る。
◆ ごっこ遊びや積み木など、友だちとイメージを共有したり、互いの動きに刺激を受けながら一緒に遊んだりすることを楽しむ。 〔人間関係 表現 環境 言葉〕
◆ 虫や小動物など生き物への興味を共有し、一緒に観察したり、自分の発見や相手の発見を伝え合うことを楽しむ。 〔環境 人間関係 言葉〕

❷ 泥、砂、水などの感触を味わい、そこで生まれる変化を楽しむ。
◆ 泥、砂、水などを使った遊びを通して、それぞれの感触を十分に味わい、その変化を楽しむと同時に、自分なりに工夫して新たな変化を生み出す楽しさを知る。 〔環境 表現 人間関係〕

❸ 梅雨の時期を落ち着いて生活し、衛生に留意しつつ、健康に過ごす。
◆ 保育者のかかわりの下、温度や湿度に応じて、衣服の調整の必要性や泥や水の汚れに気づき、衣服を着替えようとする。 〔健康〕

環境構成★・保育者の配慮◎

梅雨の時期だからこそ落ち着いて「遊び込める」環境の工夫を

★ ままごとの道具や素材なども、それぞれのイメージや楽しみ方に合った使い方ができるものを用意し、自分なりのイメージをもって遊べるよう環境を整える。
★ 新しい布や廃材なども少しずつ用意して、イメージがさらに広がっていくよう工夫する。
★ 数人の子どもたちでやりとりが生まれ、遊びを楽しみ始めたら、牛乳パックや段ボールで作った可動式のパーティションで空間を仕切るなど、じっくり遊び込めるよう環境を工夫する。
◎ 周囲と共有して遊びが広がることを楽しんでいる子や、じっくり1人で楽しみたい子など、それぞれの楽しみ方を丁寧に捉え、一人ひとりの遊びが充実するよう配慮する。

生き物への興味を共有し、発見する楽しさを味わえるように

★ 子どもたちが出会う可能性のある虫の図鑑や写真絵本を引き続き絵本コーナーに用意しておき、特に興味のある虫の写真を貼り、ほかの子も共有できるようにする。
★ 捕まえた虫はじっくり観察できるように、観察ケースを用意し、飼育コーナーを作る。
◎ 子どもたちの発見したことを丁寧に受け止め、周囲の子どもたちとも共有していく。
◎ 捕まえた虫が何を食べるか、どんな環境がいいかなどを子どもたちと一緒に考えながら飼育環境をつくっていく。

泥や砂、水などの感触を味わい、様々な手応えを楽しむために

★ 砂場の近くに、手の届きやすい低めのワゴンを設置し、タライやバケツ、カップ、スコップなどの道具を十分用意する。
★ 砂場遊びが始まったら、タライに水を入れ、砂場の脇に置いておき、必要な量だけ自分たちで水をすくって使えるようにしておく。
◎ 泥遊びや水への興味や遊び方には個人差もあるため、それぞれの楽しみ方ができるよう場所を分けたり、ほかの遊びの道具も用意したりして、一人ひとりがやりたいことができるよう配慮する。

梅雨の時期を落ち着いて、健やかに過ごすために

★ 雨で戸外に出られない日は、ホールなどで思い切り体を動かせるよう、ボールや巧技台、フープなど体を動かして遊べる環境を用意する。
◎ 気温や湿度が高くなる時期なので、室温の調整や衣服の調節を気にかける。
◎ 蒸し暑い日はシャワーを使い、気持ちよく食事や午睡に向かえるよう配慮する。

148　「子どもの姿ベースのねらい●と内容◆」の「内容」は子どもの姿をもとに5つの領域を意識してつくります。5つの領域のマークを入れました。
〔健康 人間関係 環境 言葉 表現〕　※マークの詳細はP9を参照

| 月のねらい | ❶ 友だちと一緒に遊ぶ中で、興味・関心を共有する楽しさ知る。
❷ 泥、砂、水などの感触を味わい、そこで生まれる変化を楽しむ。
❸ 梅雨の時期を落ち着いて生活し、衛生に留意しつつ、健康に過ごす。 | 健康・安全・食育の配慮 | ・梅雨時期のため、温度・湿度の調整をこまめに行うよう心がける。
・気温が高い日は水分補給をこまめに行い、湿度が高く蒸し暑い日はシャワーを使い、気持ちよく食事・午睡に向かえるよう配慮する。
・戸外に出る時は虫よけ対策をしっかり行う。 | 行事 | ・避難訓練
・個人面談 |

はるか（2歳6か月）

前月末の子どもの姿	・友だちとのかかわりが増え、ごっこ遊びなどを一緒に楽しむ姿が見られるようになってきた。 ・ただし、嫌なことや思い通りにならないことがあっても、それを自分から伝えようとはしない。
子どもの姿ベースのねらい◆と内容○	○友だちと一緒に遊ぶ楽しさを味わう。 ◆ごっこ遊びを通して、自分のイメージや思いを相手に伝え、共有して遊ぶ楽しさを知る。
環境構成★保育者の配慮◎	★ままごとコーナーに道具や仕切りを増やし、イメージが広がりやすいよう環境を整える。 ◎保育者も一緒に遊ぶ中で、思い通りにならないことを感じている場面では、「はるかちゃんはどうしたい？」と気持ちを言葉にできるよう丁寧にかかわっていく。
家庭との連携	・友だちとのかかわりが増えてきていることや遊びの様子を丁寧に伝えていく。友だちへの気持ちの出し方については、丁寧にかかわっていくことを伝えていく。

家庭との連携

・個人面談では、それぞれの保護者の話を丁寧に聞き、困っていることや不安に感じていることを受け止め、一緒に考えていく姿勢を心がける。また、園での子どもの様子はなるべく具体的に伝え、安心してもらえるようにする。
・気温や湿度が高く、体力的にも疲れが出やすい時期なので、子どもの健康状態については丁寧に伝え合い、こまめに情報共有していくようにする。
・泥や水遊びも増えてきた上に、汗もかくようになるため、タオルや着替えを多めに用意してもらうよう伝える。
・遊びの種類も増えてくるので、それぞれの遊びで見られる子どもたちの姿を、送迎時に見られるようホワイトボードに写真とコメントを貼って具体的に発信していく。

泥や水とのかかわりの中で多様な「手応え」を得られる環境の工夫

泥や水とのかかわり方は子どもによって様々ですが、その子なりの楽しみ方で、じっくりとかかわり、そのかかわりへの「手応え」を感じられるように十分な道具や場所、時間を保障していくことが求められます。

りょうた（3歳）

前月末の子どもの姿	・虫に興味をもつ子が増えてきたことで、新しい友だちとのかかわりも広がってきている。 ・捕まえてきたミミズやアゲハチョウの幼虫について、図鑑や家庭などから情報を集める姿が見られる。
子どもの姿ベースのねらい◆と内容○	○新しい友だちとのかかわりを楽しむ。 ◆虫以外にも泥や水を使った遊びなど様々な遊びの中で互いの発見や思いを言葉で伝え合い、一緒に試したり確かめたりすることを楽しむ。
環境構成★保育者の配慮◎	◎自分の発見を伝えようとしている時には、保育者も入ってじっくり話を聞くとともに、周囲の子どもたちの発言にも耳を傾けることで、それぞれの発見や思いを伝え合うやりとりを楽しめるようにする。
家庭との連携	・友だちとのかかわりが広がっていることを丁寧に伝えていく。

職員の連携

・泥遊びの後片づけやシャワーなどが重なる時間帯は、子どもたちが待たされることなく行動できるよう、職員間の役割分担を確実にする。

評価（子どもを捉える視点・見通し）

・それぞれの興味・関心の対象を友だちと共有したり、一緒に探究したりすることを楽しむ姿が見られるか。
・遊びの中で互いのイメージや思いを伝え合いながら、遊びの広がりや展開を楽しんでいる姿が見られるか。
・泥や砂、水などを通して、自分の働きかけによって生まれる変化の手応えを味わい、楽しんでいるか。

保護者との信頼関係を深めていく機会として

個人面談は普段の送迎時にはゆっくり話せないことや、子どもの育ちを保護者と共有していく大切な機会となります。互いの子どもの見方や願いを共有し、理解していくことが信頼関係の構築にもつながっていきます。

「月のねらい」は子どもの姿をもとに、資質・能力の3つの柱を意識して振り返りができるように作ります。本書では特に意識したいものに下線を入れています。
「知識・技能の基礎」　　　　　　　「思考力・判断力・表現力等の基礎」　　　　　　　「学びに向かう力・人間性等」　　　　　　　※下線の詳細はP9を参照

2歳児

6月 の資料

梅雨の晴れ間に出会う生き物や泥、水など子どもたちの興味はいろいろな方向へ広がっていきます。興味をもったものにじっくりかかわれる環境を考えましょう。

飼育活動

生き物を通して育まれる知的好奇心の芽生え

この時期、様々な虫との出会いを楽しんでいる子どもたちですが、図鑑や絵本、観察ケースなどの環境を工夫することで、それぞれの虫の生態や特徴などにより興味をもち、じっくり観察したり、発見を楽しむ姿が生まれてきます。

じっくり観察したり、発見の楽しさを味わえるように

この時期、様々な虫との出会いを楽しんでいる子どもたちですが、本や写真をきっかけに、虫の生態にも興味が広がっていきます。実際に対象と出会った時にも、本で得た知識を試したり、確認したりするなど、自分なりに検証しようとする姿も見られます。また、じっくり観察したり、発見を楽しんだりする姿が見られ始めたら、図鑑や写真絵本を準備したり、観察ケースでクラスで飼育できるような環境を整えてみてもいいでしょう。

最近の子どもたちのお気に入りの1冊。

ある日の散歩先で子どもたちが発見したのはこれ。「本で見たのと一緒だ!」。

「ミミズはこの下にいるんだよね」と本で見た知識をもとにミミズを探し、発見しました。

ミミズは水の中でも生きられるということで「ミミズハウス」を作ってみました。じっくり観察する姿が見られます。

興味の対象はさらに広がっていきます。

1つの経験(ミミズとのかかわり)を通して生き物のおもしろさや不思議さを感じた子どもたちは、ほかの生き物についても興味をもって観察し、様々な発見をしていきます。

「イモムシの絵本持って来よう!」。興味のあることは図鑑や絵本で調べようとする姿が生まれています。さらには、ミミズの本を持って来て、ミミズとの様々な特徴の違いも発見。

さなぎからチョウチョウになった時には、その変化に驚く子どもたち。生き物が変化する不思議を感じているようです。

戸外遊び　泥、砂、水などの感触を味わう

泥や砂、水などは、それぞれ働きかけに応じて、多様な変化が見られます。その変化を感触を通して味わったり、見立てることでイメージが広がったりなど、それぞれの子どもの楽しんでいることを丁寧に捉えながら、それをじっくり経験できるような環境を工夫してみましょう。

「手応え」をじっくり味わえる環境の工夫

雨上がりの水たまりや湿った砂場の土など、いつもと違う変化に子どもたちは敏感に気づき、その違いを楽しんだり、確かめたりする姿が見られます。子どもたちの楽しんでいることの内実を丁寧に探り、そうした変化を自ら生み出したり、試すことのできる環境を用意していくと、子どもたちはその「手応え」をじっくり味わいながら、積極的に環境にかかわり、さらなる発見や遊びの展開を生み出していきます。

泥は、水の量で感触が変わることに気づき、量を調整しながら、その度にペタペタと手で感触を確かめている姿もあれば、「おやつ、作っているの」と自分なりのイメージをもって見立て遊びを楽しむ姿も。それぞれの楽しみ方でじっくり泥や水とかかわれるように、タライやバケツ、スコップなど幅広い道具を手に取りやすい場所に用意しておくことも大切です。

水の流れを追ったり、手を置いてその勢いを確かめたり、いろいろなものを流してみるなど、それぞれに考えたり、試したりする姿が見られます。さらには、もっと水を流したいと自分たちで水を運んで楽しみ始め、砂場に水が溜まるほどじっくり遊び込んでいました。「おもしろい」「こうしたらどうなる？」と考えたり、試したりできるものや空間・時間があることで、「遊び込む」姿が生まれてきます。

今月の保育教材

絵本
『ミミズのふしぎ（ふしぎいっぱい写真絵本（3））』
皆越ようせい／写真・文、ポプラ社

身近なのに知らないことがいっぱいのミミズの生態を鮮やかな美しい写真で描き出している写真科学絵本。産卵や孵化、フンの役割など、ミミズの世界のおもしろさが子どもたちにも伝わります。

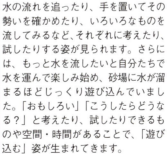

そんな経験の積み重ねが、友だちと一緒に「協同する」楽しさの発見にもつながっていきます。

2歳児 7月の指導計画

前月末の子どもの姿
- 泥や水を使った遊びも続いていて、友だちと一緒にイメージをもちながら遊ぶ姿も増えてきたが、一方で、ものの取り合いや順番などでトラブルになる場面も増えてきた。濡れたり、汚れたりすることへの抵抗感はなくなってきている様子。
- 園庭のプランターで育てている夏野菜の生長を楽しみにして、大きさを確かめたり、保育者と一緒に水やりをしたりする姿が見られる。

それぞれの興味・関心を捉えた、柔軟な環境の構成・再構成

同じ水を使った遊びでも、それぞれにおもしろく感じることや、興味をもつことは違います。それぞれの子が楽しみながら水に親しめるよう、その子が何を楽しんでいるかを捉え、それをじっくり味わえるような環境を常に柔軟に考え、再構成していくことが必要です。

自らやろうとする気持ちを尊重する

水遊びが楽しみになってくると、早く水遊びを始めたいために、その準備（着替え、トイレ）などにも、意欲的に取り組む姿が見られます。しかし、この時期は、やろうとする気持ちはあっても時間がかかったり、援助が必要なこともあります。意欲を尊重しながら、ゆっくり取り組める時間や空間を保障したり、さりげなく手助けをするなど、自立への配慮をしていきましょう。

クラス全体の計画

子どもの姿ベースのねらい●と内容◆

❶ 友だちと一緒に水遊びを楽しむ。
◆ 園庭で色水や様々な容器を使って水遊びを楽しむ。 環境
◆ 色水などを通して生まれる、自分なりの気づきやおもしろいと感じたことを言葉にして友だちに伝える。 人間関係 言葉
◆ 水にふれる心地よさを味わうと同時に、水遊びの解放感を友だちと一緒に楽しむ。 健康 人間関係
◆ 水遊びの前にトイレや着替えなど必要なことに気づき、自分で行おうとする。 健康

❷ 自分の思いや感情を素直に表現しながら、友だちとかかわり、一緒に遊ぶことを楽しむ。
◆ 水遊びやごっこ遊びなどの中で、自分なりのイメージを言葉で表現し、友だちと共有することを楽しむ。 人間関係 言葉 表現
◆ 七夕や夏祭りなど季節の行事を楽しみながら、自分の経験や思いを友だちに伝えようとし、伝わる喜びを感じる。 環境 人間関係 言葉
❸ 様々な食材に興味をもち、食を楽しむ。
◆ みんなで育てている夏野菜の成長に気づき、関心をもつ。 環境
◆ 自分で収穫した野菜を調理してもらって、食べる楽しさを知る。 健康

環境構成★・保育者の配慮◎

それぞれが自分なりのおもしろさを見つけ、味わえる環境構成を

★ テラスに水を入れたタライを複数置いておき、ジョウロや穴のあいたペットボトル、カップなどを用意して、自分たちで汲んだりこぼしたりして無理なく水の感触を楽しめる場を用意する。
★ 子どもたちの遊び方を見ながら、色水やシャボン玉を出したり、洗濯ごっこ用のロープや洗濯バサミを用意したりしていく。
★ 様子を見ながら、水着になりたそうな子には着替えを促し、浅めのビニールプールにつかりながら遊べるような場を設置する。
◎ テラスでの水遊びは転倒などの危険がないよう、ものの配置や子どもの動きに気を配り、安全に楽しめるようにする。
◎ それぞれの楽しみ方を丁寧に見て、おもしろがっていることをじっくり味わえるよう、道具や素材の量や種類を検討していく。

おもしろさを共有し、つながっていくための工夫

★ 個々に楽しむものだけでなく、複数の子どもで一緒に描ける紙や場を用意し、友だちと一緒にする楽しさを味わえるようにする。
★ 同じような容器や素材を複数用意し、興味をもった子どもが一緒にできるような環境を整えておく。

それぞれの思いを尊重し、受け止める姿勢を大切に

★ 七夕や夏祭りなど季節の行事に合わせ、笹飾りや太鼓などを準備していく。
◎ 周囲の環境に触発され、自分の経験を語ろうとする姿を丁寧に受け止め、その経験やイメージを周囲の子どもと一緒に聞いていく。
◎ 水遊びやごっこ遊びの中でも、それぞれの子のイメージを聞き、そのおもしろさを周囲の子どもと一緒に味わい、楽しむようにする。
◎ 「嫌だ」「○○がいい」という主張がぶつかり合う場面も、個々の思いを丁寧に受け止め、気持ちが落ち着くのを待って一緒に考えていく。

食への関心を育む工夫

★ 園庭のプランターで育てている夏野菜の写真を保育室にも貼り、生長を楽しみに感じられる環境を整える。
◎ 食べ頃になった作物は子どもと一緒に収穫し、テラスや保育室などで調理しているところを見たり、一緒に調理する機会をつくる。
◎ ソラマメなど旬の素材の皮むきなどを経験する機会をつくる。

自分でやろうとする意欲を尊重する

◎ 水遊び前後の着替えを自分でやろうとする意欲を尊重し、ゆったりと時間を確保し、やり遂げるのを見守る。手伝いが必要なところは手助けをするが、必要以上のかかわりはせず、少し距離を置きながらゆっくり待つようにする。

「子どもの姿ベースのねらい●と内容◆」の「内容」は子どもの姿をもとに5つの領域を意識してつくります。5つの領域のマークを入れました。
健康 人間関係 環境 言葉 表現　※マークの詳細はP9を参照

| 月のねらい | ❶友だちと一緒に水遊びを楽しむ。
❷自分の思いや感情を素直に表現しながら、友だちとかかわり、一緒に遊ぶことを楽しむ。
❸様々な食材に興味をもち、食を楽しむ。 | 健康・安全・食育の配慮 | ・熱中症にならないよう水分補給をこまめに行う。
・戸外での活動時間を早い時間にずらしたり、短くしたりするなど配慮する。
・換気、室温の調整に気を配り、室内外の温度差や水遊び後の子どもの体感温度に留意する。
・戸外に出る時は虫よけ対策をしっかり行う。 | 行事 | ・避難訓練
・七夕
・プール開き
・夏祭り（夕涼み会） |

 はるか（2歳7か月）

前月末の子どもの姿	・友だちとのごっこ遊びは前月に引き続き楽しんでいる。思い通りにならないことが起きた時には、泣くことで気持ちを表現するようになった。
子どもの姿ベースのねらい◆と内容○	○自分の思いや感情を素直に表現し、相手に伝えようとする。 ◆うれしい気持ちや嫌な気持ちを言葉や態度で表現すると同時に、相手に伝わる喜びを感じる。
環境構成★保育者の配慮◉	◉遊びの中での喜びや嫌な気持ちなどを自分なりに表現しようとしている姿を認め、共感していく。その気持ちが周囲の子に伝わった時には一緒に喜ぶ。 ◉水遊びなど、新しい遊びにも少しずつ参加しているため、興味がありそうなことには、声をかけて誘っていく。
家庭との連携	・自分の思いや感情を表現し、他者に伝えようとする姿勢が育ってきたことを伝え、成長を喜び合う。

家庭との連携

・プールが始まるため、水着やタオルなどの準備と、朝の検温や連絡ノートへの水遊びの可否の記入をお願いし、体調の伝え合いを徹底していく。
・睡眠時間や食事内容についても連絡ノートでしっかり情報共有し、疲れやすい夏の時期に、休息や栄養が不足しないよう互いに注意していく。
・夏祭り（夕涼み会）に積極的に参加してもらえるよう、子どもたちの準備の様子や、当日の予定などをホワイトボードも活用して積極的に発信していく。

職員の連携

・水遊び時は、それぞれの分担をしっかりと確認し、自分の担当に各自責任をもつと同時に、互いに視野を広くもち、配慮が必要なところなどを伝え合うようにする。

評価（子どもを捉える視点・見通し）

・それぞれに水に親しみ、水遊びの楽しさを味わっているか。また、友だちと一緒にする楽しさも生まれているか。
・水遊びやごっこ遊びの中で、自分なりのイメージや思いを言葉やしぐさなどで表現し、それらを友だちと共有して遊ぶ姿が見られるか。
・様々な食材に関心をもち、食べることを楽しむ姿があるか。

 りょうた（3歳1か月）

前月末の子どもの姿	・泥や水を使った遊びをダイナミックに楽しむ。 ・着替えやトイレは自分でしようとする気持ちが強いが、着替えている間にほかのおもしろそうなことに気持ちが向いてしまうことも多く、時間がかかる。
子どもの姿ベースのねらい◆と内容○	○着替えやトイレなどに自ら意欲的に取り組む。 ◆汚れたり、濡れたりしてしまった衣服の着替えや、戸外へ行く前のトイレなど、必要な場面に自分で気づき、身の回りのことを自分でやろうとする。
環境構成★保育者の配慮◉	◉自分で着替え始めたものの、ほかに注意が向いてしまい、なかなか進まない時は声をかけ、自分がするべきことに気づくように配慮する。
家庭との連携	・身の回りのことを自分でしようとしている姿を伝え、家庭でも、自分でしようとする場面を見守ってもらえるよう、対応を共有していく。

個々の思いや感情を受け止める

互いの主張がぶつかり合ったり、自分の気持ちを抑えられなかったりする時もありますが、まずは、それぞれの子どもの思いを丁寧に受け止めていくことをこの時期は優先したいものです。どんな主張でも通るということではなく、たとえ主張は通らなくても、自分の思いをきちんと受け止めてもらえたという実感は、他者への信頼や自尊心の基盤となる大切な経験となります。

日常の暮らしの中で食への関心を育む

日々の暮らしの中で、様々な野菜を育てたり、それらを調理したりすることは、子どもにとって食材や食への関心を育むだけでなく、暮らしそのものを丁寧に豊かに営んでいく文化にふれることにもつながっていきます。

2歳児

7月の資料

夏が近づいてくるこの時期、子どもたちの暮らしも日に日に充実してきます。その暮らしをより丁寧に豊かに営んでいくための工夫を考えてみましょう。

戸外遊び　野菜を育てることを通して食への関心を育む

みんなで楽しみに成長を見守ってきたキュウリやナス、ゴーヤやオクラなどの夏野菜がいよいよ収穫の時期。みんなで食べ頃を確認し、心待ちにしていただけに、その場で調理してもらい、食べる野菜のおいしさは格別のようです。こうした暮らしの中で、食への関心や喜びが育まれていきます。

園庭で野菜を育て、栽培・収穫を楽しむ経験を

保育者や友だちと毎日水やりをしながら成長を見守ってきた夏野菜は、収穫したら、テラスでそのまま切って塩もみしたり、炒め煮など調理してもらい食べると、普段は野菜嫌いな子もおいしそうに味わう姿が見られます。自分たちで育て、収穫した大事な食材だからこその姿ですが、苦手意識をもっていた野菜のおいしさに気づくきっかけになることも……。

園庭に畑のスペースがなくても、プランターがあれば栽培できます。

目の前のリズミカルな包丁の音に、「おいしそう……」と期待が高まります。調理室に預けて昼食のおかずに加えていただくこともありますが、それよりも、その場で調理した時のほうが、子どもたちは食欲が湧くようです。

大きな模造紙にみんなで野菜スタンプを押すと、さらに楽しさや発見が広がります。

今月の保育教材

絵本
『そらまめくんのベッド』なかやみわ／作・絵、福音館書店
そらまめの皮むきをした日、子どもがすぐに持って来たのは、この絵本でした。

食べるだけでなく、野菜スタンプも楽しみました。ゴーヤ、パプリカ、オクラなど、いろいろな断面の違いが楽しめます。

| 環境構成 | **子どもの興味を捉えて柔軟に環境の再構成を** |

子どもたちの遊びが充実するよう、事前に見通しをもって、様々な環境を準備しますが、実際には、子どもたちは想定外のことに興味をもったり、予想していなかった方向へ活動が広がることもあります。そんな時は子どもたちの「今」を丁寧に捉えながら、柔軟な環境の再構成が求められます。

子どもの興味をもとに、日々、再構成されていく環境

子どもたちの日頃の遊びの様子から、次の活動の展開を予測し、様々なものやその配置を計画的に考え、環境構成していきますが、その環境に、一人ひとりの子どもたちが実際にどのようにかかわって、何に楽しさを見つけるかは、必ずしも、予想通りではなく、想定外のことにおもしろさを感じたり、自分なりの楽しみ方を見つけていく姿もあります。しかし、そうした子どもたちの生み出す遊びが、新しい活動やかかわりの大切なきっかけになっていくこともあるため、子どもたちから生まれる新たな遊びの展開に即して、環境を再構成していく柔軟さも大切です。

野菜スタンプをきっかけに絵の具に興味をもつ子も出ていたので、園庭でダイナミックに絵の具遊びができる環境を用意してみました。早速、楽しそうに絵の具で大きな紙に色を塗る姿が見られます。

一方、絵の具遊びの環境で違う遊び方をする子どもも。上）机に直接絵の具をつけて、水のはじき具合を楽しんでいるAちゃん。下）いろいろな空き容器を筆でこすって楽器のように音を出すことを楽しみ始めたBくん。

こんな子どもたちの姿を見て、早速、絵の具以外にも、様々な容器や道具を色水コーナーに補充しました。本格的な水遊びが始まってからも、様々な容器を使って、自分なりに試したり、友だちと楽しんだりする姿があちこちで見られました。

2歳児 8月の指導計画

前月末の子どもの姿
- 水遊びが始まり、プールに入ることを楽しみに登園してくる子どもが多い。水遊びへの期待もあるせいか、着替えなど身の回りのことを自分でやる姿が増えてきた。
- 楽しんで食事に向かっているが、おしゃべりに夢中になって食べるのに時間がかかる子もいる。

それぞれのペースやプロセスを保障する丁寧な環境とかかわり

水とのかかわりは、経験値や個人差によっても、その親しみの度合いは変わってきます。それぞれの子どもが、自分なりのペースで水にふれる楽しさや心地よさを感じられるように、様々な形で水とかかわる環境を用意することが大切です。

子どもの言葉や気づきを先取りしない配慮

友だちと主張がぶつかり合う時は、つい子どもの言葉を代弁したり、互いが納得できるような解決に向けたかかわりをしがちですが、保育者が言葉をかけすぎてしまうと、本当の「納得」に至るプロセスや自分なりの折り合いのつけ方を考える機会を奪ってしまう危険性もあります。解決を急ぎ過ぎず、子ども自身が葛藤に向き合い、折り合いのつけ方を学んでいく過程を大切にしていきたいものです。

クラス全体の計画

子どもの姿ベースのねらい●と内容◆

❶夏ならではの遊びをじっくり楽しみ、解放感や満足感を味わう。
◆全身を使ってプール遊びなどを楽しみ、解放感を味わう。 健康
◆ダイナミックな水遊びに少し気後れしている子どもは、色水やフィンガーペインティング、洗濯ごっこなど、自分なりの方法で水遊びをしながら、少しずつプールにも興味をもって、かかわろうとする。 人間関係 環境 表現

❷友だちとのかかわりの中で相手の思いを感じたり、気づいたりする。
◆見立て遊びやごっこ遊びの中で、相手と自分の「つもり」が違うことに気づき、そのズレを確かめたり、自分の「つもり」を伝えようとしたりする。 人間関係 言葉
◆トラブルになることはあるが、一緒に遊ぶ楽しさにも気づいていく。 人間関係

❸食事や着替えなど生活の仕方がわかり、少しずつ自分でしようとする。
◆涼しく快適な環境で落ち着いて楽しく食べる。
◆着替えや排泄などを意欲的に自分でやろうとする。 健康

環境構成★・保育者の配慮◉

全身を使って遊べる環境の工夫
★タライやミニプールに慣れてきたら、大きいプールの水深を浅くして楽しむ時間をつくる。
★大きいプールでは滑り台なども使い、全身を使って遊べるような環境を工夫する。
★プールに入れない日は、室内でも体を動かして遊べる（マットやはしごを使って、登ったり、ジャンプしたりなど）環境をつくっていく。
◉プールが好きでずっと入っている子どもには、水から出る休憩時間をつくり、体が冷えすぎないように配慮する。
◉水遊び以外に、天候や時間を見ながら散歩に出かけ、かけっこや虫捕りを、青空の下、伸び伸び走る解放感も味わえるようにする。

水に親しむ各自のペースや過程の保障
★大きいプールに少し気後れしている子どもも、無理なく、水にふれることを楽しめるよう、プールの近くに色水やフィンガーペインティングなどの環境をつくる。
◉それぞれの遊びで見つけた楽しさを一緒に味わい、じっくり水とかかわれるようにする。
◉「やってみたい」という気持ちが出てきた時は、そっと寄り添って不安な気持ちを支え、楽しさが味わえるように丁寧にかかわる。

友だちとのかかわりから生まれる気づきを大切に
★見立て遊びやごっこ遊びの素材を様子を見ながら追加し、イメージが広り、友だちと共有しやすい環境を保障していく。

◉友だちと主張がぶつかり合う時、子どもの思いを代弁し過ぎたり、言葉で介入し事態の整理を急いだりせず、子どもが自分で伝えようとする言葉をじっくり聞くよう心がける。
◉言葉が伝わらず、思い通りにならないことやモヤモヤを感じている姿を受け止め、その気持ちに寄り添うことを大切にしていく。その上で、一緒に考え、相手の様子を見ながらかかわり方を探る姿も丁寧に支えていく。

みんなと一緒に食べることを楽しむ
★午前中に水遊びを楽しむ日は、保育室に戻ってくるタイミングが揃ってくるため、みんなで昼食を食べられる配置にし、それぞれの席を固定にする。
◉着替えなどが終わった子たちと絵本などを見ながら待ち、ほとんどの子が揃ってから食事に向かうようにする。
◉落ち着いた雰囲気で食べられるよう、分担して配膳し、保育者の動きが慌ただしくならないようにする。

子どもが主体的に生活できるペースを大切に
◉着替えや衣服の調節は、子ども自身が気づいたり、自分でしようとする姿を大切にしつつ、丁寧にかかわっていく。
◉遊びに夢中になるとトイレを忘れたり、行きたくない気持ちも出てくるため、気持ちよくトイレに向かえるよう、遊びの切り替わりの時などに声をかけ、自分で「行こう」という気持ちになれるようなかかわりを心がける。

| 月のねらい | ❶夏ならではの遊びをじっくり楽しみ、解放感や満足感を味わう。
❷友だちとのかかわりの中で相手の思いを感じたり、気づいたりする。
❸食事や着替えなど生活の仕方がわかり、少しずつ自分でしようとする。 | 健康・安全・食育の配慮 | ・プールや水遊びが増えてくるため、保護者と子どもの健康面の情報共有を丁寧に行っていく。
・水遊び後は室温に気をつけ、体が冷えすぎないよう留意する。
・暑さやプール遊びで疲れやすくなっているため、遊び後は睡眠や休息が十分取れるように配慮する。 | 行事 | ・避難訓練
・スイカ割り |

はるか（2歳8か月）

前月末の子どもの姿	・前月からブームのお医者さんごっこを友だちと一緒に楽しんでいる。友だちに「〇〇ってこと？」と、相手の意図を確認する姿も見られる。 ・水遊びを楽しんでいるが、顔に水がかかるのが嫌なようで、プールにはあまり入ろうとしない。
子どもの姿とベースのねらい◆と内容〇	〇水遊びをじっくり楽しみ、解放感を味わう。 ◆色水や洗濯ごっこなどの興味をもった遊びを通して、水や絵の具の感触を楽しみ、青空の下、友だちと一緒に伸び伸び遊ぶ心地よさを味わう。
環境構成★保育者の配慮◎	★色水のコーナーなどはプールの近くに設置し、プールで遊んでいる友だちの姿を見ながら楽しめるようにする。
家庭との連携	・友だちとのかかわりの深まりや、遊びの種類が広がってきている様子を具体的に伝えていく。

家庭との連携

・暑さのために、食欲が落ちたり、疲れが見られたりすることもあるため、睡眠や健康状態についての情報共有を丁寧に行っていく。
・夏休みに入る家庭も出てくるため、夏休み中の様子も丁寧に聞くと同時に、保護者にも休み明けの様子などをこまめに伝え、子どもが無理なく、生活の変化に対応できるよう配慮していく。
・夏に流行る病気（感染症）の症状や対策はおたよりなどで具体的に伝え、予防に努める。

職員の連携

・職員も夏季体制になるため、情報交換を密にし、引継ぎなどをしっかり行っていく。
・水遊びの際の分担や、子どもの着替え・食事の場面での連携の取り方については、事前にしっかり確認を行い、共通認識をもって対応できるようにする。

評価（子どもを捉える視点・見通し）

・夏ならではの水遊びをじっくり楽しみ、それぞれに解放感や満足感を味わえているか。
・友だちとのかかわりを重ねる中で、自分とは異なる相手の思いを感じたり、気づいたりしているか。
・食事や着替えなど生活の仕方がわかり、自分でしようとする意欲が見られるか。

りょうた（3歳2か月）

前月末の子どもの姿	・様々な水遊びを積極的に楽しんでおり、大きなプールにも率先して入る姿が見られる。 ・夏野菜の収穫をきっかけに苦手なキュウリを食べられるようになったことが自信になり、ほかの苦手な食材にもチャレンジする姿が出てきた。
子どもの姿とベースのねらい◆と内容〇	〇全身を使って水遊びを楽しみ、解放感・満足感を味わう。 ◆大きなプールでダイナミックに遊び、友だちと一緒に伸び伸び遊ぶ楽しさを味わう。
環境構成★保育者の配慮◎	★全身を使って遊べるよう、プールでの遊びの種類や環境を工夫していく。 ◎食に関心をもって食べることを楽しみ、自信もついてきているので、「美味しいね」と共感しながら楽しく食べられる雰囲気をつくっていく。
家庭との連携	・食材への興味や好みの変化を丁寧に伝え、本人の喜びを家庭と共有する。食べた時の調理法や状況についても具体的に伝えていく。

子どもの育ちに合わせた食事場面の工夫

遊び方や片づけに向かうタイミング、準備のペースがそれぞれ異なる新年度の間に、「みんなで揃って」が優先されてしまうと、待たされたり、急かされたりする子どもが出てきてしまいます。一方、少しずつ生活のペースがつかめ、友だちとのかかわりも広がって、「みんな一緒」が楽しくなってくる時期もあります。いつも同じ形ではなく、子どもの育ちに合わせて、楽しみながら食事に向かえる形を、その都度検討していくことも必要です。

子ども自身が生活の主体になれるように

保育者の決めたタイミングやルーティンに従う生活ではなく、子ども自身の気づきを待ったり、個別に声をかけていく丁寧なかかわりが、子ども自身が自分で着替えのタイミングや必要性に気づき、判断できるようになっていく育ちを支えていきます。

「月のねらい」は子どもの姿をもとに、資質・能力の3つの柱を意識して振り返りができるように作ります。本書では特に意識したいものに下線を入れています。
「知識・技能の基礎」　　　、「思考力・判断力・表現力等の基礎」　　　、「学びに向かう力・人間性等」　　　　※下線の詳細はP9を参照

2歳児

の資料

プール遊びを中心に、全身を使って伸び伸びと遊びを楽しむ姿が見られます。
身の回りのことを自分でしようとする姿も増え、様々な面で育ちが感じられる時期です。

水遊び　様々な水遊びの展開を楽しむために

夏の暑い時期、子どもたちはプールでの水遊びはもちろん、それ以外にも様々な水とのかかわりを楽しんでいます。最初は、水がかかることが苦手な子どももいるかもしれませんが、その子なりに水に親しみ、楽しさを感じられるような過程を大切にしていきましょう。

水に親しんでいくプロセスもそれぞれ

水遊びは多くの子どもたちが楽しみにしている大好きな遊びですが、中には、水に濡れるのが苦手だったり、顔に水がかかる大きいプールは怖かったりする子どももいます。それぞれのペースで水にふれる楽しさを知ったり、心地よさを感じるためには、プール以外にも様々な水遊びの場や機会が用意されている必要があります。テラスや砂場など、いろいろな場で少しずつ水とかかわる楽しさを味わっていけるよう、それぞれの過程を丁寧に支えていきましょう。

色水遊びで慎重に色を混ぜる子どもの後ろでは、大きなタライを直接かき回して、魚釣りのイメージを広げている子もいます。夢中で遊んでいるうちに、いつの間にか服もびっしょり。

小さいプールで友だちと座っていることが心地よかったり、いろいろなおもちゃで遊ぶことを楽しんだり、楽しみ方はいろいろ。日々、水に親しむことで、少しずつ大きいプールで思い切り体を動かして遊ぶことも楽しくなってきます。

水を入れたタライでハンカチなどを洗って干す洗濯ごっこをしているうちに、濡れてしまった自分の服もジャブジャブ洗濯していました。

今月の保育教材

絵本
『わにわにのおふろ』小風さち／文　山口マオ／絵、福音館書店
お風呂で遊ぶわにわにの姿が、水遊びが大好きな自分たちと重なるようで、この時期、特に楽しむ姿が見られます。

生活　一人ひとりが生活の主体者となるように

食事や着替え、排泄など生活にかかわることは、単に「こうすることになっている」というきまりとして取り組むのではなく、一人ひとりの子どもが、自分で気づき、判断しながら進めることが大切です。主体的に生活を営む力を育むには、どのような援助や配慮が必要なのでしょうか？

「いただきます」はその時々の子どもの姿に合わせて

新年度は、それぞれのペースに合わせることを優先し、食事は揃った子から順番に少人数で食べていましたが、夏が近づき、水遊びやプールが始まり、保育室に入ってくる時間が揃ってきたのをきっかけに、食事の席を決めて、みんなで一緒に食べるようにしてみました。みんな揃って「いただきます」をするのがうれしいようで、誘い合って席に着いたり、支度の遅い友だちを呼びに行く様子も見られます。

※秋以降は、それぞれの遊びの幅が広がってきたのと、自分のペースやタイミングで着替えや排泄をするようになったため、一斉ではなく、席に着いた人から数人ずつ一緒に食べ始めるように変えていきました。その時々の子どもの姿に合わせて、食事のとり方も柔軟に変えていくことが求められます。

席を決める時も、その席を嫌がる子や、真ん中の席だと周りが気になって落ち着いて食事に向かえない子もいるため、子どもの様子を見ながら、少しずつ入れ替えます。子どもに合わせて柔軟に調整していくことも大切です。

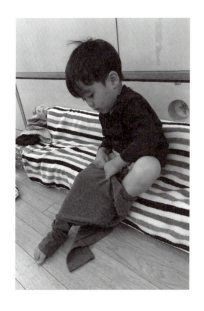

着替えや排泄も、子どもが主体となれるように

着替えや排泄の自立の過程は、個人差も大きいため、細やかな配慮が必要になります。保育者に言われたからではなく、「暑いから1枚脱ごう」「汚れちゃったから着替えよう」と子どもが自分で考え、判断できるようになるためには、先回りした働きかけを控え、子ども自身の気づきを待って声をかけていくことも大切です。そうした丁寧なかかわりを重ねていくと、食事の前に、友だちに「手を洗った？」と声をかける姿が見られたり、トイレに行き忘れて食べ始めた子から「あ、トイレに行くの忘れてた。食べ終わったら行こう」という声が聞こえたりなど、それぞれの子どもたちが、自分で気づいたり、自分なりにどう行動すべきかを考えながら生活する力が育ってきていることに気づきます。

159

2歳児 9月の指導計画

前月末の子どもの姿
- 夏の間に園や家庭でお祭りに参加した経験からか、太鼓や踊りに興味をもち、自分たちで音を鳴らし、リズムをとって楽しんでいる。
- 「一緒に〇〇しよう」「〇〇に行こう」と友だちを誘って遊ぼうとする姿も見られるようになってきた。
- 夏によく読んだおばけの絵本の影響か、保育者に「おばけになって」と頼み、追いかけっこを楽しむ姿が見られる。

子ども自身がおもしろがっていることをもとに広がる子ども主体の探究

子ども自身がおもしろさを感じていることに目を向け、それを保育者も一緒になっておもしろがり、共に探究していく姿勢が、子どもたち自身の探究を支え、さらなる探究の範囲や対象の広がりにもつながっていきます。

様々な展開やつながりが生まれるための環境の工夫

子ども自身が見つけたおもしろさや発見が、さらにほかの子どものおもしろがっていることとつながったり、新しい展開が生まれたりするためには、その広がりやつながりが生まれるような空間や時間を含めた環境の工夫が必要になります。

クラス全体の計画

子どもの姿ベースのねらい●と内容◆

❶ いろいろな音や体の動きを見つけて楽しむ。
◆ 身の回りのものを使って「音」を出し、「音」の違いに気づいたり、工夫して様々な「音」を出したりすることを楽しむ。 表現 環境
◆ 音に合わせて体の動きを工夫し、友だちと一緒におもしろい動きを見つけていく。また、音に合わせたリズムを見つけ、リズムが合う楽しさを知る。 表現 人間関係
◆ 自分たちがおもしろいと思う「音」が出る楽器を、友だちと一緒に工夫しながら製作し、それを演奏して、様々な音やリズムの重なりを楽しむ。 表現 環境 人間関係

❷ 友だちと一緒に体を動かす心地よさを知る。
◆ 追いかけっこやしっぽ取りゲームなどを通して、友だちと一緒に体を動かして遊ぶ楽しさを知る。 健康 人間関係
◆ 簡単なイメージやルールを共有して遊ぶ楽しさを味わう。 人間関係 言葉

❸ お話の世界のイメージを友だちと共有して遊ぶ楽しさを味わう。
◆ クラスで楽しんでいる絵本や紙芝居などのお話をもとに、みんなでイメージを共有しながら、ごっこ遊びなどのやりとりを楽しむ。 人間関係 言葉 表現

環境構成★・保育者の配慮◎

身近にあるものから様々な「音」を見つける楽しさを味わえるように
★ お祭りの太鼓に興味をもった子たちが、自分たちで太鼓作りを楽しめるよう空き箱や食品用ラップの芯などを用意しておく。
★ 太鼓以外にも様々な音に出会えるよう、ペットボトルやヨーグルトなどの空き容器や棒状のもの、ビーズ類など多様な素材を用意する。
◎ 自分で作った楽器でいろいろな音の出し方を楽しんでいる様子に寄り添い、出てくる音のおもしろさや鳴らし方の工夫を共有し、一緒に楽しんでいく。
◎ 散歩に行った際にも、戸外の様々な音に興味をもって、音を発見する子どもたちのつぶやきを丁寧に拾っていく。

体が動き出す楽しさ、リズムが合う心地よさを味わえるように
★ 音を出すことを楽しんでいる子どもたちの様子を見ながら、保育室のスペースを広く取り、動きも楽しめるような空間を確保する。
◎ 音に合わせて動きやリズムを楽しむ子に、一緒に体を動かしながら、その楽しさが周囲にも伝わっていくようかかわりを工夫する。

絵本の世界から生まれる共有の楽しさ
◎ 追いかけっこの「追う-追われる」やりとりを楽しみ始めた子どもたちの遊びをクラス全員で共有できるよう、子どもたちの好きなお話(『三びきのこぶた』など)のストーリーに即して、保育者がオオカミやおばけになって、みんなで楽しめる機会をつくっていく。
◎ 「追われる」ことに緊張感をもつ子には、無理なく楽しめるよう、保育者と一緒に追う側になるよう誘い、それぞれの参加の仕方を認めていく。

簡単なルールを共有して遊ぶ楽しさも味わえるように
◎ しっぽ取りゲームなど、ルールがわかりやすく、途中参加のしやすい遊びを、興味をもった子たちを中心に楽しんでいく。

お話の世界のイメージをもとに広がる遊びややりとりを楽しめるように
◎ お気に入りのお話の文脈に即して、追いかけっこややりとりを楽しむ機会を積極的につくっていく。
◎ 絵本を読む時も、くり返しやお決まりのフレーズなどはみんなで息を合わせて声に出し、そのやりとりを楽しんでいく。

「子どもの姿ベースのねらい●と内容◆」の「内容」は子どもの姿をもとに5つの領域を意識してつくります。5つの領域のマークを入れました。
健康 人間関係 環境 言葉 表現 ※マークの詳細はP9を参照

月のねらい	❶いろいろな音や体の動きを見つけて楽しむ。 ❷友だちと一緒に体を動かす心地よさを知る。 ❸お話の世界のイメージを友だちと共有して遊ぶ楽しさを味わう。	健康・安全・食育の配慮	・残暑が続くため、引き続き水分補給などに留意し、汗をかいた場合の着替えやシャワーなどをこまめに行っていく。 ・季節の変わり目は、疲れが出ていないかなど、体調の変化を気をつけて見ていくようにする。	行事	・避難訓練 ・祖父母参観

はるか（2歳9か月）

前月末の子どもの姿	・お医者さんごっこなど友だちとイメージを共有して遊ぶことを楽しんでいる。 ・トラブルがあった時には、保育者に経緯を説明したり、自分なりに事態の収拾を図ろうと相手に言葉で交渉したりする姿が見られる。
子どもの姿ベースのねらい◆と内容○	○友だちと一緒に体を動かす遊びを楽しむ。 ◆追いかけっこやしっぽ取りなど体を使って遊ぶことの楽しさを知ると同時に、友だちとのやり取りを楽しむ。
環境構成★保育者の配慮◎	◎日頃、はるかちゃんが楽しんでいるストーリーやイメージをもとにした体を使った遊びに誘ってみることで、その楽しさを味わうきっかけをつくる。
家庭との連携	・遊びの中で言葉が豊かになってきている様子やトラブルを解決しようとする姿などを伝え、育ちを共有し喜び合う。

りょうた（3歳3か月）

前月末の子どもの姿	・追いかけっこが大好きで、自分から保育者を誘って始めるが、捕まるのは嫌で、捕まりそうになると顔を強張らせ、捕まった時には泣きながら「捕まってない！」と抗議する姿もある。
子どもの姿ベースのねらい◆と内容○	○簡単なルールや役割を共有しながら、安心して遊ぶ楽しさを知る。 ◆「追う-追われる」ことを安心して味わいながら、たくさんの友だちと一緒に遊ぶ楽しさを味わう。
環境構成★保育者の配慮◎	◎追われることや捕まることへの不安が払しょくできるよう、一緒に追う側になってみたり、しっぽ取りの際は、しっぽの数を増やしたりするなど様々な場面で工夫していく。
家庭との連携	・遊びの中で葛藤しながらも、不安な気持ちを自分なりに乗り越えようとしている姿を具体的に伝え、本人の頑張りを一緒に見守っていく。

家庭との連携

・運動会が近づいているため、その趣旨や、運動会に向けての子どもたちの様子を様々な形（ホワイトボードやおたより、送迎時の会話など）で丁寧に発信していく。
・残暑が続き、汗をかくことも多いため、多めの着替えやシャワーの用意を引き続きお願いしていく。

職員の連携

・運動会に向けて、プログラムの趣旨やねらいをしっかり話し合い、共通認識をもって、日常の子どもたちの遊びにかかわっていけるようにする。
・追いかけっこなど広いスペースを使いたい遊びが増えてくるため、園庭やホールなどの使い方や使える時間などをほかのクラスの保育者と話し合い、調整しておく。

評価（子どもを捉える視点・見通し）

・いろいろな音や体の動きを見つけることを楽しんでいるか。
・友だちと一緒に全身を動かす心地よさを味わっているか。
・普段から好きなお話の世界のイメージをもとに、そこから生まれる遊びの展開を友だちと共有したり、楽しんだりしているか。

「みんなで」遊ぶ楽しさを味わうために

少しずつ一緒に遊ぶ人数が増え、ルールや役割のある遊びのおもしろさを味わい始める時期ですが、多くの友だちと一緒に遊ぶ楽しさを知るためには、必ずしも、最初から「ルール」や「手順」を説明する必要はありません。ルールを正確に理解していなくても自然発生的に生まれ、数人の子どもたちと遊びを通してその遊びのおもしろさに惹きつけられたり、巻き込まれたりしていくような形で遊びが伝播し、少しずつそこでのルールに気づき、互いに共有していくプロセスも大切にしたいものです。
伝播が生まれやすくなるためには、子どもにとっての共有の手がかりとなるものを工夫していく必要がありますが、普段、「みんな」で親しんでいる絵本や紙芝居の物語などを活かしていくのも一案です。

9月の資料

2歳児

夏の暑さも和らいで、遊びがより活動的になり、夏の体験をもとに
新しい興味が広がってくる時期だからこそ、その展開を支える工夫を考えてみましょう。

音遊び　夏祭りの余韻から始まった「音」探し

夏の間に出会った様々な体験から、子どもたちの新たな対象への興味・関心が広がっていきます。
例えば、夏祭りは、子どもたちにとって、盆踊りや縁日など様々な楽しさと出会う機会ですが、
お囃子を通して太鼓の音や迫力と出会い、多様な「音」への興味が広がっていくこともあります。

子どもの興味を捉えることから生まれる主体的な探究

　夏休みの間に夏祭りに行ってきた子どもたちが多く、お祭りの音楽を流して盆踊りを楽しむ子がいる一方で、太鼓のまねをして大きな「音」を出し、音やリズムを楽しんでいる子どもの姿がありました。

　子ども自身がおもしろさを感じたり、興味をもったりした対象（音やリズム、音が出る道具）に目を向け、そのかかわりが広がるような環境をさりげなく用意していくと、子どもたちの探究の範囲がどんどん広がっていきます。そんな探究を通して、自分自身が発見したことだからこそ、だれかに伝えたり、共有したいという思いにつながるようです。

太鼓に興味をもった子どもたちと一緒に空き箱と食品用ラップの芯や棒で太鼓とバチを作ったところ、太鼓を叩きながら音の強さやリズムを楽しむ姿が出てきました。

何度もくり返し太鼓を鳴らすうち、太鼓の作り方や叩き方にもその子なりの工夫が生まれてきました。

ペットボトルや空き容器など、思い思いにいろいろな材料を使って、「こんな音がした！」と自分の発見した「音」を伝え合ったり、互いの「音」を重ねて合奏したり、思わず体が動き出し、新しい楽しみ方が見つかっていきます。

園庭で外壁や支柱、おもちゃなどを叩いて、叩く道具によっても出る「音」が違うことに気づき、いろいろなものでどんな音が出るか試し始めました。

散歩先でも、川の音、葉っぱの音、工事の音など、いろいろな音に出会います。「パリパリの音がした」など、自分の感じ取った音を言葉で表現しようとする姿も生まれています。

探究の広がりを支える援助

　子どもたちがおもしろいと思ったことに対しては、どんどん広がりが生まれてきます。様々な「音」の違いを見つけることが楽しくなった子どもたちは、外でも「音」を探し始めました。

　子どもたちの発見を、その場で一緒に味わうだけでなく、ICレコーダーで録音し、クラスに戻ってから、子どもたちと一緒に再生して楽しむ工夫をしてみると、ますます子どもたちの探究と共有が広がっていきました。

運動遊び　体を動かす楽しさを味わう行事の工夫

追いかけっこなど「追う-追われる」という役割や簡単なルールのある遊びを楽しみ始めた子どもたち。その遊びをもとにさらに多くの友だちと「みんなで」楽しむ工夫を考えてみましょう。運動会など体を動かすことを楽しむ行事も近づく時期だからこそ、そうした遊びを行事につなげていくのも一案です。

子どもたちの大好きな物語を通して生まれる遊びの展開

ルールや役割のある遊びへの理解や楽しみ方は、子どもによって違います。遊びの中で、身近な友だちとのかかわりややりとりを楽しみ始めた子どもたちが、徐々に「みんなで」遊びを共有することの楽しさを知ったり、そうした楽しさを自分たちでも生み出していくようになるためには、まずは、自然な形で「みんなで」遊ぶ楽しさを味わう経験の積み重ねが必要です。そんな時、クラスで楽しんでいる絵本や紙芝居などの物語は、その文脈やイメージを共有しやすく、子どもたちが一緒に楽しむベースになります。

担任に「おばけになって」と言い、おばけとの追いかけっこを楽しむ子どもが増えてきました。クラスみんなで楽しめる遊びができるといいと考え、最近みんなが大好きな『三びきのこぶた』のイメージで、園庭の東屋をこぶたの家に見立てて遊びに誘ってみました。

みんながこぶたになって遊んでいる家に、オオカミ役の保育者が近づきます。迫力たっぷりに家を吹き飛ばそうとするオオカミを、期待と緊張の面持ちで見つめる子どもたち。

オオカミに家を吹き飛ばされ、みんなでオオカミから逃げています。いつも親しんでいるお話だけに、子どもたちもなりきりながら、「追う-追われる」やりとりを楽しんでいます。

今月の保育教材

絵本
『おおきなかぶ』A. トルストイ／再話、内田莉莎子／訳、佐藤忠良／画、福音館書店
『三びきのこぶた』と同様にくり返しの楽しさを味わえる絵本です。お決まりのフレーズでは、みんなでリズムに乗って揃って声を出し、一体感を楽しんでいます。「みんなで」が楽しくなってきたからこそ、じっくり楽しめる時期かもしれません。

運動会の種目などは日常の遊びから展開する工夫を

子どもたちが、全身を思い切り使って追いかけっこを楽しんでいる様子を受けて、翌月の運動会は、この『三びきのこぶた』の追いかけっこをベースにしたゲームを保護者と一緒に楽しむことにしました。このように、運動会は、特別な練習を重ねて見せる種目ではなく、保護者と一緒に体を動かすことを楽しむ機会と捉え、普段の子どもたちの遊びから展開していくことで、子どもも保護者も楽しめる行事になります。

2歳児 10月の指導計画

前月末の子どもの姿
- 戸外で追いかけっこやボール遊びなどをすることを好み、走る、投げる、跳ぶなど体を動かして遊ぶことを楽しんでいる。
- ごっこ遊びが続いているが、様々なものや場所を自分の遊びのイメージに即した形で活用し、遊びが広がることを楽しむ様子が見られる。
- 着替えや排泄の必要なタイミングに自分で気づき、友だちの姿を見て自らやろうとする姿も増えてきた。

「ごっこ」のイメージの具現化を助ける物的環境の工夫

子どもたちがイメージをより具体的に形にでき、友だちとのイメージの共有につながっていくよう、遊びの様子を見ながら、見立てやすいものを用意します。自分たちの文脈に合ったものを自分たちで選び、工夫しながら使う姿が生まれてきます。

自分たちで生活を創り出す姿を支える

子どもが自分でやろうとする姿を尊重し、自分でできるという自信や自尊心をもてるよう、子ども自身に任せたり、時間がかかっても待ったりする姿勢を心がけましょう。そうした丁寧なかかわりが、子どもの自立的な生活を支えていきます。

第1週

子どもの姿ベースのねらい●と内容◆

- ❶ 戸外で全身を思い切り動かして遊ぶ心地よさを味わう。
- ◆ 前月から引き続き、『三びきのこぶた』やしっぽ取りなどを通して、追う-追われるやりとりをみんなで楽しむ。 健康 人間関係 表現
- ❷ 友だちと一緒にイメージを共有しながら遊びを展開する楽しさを知る。
- ◆ 夏前から続いている「お医者さんごっこ」や「おうちごっこ」などを通して、友だちとイメージを共有して遊ぶ楽しさを知る。 人間関係 環境 言葉 表現
- ❸ 手洗い、着替え、排泄などの生活習慣が身につき、自らやろうとする。
- ◆ 着替えや排泄の必要な場面に気がつき、自分でやろうとする。 健康

環境構成★・保育者の配慮◎

イメージの共有を助ける物的環境の工夫
- ★ 子どもたちが楽しんでいる「おうちごっこ」と「お医者さんごっこ」のイメージに即した見立てができそうなもの（エプロン、ままごとの素材、お医者さんの聴診器になりそうなものなど）を用意していく。
- ◎ それぞれのイメージが伝わりにくい時には、ごっこの文脈に合わせて遊びに加わり、それぞれのイメージが言葉や動きで伝わるように問いかけやかかわりを工夫する。

身の回りのことを自らやろうとする意欲を支える
- ◎ 自分でやろうとする姿を尊重し、必要以上に手伝ったり、急かしたりしないよう心がける。
- ◎ 個々の姿に応じて、衣服の表裏の違いや直し方など個別に知らせていく。また、手伝ってほしいことや甘えたい気持ちなど、その時々の子どもの思いは丁寧に受け止めていく。

個別配慮
- ゆうきくん：登園してくると、しばらく保育者の膝の上で過ごし、遊び始めるのに時間がかかる様子が出てきた。気持ちを受け止めつつ、家庭とも丁寧に情報を共有し、遊び出しに丁寧にかかわるようにしていく。

第2週

- ◆ 運動会当日は、普段楽しんでいる追いかけっこをもとにした遊びを保護者と一緒に楽しみ、体を動かす心地よさを共有する。 健康 人間関係
- ◆ 様々なものや場所などの環境を、自分たちの「ごっこ」のイメージに即して活用しながら、ごっこ遊びを展開していく。 人間関係 表現 環境

日常の遊びから行事（運動会）への展開を
- ◎ 子どもたちが楽しんでいる『三びきのこぶた』の追いかけっこを、それぞれ役割を交替しながら、勝敗も楽しめるようアレンジし、子どもたちと一緒に楽しんでいく。
- ◎ 集まりの時などに、運動会の話をし、運動会を心待ちにする気持ちを共有していく。
- ◎ 運動会当日は保護者にもその楽しさを共有してもらえるよう、子どもたちが日々楽しんでいる遊びの様子を事前に様々な方法で発信し、伝えていく。

家庭・地域・学校との連携
- 運動会前後の子どもたちの遊びの様子を送迎時やホワイトボード、おたよりなどで具体的に伝えていく。

「子どもの姿ベースのねらい●と内容◆」の「内容」は子どもの姿をもとに5つの領域を意識してつくります。5つの領域のマークを入れました。
健康 人間関係 環境 言葉 表現 ※マークの詳細はP9を参照

	月のねらい	健康・安全・食育の配慮	行事
	❶戸外で全身を思い切り動かして遊ぶ心地よさを味わう。 ❷友だちと一緒にイメージを共有しながら遊びを展開する楽しさを知る。 ❸手洗い、着替え、排泄などの生活習慣が身につき、自らやろうとする。	・涼しくなってきたので、衣服の調節に気をつけ、体調の変化にも気を配る。 ・戸外から保育室に入る際に、手洗い、うがいをするよう促し、風邪などの感染症予防に努める。 ・旬の食材を目の前で一緒に調理し、様々な食べ方を楽しめるようにしていく。	・避難訓練 ・運動会 ・イモ掘り

第3週	第4週
◆運動会で体験した遊びや幼児クラスの競技（かけっこ、リレー、ダンスなど）をまねして楽しんだり、自分のやりたいことを友だちにも伝え共有したりしていく。 健康 人間関係 言葉	◆手作り楽器で奏でる音やリズムに合わせて、友だちと一緒におもしろい体の動きを発見し、その楽しさを共有していく。 健康 表現 人間関係
◆戸外でも身近な環境を自分たちのイメージに即したものに見立て、そのイメージを友だちと共有しながら、ごっこ遊びを楽しむ。 人間関係 環境 表現 言葉	◆自分のイメージや意図を友だちに伝え、友だちのイメージや意図を受け止め、それらのイメージをもとに新たな遊びの展開が生まれてくることを楽しむ。 人間関係 環境 表現 言葉
◆手洗いの必要性と方法について知り、日々の生活の中で自らやろうとする。 健康	◆手洗いを忘れている友だちに気づいて声をかけるなど、友だちと一緒に健康な生活を営もうとする。 健康 人間関係
身近な環境の見立てからイメージの共有が広がるように ⦿子どもたちが新しいイメージや見立てを発信する姿が生まれてきたら、様子を見ながら、それが持続し、ほかの子どもとも共有しやすくなるような環境の工夫や提案をしてみる。 ★翌日も同じ遊びができるよう、散歩先をしばらく同じところにしてみたり、室内の場合は、衣装や小道具の置き場所を工夫したりする。 **健康な生活の創り手となるために** ★子どもが自分で手を洗いやすく、こすっている手がしっかり見えるよう洗面台の高さを確認し、高い場合は、踏み台などで調整しておく。 ⦿子どもの様子を見ながら、看護師と連携して、手洗い・うがいの必要性と方法について、子どもたちに説明してもらう機会をつくっていく。	**遊びが広がる楽しさに出会えるように** ★手作り楽器で音やリズムを楽しんでいる子どもたちが、楽器を演奏するだけでなく、音に合わせて体が動き始めた時に、大きく動きやすかったり、ほかの子どもたちにも伝播しやすかったりするよう空間を広めに用意しておく。 ★時には、テラスでハーモニカやギターなどを使い、子どもと歌を楽しむ機会をつくり、戸外でも音やリズムに合わせて、歌ったり、体を動かす心地よさを味わえるようにしていく。 ⦿子どもが新しい動きや踊りをし始めた時には、一緒におもしろがり、ほかの子どもも誘いながら共に楽しんでいく。 **健康な生活への意識を継続してもつために** ⦿手洗いやうがいを忘れやすい子には、生活の中で丁寧に声をかけていき、洗った後の気持ちよさを一緒に味わうようにしていく。

日常の遊びや生活の延長線上にある行事のあり方

運動会や発表会などの行事を、特別な練習や準備を重ねた「成果発表」の場ではなく、子どもたちの遊びや生活の中で生まれた「学び」や「育ち」を保護者と共有する機会と捉え、日々の遊びや生活の延長線上にあるものとして位置づけていくことも大切です。
そのためには、その行事の趣旨や、そこに至るまでの子どもたちの遊びの過程などを丁寧に保護者へ発信していくことが重要です。

評価（子どもを捉える視点・見通し）	・戸外で全身を思い切り動かして遊ぶ心地よさを味わっているか。 ・友だちと一緒にイメージを共有しながら遊びを展開していくことを楽しんでいるか。 ・手洗い、着替え、排泄などの生活習慣が身につき、自らやろうとしているか。

「月のねらい」は子どもの姿をもとに、資質・能力の3つの柱を意識して振り返りができるように作ります。本書では特に意識したいものに下線を入れています。
「知識・技能の基礎」......、「思考力・判断力・表現力等の基礎」_____、「学びに向かう力・人間性等」_____ ※下線の詳細はP9を参照

10月の資料

2歳児

友だちとのかかわりが深まり、自分たちで遊びや生活を主体的に展開していこうとする姿も増えてくる時期です。それを支える援助を考えていきましょう。

ごっこ遊び 身近な環境の見立てにより展開していく

友だちとイメージを共有しながら遊ぶことが楽しくなってくる時期。身近なものや場所を、様々なものに見立てながら遊びを展開していきます。そこには、日常の家庭や地域におけるそれぞれの生活体験も反映され、遊びの文脈にさらなる広がりとおもしろさが生まれてきます。

生活体験の共有から生まれる「○○ごっこ」

夏のある日、子どもたちのお気に入りの公園にある木の下で、持っていたボールを使って「ボール屋さんごっこ」が始まりました。「ボール、いりますか？」「ください」「どうぞ」。この頃は、「お店屋さん」であることは共有されているものの、まだまだシンプルなやりとりでした。しかし、友だちとイメージの共有を楽しみながら遊びを重ねるうちに、そのやりとりにも、少しずつ本物の「お店屋さんらしさ」が生まれてきます。それぞれが経験したことのある「お店」のやりとりを模倣し、再現しながら、なりきって遊ぶことを楽しんだり、友だちの動きを参考に、新たなイメージを友だちと共有していくことを楽しむ姿が見られます。

「ボール、いりますか？」。手に持っていたボールを商品として「お店屋さん」のやりとりを楽しんでいます。

そんなやりとりを楽しんでいたある日、木の側に立てられていたプレート（樹木名が書かれている札）をメニューのように示しながら「いらっしゃいませ。何にしますか？」と飲み物を選ぶよう促す姿が。言われた子どもは、プレートを見ながら、飲み物を注文しています。コーヒーショップのイメージでしょうか？　さらに、料金のやりとりも……。

「見立て」の共有から生まれる「ごっこ遊び」のさらなる展開

翌日以降、ドリンクのメニューを聞く会計担当以外にも、「ちょっとお待ちください」とカウンターの奥でドリンクの準備をする子どもが出てきたり、お客さん側も、園で作ったお財布代わりのバッグでお金を払うなど、それぞれがイメージを出し合い、共有して、遊びが展開していきます。気がつくと、お店は行列のできる人気店になっています。

健康管理 自ら健康な生活をつくり出すための取り組み

涼しくなってきて、体調を崩しやすくなる季節。
冬の感染症が流行し始める前に、手の洗い方やうがいの仕方を学ぶことで、
自分たちで健康な体と生活をつくり出そうとする意識も芽生えてきます。

健康な体と生活のつくり手となっていくために

着替えや排泄など、身の回りのことを自分でやろうとする姿勢が芽生えてきている時期だからこそ、看護師から、手洗い・うがいの必要な理由とその方法を実際に学ぶ機会をつくってみると、みんなしっかり聞こうとする姿が見られます。

専門の職員(看護師)の協力のもと、「バイキンさんを退治するため」の手の洗い方を教わります。

子どもたちの目は真剣そのもの。看護師が実演する手の洗い方を、思わず自分でもやっています。

子どもの動線や高さに合わせた環境の保障を

洗面台が少し高い場合は、足元に踏み台を置くなど洗いやすい高さにする工夫も必要です。手洗い・うがいの手順を考え、うがい用のコップの位置、タオルの位置、食事の場所への動線がスムーズになるような配置も検討しておきましょう。

教えてもらった洗い方を、早速、保育者と一緒に練習してみます。

今月の保育教材

歌
「どんぐりころころ」「山の音楽家」「きのこ」

子どもたちの間で続いている楽器作りや音探しがみんなで楽しめるような曲を選びます。季節を感じながら、リズムの心地よい歌を選んでいくことで、普段の遊びの中でも、歌とリズムを楽しむ姿が生まれてきます。

2歳児 11月の指導計画

前月末の子どもの姿
- 運動会が楽しかったようで、運動会で体験した遊びや幼児クラスの競技（リレー、ダンスなど）をまねして自分たちなりに楽しむ姿が見られる。
- 2〜3人やそれ以上で一緒に遊ぶ姿が増えてきて、お医者さんごっこやお店屋さんごっこなどを友だちと一緒に楽しんでいる。
- 戸外でのごっこ遊びでは、落ち葉や木の実など、自然物を使って見立てを楽しんでいる様子も見られる。

ルールの生成過程に丁寧に寄り添う

最初から保育者が遊び方やルールを提案することもありますが、子どもたち自身が自分なりの楽しみ方で味わっている時には、じっくり見守ります。子どもの側から、困ったという声が出てくるのを待つことも大切です。そうした経験が、ルールの意味やあり方を自分たちで考えたり、ルールを作り出す育ちへとつながっていきます。

ルールの共有を助ける「見える化」

ルールを共有して遊ぶためには、そのルールの見やすさ（理解しやすさ）が必要となります。言葉で説明するだけでは伝わりにくい部分は、ものや空間を可視化することで、参加している子どもたちがルールを共有しやすくなるような工夫をしていきたいものです。

	第1週	第2週
子どもの姿ベースのねらい●と内容◆	●イメージや簡単なルールを共有し、集団で遊ぶ楽しさを知る。 ◆前月後半から楽しんだ「ぐるぐるタッチ」（リレー）などを通して、自分たちが興味をもった遊びを身近な友だちと共有して遊ぶことを楽しむ。 健康 人間関係 ◆お店屋さんごっこやお医者さんごっこなど、継続して楽しんでいるごっこ遊びを通して、新しい友だちと出会い、新しい遊びのイメージが生まれたり、それを共有していくことを楽しんだりする。 表現 人間関係 言葉	◆「ぐるぐるタッチ」の中でも「トラックに沿って走る」「バトンを渡す」など、自分たちがおもしろいと思っている要素を楽しみながらも、簡単なルールに気づき、それを共有して遊ぶ楽しさを知る。 健康 人間関係 言葉 ●秋の自然にふれ、葉が色づく様子や実や落ち葉に興味をもつ。 ◆園庭や散歩先で、葉の色が変わってきたことや風の冷たさなどに気づき、季節の変化にふれる。 環境
環境構成★・保育者の配慮◎	**興味のある遊びを中心に広がっていくかかわりを支える援助** ◎子どもたちがおもしろがったり、興味をもった遊びを保育者も一緒に楽しんだりすることで、周囲の子どもたちもそのおもしろさに気づき、やってみたくなるようなかかわりを心がける。 ◎興味をもっているものの、友だちのイメージやルールがつかめず戸惑っている子には、丁寧に寄り添い、わからないことを質問するなど、参加しやすくなるきっかけをつくっていく。	**ルールの共有を助ける「見える化」の工夫** ★「ぐるぐるタッチ」では、次の走者への交代が「タッチ」だけでは、だれが走者なのかや、どうしたら交代できるかがわかりにくいため、大きめのバトンを作るなど、走っている人や交代の仕方が視覚的にわかりやすくなるように工夫していく。 **自然の事象の不思議さに気づける環境の工夫** ★園庭や散歩先で拾ってきた色づいた葉っぱをプレートに並べたり、ラミネート加工して壁面に貼ったりして、色の変化や、形、大きさの違いに気づけるような環境を用意する。 ★ラミネート加工した葉っぱを窓ガラスに貼ったり、ライトテーブルなどに置いたりして、光の加減で色合いが変わることなど様々な気づきが生まれるような環境を工夫する。
個別配慮	さきちゃん：友だちとかかわりたい気持ちをうまく表現できない時もあるため、丁寧に寄り添いながら遊びをつないでいく。 けいたくん：苦手な食材が多いため、調理保育などを通して、本人が「食べてみたい」と思えるきっかけを探っていく。	**家庭・地域・学校との連携** ・保育参加では、園での生活の様子や、子ども同士のかかわり合いを知ることのできる機会となるよう、事前に保育参加の趣旨や見てほしいポイントを、おたよりなどを通じて伝えておくようにする。

168　「子どもの姿ベースのねらい●と内容◆」の「内容」は子どもの姿をもとに5つの領域を意識してつくります。5つの領域のマークを入れました。
健康 人間関係 環境 言葉 表現　※マークの詳細はP9を参照

月のねらい	❶イメージや簡単なルールを共有し、集団で遊ぶ楽しさを知る。 ❷秋の自然にふれ、葉が色づく様子や実や落ち葉に興味をもつ。 ❸様々な素材を使って自分のイメージを形にし、表現することを楽しむ。
健康・安全・食育の配慮	・戸外から戻った際や食前の手洗い、うがいなどをこまめに行い、感染症予防を心がける。 ・乾燥してくる時期になるため、保育室内の湿度に気を配り、必要に応じて加湿器を使用も開始する。
行事	・避難訓練 ・保育参加期間

	第3週	第4週
	◆簡単なルールを共有して遊ぶ中で、保育者の援助を受けながら、自分の要求を相手に伝えようとしたり、相手の要求を聞こうとしたりする。 人間関係 言葉	
	◆園庭や散歩先で、実や落ち葉などを拾い集め、色、形、大きさなどの違いや変化に気づき、興味をもつ。環境 ❸様々な素材を使って自分のイメージを形にし、表現することを楽しむ。 ◆実や落ち葉などの様々な自然物にふれ、その色や形、手触り、音などを味わいながら、製作と作品を飾ることを楽しむ。表現 環境	◆落ち葉や実などの色、形、大きさなどに興味をもち、その特徴や違いを伝え合ったり、分類したり、図鑑で調べたりする。環境 言葉 ◆落ち葉や実などの秋の自然物以外にも、様々な素材にふれ、それらを合わせて自分なりのイメージを形にし、表現することを楽しむ。表現 環境
	自分の要求を伝え、相手の要求を聞こうとする「対話」を支える援助 ◉互いの思いやりたいことがずれている時などは、「困ったね」「どうしたらいいだろう」と子どもの思いに寄り添い、それぞれの思いや考えを丁寧に引き出していくようにする。 ◉子ども自身の伝えようとする気持ちの芽生えを待って、その上で伝えたいことを言葉にできるよう丁寧にかかわっていく。また、相手の思いや考えにも、保育者が丁寧に耳を傾け、一緒に気づけるようにしていく。 **自然物を通して製作を楽しむために** ★落ち葉や実などの自然物を収集できるよう、散歩に行く際はカゴを準備し、その素材の特性をじっくり観察したり味わったりできるように、保育室に置き場所やプレートなどを用意する。	**自然の事象への興味を広げる環境の工夫** ★様々な色や形の葉や実、石などに興味をもっているため、それらを分類して展示するための収集用ケースを用意したり、調べた情報を写真などで掲示したりして対象への興味が広がる工夫をする。 **多様な素材を使って自分のイメージを形にしていくための環境を** ★いつでも自然物を使って製作したり、身近に飾ったりできるよう、葉や実を入れたケースや製作に使用するボンドやヒモ、テープなどを置くコーナーを作っておく。 ★自然物に組み合わせることができるように、毛糸やカラーセロファンなど多様な素材を用意しておく。 ◉子どもの作った作品を一緒に味わい、展示の仕方を子どもと一緒に考えながら工夫していく。

自分の作りたいものを形にしていくための環境の多様性と継続性

それぞれの子どもたちが、自分なりの発想を広げ、作りたいものを形にしていけるように、様々な使い方ができる素材や、作りたい時にくり返し作ることのできる環境があることも大切です。多様な素材が用意された環境を常設しておくことで、子どもたちの豊かな表現力の育ちにつながっていきます。

様々な味わい方や気づきを生み出す環境の工夫

様々な素材の特徴を、その色や形、匂いや音、感触など多様な角度から、それぞれの感じ方で味わえるよう環境を工夫することで、子どもの感性は豊かに広がっていきます。様々な味わい方ができる環境を探っていきましょう。

評価（子どもを捉える視点・見通し）	・イメージや簡単なルールを共有しながら集団で遊ぶことを楽しんでいるか。 ・秋の自然にふれ、葉が色づく様子や実や落ち葉に興味をもっているか。 ・様々な素材を使って自分のイメージを形にし、表現することを楽しんでいるか。

「月のねらい」は子どもの姿をもとに、資質・能力の3つの柱を意識して振り返りができるように作ります。本書では特に意識したいものに下線を入れています。「知識・技能の基礎」.........「思考力・判断力・表現力等の基礎」_____「学びに向かう力・人間性等」_____ ※下線の詳細はP9を参照

2歳児

11月の資料

少しずつ一緒に遊ぶ友だちの人数も増え、時には3人以上の集団で楽しむ姿も見られます。そんな楽しさを積み重ねていけるような援助を考えていきましょう。

ルールのある遊び
ルールを共有して集団で遊びを楽しむ

運動会などの行事の経験を通して、少しずつクラスの友だちと「みんなで」遊ぶことも楽しくなってきたと同時に、簡単なルールがある遊びを自分たちで楽しみ始める姿も出てきました。ルールやイメージを共有して集団で遊ぶ楽しさを味わうための援助や工夫を考えてみましょう。

集団で遊ぶ楽しさを感じて

少し前には、保育者と仲のよい友だち数人と追いかけっこなどを楽しんでいた子どもたちですが、運動会で、クラスみんなで追いかけっこのゲームをしたことが楽しかったのか、この頃になると、だれかが始めた遊びに次々とほかの子どもたちも参加してきて、気がつくと「みんな」で遊んでいることも増えてきました。大人数での遊びを経験したり、「○○組の仲間」という意識が育ってきて、集団で遊ぶことの楽しさを感じ始めているようです。こうした楽しさを積み重ねていくことが、その先の、様々な友だちとかかわりをもとうとする姿や、そこで葛藤に出会っても、それを乗り越えていこうとする力の育ちの土台となっていくと考えられます。

運動会で幼児クラスのお兄さんたちがやっていた「ぐるぐるタッチ」（リレー）をまねして、園庭に円を描いてもらって、その周りを走っています。最初は、1人で何周もグルグル走ることを楽しんでいる子もいれば、友だちにタッチして交替することをおもしろがる子どもの姿もあり、それぞれが自分の「おもしろい」と思う部分を模倣して楽しんでいる様子が見られました。

次第に、「みんなが走っていて、（次に）タッチできる人がいない」「○○ちゃんにタッチしたのに代わってくれない」と困って保育者に訴える子が出てきました。「困ったね」「どうしようか」と子どもの思いを受け止めながら、バトンがあったほうが、交代のイメージを共有しやすいかもしれないと考えた保育者がバトンを出して、その受け渡しを提案してみると、張り切ってバトンの受け渡しを練習して、交替して走るようになってきました。

バトンを待っている子たちも、順番がわかるように列になっています。

ルールが生まれてくるプロセスに丁寧に寄り添う援助

最初から、「こうやって遊ぶもの」というルールを大人が作って説明するよりも、子ども自身が自分たちで始めた遊びの中で、小さな不都合や困ったことに出会い、自らルールの必要性（ルールがあったほうがおもしろいこと）に気づいたり、どんなルールが必要か考えながら遊べるようになるために、そのプロセスを丁寧に生み出し、支えていく工夫が必要となります。

造形　自然物を使って様々な素材とかかわる

戸外に出ると、樹々の葉が色づいたり、落ち葉や実など様々な秋の自然に出会える季節です。秋の自然を持ち帰って、その色や形、感触などを子どもたちと楽しみながら、子どもたち自身が素材と対話し、組み合わせを楽しみながら作りたいものを形にしていく過程を支えていきます。

多様な素材に出会い、自分のイメージを形にしていくための環境の工夫

散歩先で拾ってきた様々な落ち葉や実は、子どもたちがその色や形、感触などをじっくり味わい、様々な気づきを楽しめるような環境の工夫が必要となります。

例えば、園庭に出したビニールプールを「葉っぱのプール」にしてみることで、全身で、カサカサという葉っぱの音や手触り、匂いを楽しむことができたり、木のプレートに並べることで、色や形、大きさの違いをじっくり味わえたり。ちょっとした工夫で、子どもたちのものとのかかわりが深まっていきます。

散歩先で出会った色づいた葉っぱや枯れ葉や木の実、それぞれの匂いや音や色、形、大きさ、感触。自然が生み出す素材の美しさや不思議さに、子どもたちは心を動かしながら、豊かな感じ方をしています。

製作コーナーに素材や道具を用意しておくと、自分なりに考えながら素材を選び、様々なオブジェやアクセサリーを作る姿が……。

今月の保育教材

素材
自然物（落ち葉・枝・実など）、ボンド、カラーセロファン、毛糸、段ボールなど
子どもが自分で表現したいものが作れるよう、多様な素材を用意しておきます。

上記のような経験を重ねた後、以前、自分たちが育てたアサガオのツルで作ったリースを見つけた子どもたちが飾り付けしたいと言い出したので、これまで集めてきた素材のほかにカラーセロファンなど鮮やかな色が楽しめる素材も出してみました。しかし、セロファンなどの素材よりも自分たちがこれまでの生活の中で育てたり、見つけたりしてきた、いんげんの鞘や落ち葉、貝殻など、思い入れのあるものを選んで作り上げていく姿がありました。自分たちがこれまで感じ、味わってきたことを詰め込んで形にしていく姿が印象的です。

2歳児 12月の指導計画

前月末の子どもの姿
- 保育者に手伝ってもらいながら、ごっこ遊びの中で必要なお面やバッグなど、様々なものを廃材とはさみやテープを使って作って楽しんでいる。
- 自然物への興味は続いていて、散歩先では、自分の発見を友だちや保育者に伝え、自ら共有しようとする姿が見られるようになってきた。

個人差に応じた経験の積み重ね

はさみやのりの使用など、経験の差が大きい活動は、少人数で取り組めるような場面を設定し、一人ひとりに応じた丁寧なかかわりができるよう配慮していくことが求められます。準備する素材も、それぞれの経験の度合いに応じて変わってきます。

一人ひとりの遊びたいことができる環境の保障

ごっこ遊びや製作など、その時期に多くの子どもが興味をもっている遊び以外にも、ほかに様々な遊びに興味が向いている子どもも存在します。それぞれが自分の「やりたい」「おもしろい」と思う遊びにじっくり取り組める環境を保障していくことも大切にしていきましょう。

子どもの姿ベースのねらい●と内容◆

第1週
- ❶自分の作りたいものを様々な素材や道具を使って作ることを楽しむ。
- ◆牛乳パックやペットボトルのふたなどの廃材とはさみやのりなどを使って、自分の作りたいものを作ることを楽しむ。 環境

第2週
- ◆友だちの作ったものを見たり、一緒に遊んだりすることを通して、自分の作品を「もっとこうしたい」というアイデアやイメージを膨らませる。 環境 人間関係 表現
- ❷友だちと一緒にイメージを広げ、工夫することを楽しむ。
- ◆作ったものを使って、友だちと一緒に遊ぶ中で、遊びのイメージを広げ、そこで必要なものを作ったり、必要なやりとりを考えたりしていく。 人間関係 環境 言葉 表現

環境構成★・保育者の配慮◎

個人差に応じた経験の積み重ねができるように
- ★はさみやのりなどは、少人数で使えるように、製作コーナーに用意し、興味をもった子どもたちがじっくり取り組めるようにする。
- ★製作コーナーでは、それぞれの子が落ち着いて取り組めるよう、子どもの人数を見ながら、机と椅子の数を調整していく。
- ★作りたいものが明確にあったり、製作の経験があったりする子どもには、その子のイメージに合ったものが作れるよう、牛乳パックやペットボトル、キャップなど、必要な素材を幅広く用意していく。
- ◎はさみなどを使い慣れていない子どもには、はさみの握り方なども丁寧に見守り、必要に応じて声をかけ、手を添えて伝えていく。

アイデアやイメージが広がる多様な素材や道具
- ★自分や友だちの作ったもので遊びながら、新たに生まれるアイデアやイメージに合わせて、作品に手を加えることができるよう、遊ぶ場所の近くに製作コーナーを設置し、いつでも作れる環境を用意しておく。
- ◎作ったもので遊ぶ中でイメージが友だちと共有されている場合は、側で見守り、そのおもしろさに共感していく。
- ◎子ども同士でイメージやアイデアが伝わりにくい場合は、一緒に参加して必要に応じて質問するなど、それぞれのアイデアやイメージが相手に伝わるようさりげなく援助していく。

一人ひとりの遊びたいことができる環境の保障を
- ★製作やごっこ遊びなど以外にも、一人ひとりが「やりたい」と思える遊びができるよう、遊びの種類や環境を幅広く用意していく。

個別配慮
ともみちゃん：言葉が増えてきたが、一方で、「嫌だ」「やりたくない」などの言葉も多くなってきた。焦らず、「嫌」という気持ちを受け止めながら、その気持ちを切り替えられるようなきっかけを丁寧に探っていくようにする。

家庭・地域・学校との連携
- 子どもたちが遊びの中で経験していることを具体的なエピソードをもとにホワイトボードやおたよりで発信していく。
- 厚着になり過ぎないよう、気温や遊びに応じて調節しやすい衣服を用意してもらうよう伝えていく。

「子どもの姿ベースのねらい●と内容◆」の「内容」は子どもの姿をもとに5つの領域を意識してつくります。5つの領域のマークを入れました。
健康 人間関係 環境 言葉 表現　※マークの詳細はP9を参照

| 月のねらい | ❶自分の作りたいものを様々な素材や道具を使って作ることを楽しむ。
❷友だちと一緒にイメージを広げ、工夫することを楽しむ。
❸氷、霜柱など自然の事象に興味をもつ。 | 健康・安全・食育の配慮 | ・園生活だけでなく、家庭での手洗い・うがいの習慣をつけていくよう伝え、健康な生活を送れるようにする。
・気温が低い日が増えてくるが、厚着になり過ぎないよう、気温や遊びに応じて衣服の調節をしていくよう心がける。 | 行事 | ・避難訓練
・遠足
・クリスマス会
・おもちつき |

	第3週	第4週
	◆遊びの中で生まれた新しいアイデアやイメージを実現するために、様々な素材や道具を使って、考えながら作品を作っていく。 環境	→
	◆工夫して作ったものを使って、いろいろな遊び方を楽しみ、さらに新たなイメージを膨らませていく。 環境 表現	◆遊びの中で、自分たちで必要なものや動きややりとりを工夫することによって遊びがおもしろくなっていくことを楽しむ。 環境 人間関係 表現 言葉
	❸氷、霜柱など自然の事象に興味をもつ。 ◆氷や霜柱などの自然事象に興味をもち、ふれて感触を楽しむ。 環境	→ ◆氷や霜柱などにふれて遊ぶ中で、その変化や特徴に興味をもつ。 環境

友だちと遊びを共有する機会づくり

ほかの子どもの遊びに興味をもったり、新たなアイデアを共有するために、集まりなどの機会に、保育者が聞き役になって、それぞれに楽しんでいる遊びや、そのおもしろさについてクラスで共有する機会をつくってみましょう。

自分なりに考え、工夫することを楽しめる環境の工夫
★新しいアイデアやイメージに即した素材を新たに用意していく。時には、子どもと一緒に、どんな素材が必要か考えながら整えていく。

友だちとアイデアやイメージを出し合うことを楽しむために
◎それぞれがほかの子どもの遊びに興味をもったり、楽しさを共有していけるように、昼食前の集まりなどの際に、その日、それぞれが楽しんだことを保育者が聞き役になって話してもらったり、保育者が伝えるなどして、互いに共有する機会をつくっていく。

じっくり対象とかかわり、おもしろさを味わう時間の保障
◎物事にじっくりとかかわる姿が増えてきているため、散歩の時間に余裕をもって、子どもたちが興味をもったものにじっくりとかかわり、それを味わえるよう配慮していく。

対象の変化や特徴への気づきや発見を共有していくために
◎興味をもった対象とくり返しかかわれるよう、散歩先も意識して選択していく。
◎自然の事象の変化などに関する子どもの気づきや発見を共有し、一緒に驚いたり、それを探究したりする過程に丁寧に寄り添っていく。
◎霜柱に興味をもつ姿があったら、園庭でも霜柱ができるかなど、子どもと一緒に考え、試してみる機会をつくっていく。

対象とじっくりかかわる時間の保障

自然の事象にふれ、その不思議さやおもしろさに気づいたり、それを味わったりするには、子どものペースでじっくり興味をもった対象とかかわることができる時間の保障が必要となります。

| 評価（子どもを捉える視点・見通し） | ・様々な素材や道具を使って、自分の作りたいものをイメージし、形にしていくことを楽しんでいるか。
・友だちと一緒にイメージを広げ、様々に工夫しようとする姿が見られるか。
・氷、霜柱など自然の事象に興味をもち、気づ | きや発見を楽しんでいるか。 |

「月のねらい」は子どもの姿をもとに、資質・能力の3つの柱を意識して振り返りができるように作ります。本書では特に意識したいものに下線を入れています。
「知識・技能の基礎」……、「思考力・判断力・表現力等の基礎」＿＿＿、「学びに向かう力・人間性等」＿＿＿　※下線の詳細はP9を参照

2歳児 12月の資料

おもしろいと感じることややってみたいことが増え、様々なことに興味が広がっていく時期に必要な経験や、それを支える援助について考えてみましょう。

製作　製作過程を通して生まれる思考し工夫する力

手足や指先の動きが巧みになり、自分のやりたいことと体の動きが少しずつ合致してくると、製作活動などでも、自分の作りたいイメージを形にしていくことを楽しめるようになってきます。

個人差に応じた丁寧な経験の積み重ねを

はさみやのりなどを使って切ったり貼ったりすることは、月齢や家庭環境によっても経験の差が大きいものです。それぞれの個人差に応じて、できることから少しずつ経験を積み重ねていけるような丁寧なかかわりが必要となります。

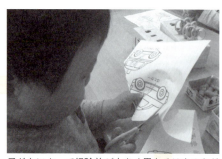

乗り物が大好きなSくんが、「車を作ってみたい」と言ったので、興味をもった子どもたち数人と車作りを始めてみました。車の絵が描かれた紙を切る時も、大好きな車だからこそ、その形通りに切りたいという思いが強いのか、とても慎重にはさみを使っていました。

子どもによって経験差が大きく異なるはさみなどの活動は、みんなで揃ってではなく、興味をもった子どもたちと少人数で行うほうが保育者も丁寧なかかわりができます。空き箱に穴をあけたはさみ立ては、子どもたちも取りやすく、使い終わったら戻しやすいためお薦めです。

Sくんたちの車作りに興味をもった子どもが多かったので、翌日は、動く車作りの素材と道具を製作コーナーに用意してみました。たくさんの子どもたちが、自分なりに作りたい車のイメージを膨らませ、工夫しながら作る姿がありました。

友だちの車と競争を楽しんだり、ガソリンスタンドを作ってガソリン屋さんごっこが始まったりして遊びが広がっていきます。ガソリンスタンドは大きな箱に穴をあけ、ストローを挿して作るなど、自分たちで考え、工夫しています。

さらに翌日は、園庭のいろいろな場所で車を走らせていました。どうしたら走るかと考え、自分で坂を作る工夫も見られます。外で砂だらけになった車を丁寧に水で洗って、乾かすなど、ものへの愛着も芽生えている様子が見られます。

自然・散歩

自然の「不思議さ」「おもしろさ」に気づく

寒さが増してくると、今度は、氷や霜柱などの新しい自然の不思議に出会えます。
触って遊んだり、感触を確かめる中で、
子どもたちは、様々な自然の事象のもつ不思議さやおもしろさを発見していきます。

「不思議さ」「おもしろさ」に気づける環境を

身近に存在する何気ないものであっても、そのもののもつ特性や美しさ、おもしろさ、不思議さを可視化する環境があれば、子どもたちの気づきや興味が豊かに引き出されていきます。

例えば、拾ってきた落ち葉と光とを組み合わせると、その色や形の違いが際立って見え、そのおもしろさや不思議さに興味をもつ子どもも出てきます。そのように、子どもたちの気づきや興味を引き出していくためには、保育者もその対象の特徴や特性を探り、それが活かされるような環境のあり方を探究していく姿勢が必要となります。

散歩で拾ってきた落ち葉を、保育室の窓に貼ってみました。外から差し込む光に透かして色を楽しむ姿が。

1枚ずつラミネートされた葉っぱをライトテーブルの上に並べて、その色や形の美しさを味わっています。

じっくり味わい、確かめる時間の保障

日常の散歩の中で、子どもたちが興味をもった事象や出来事をじっくり味わったり、気づいたり、友だちと気づきを共有し、確かめ合うためのゆっくりとした時間を保障することも重要なポイントとなります。

霜柱を見つけた子どもたちは、感触や形をおもしろがったり、体温で溶けてしまったことに驚き、「なんでだろう?」と不思議がっています。

今月の保育教材

道具
はさみ、のり、セロハンテープ、廃材(牛乳パック、ペットボトル、キャップなど)、ストロー、段ボールなど
製作遊びが豊かになるように、様々な道具を用意しましょう。

絵本
『おせちいっかのおしょうがつ』
わたなべあや/作、佼成出版社
大晦日から正月の、人間の一家と重箱の中のおせち一家の様子が、細部まで丁寧な絵で描かれていて、子どもたちも正月を楽しみに待つ様子が見られます。

2歳児  11月の指導計画

前月末の子どもの姿
- 友だちと共通のイメージでごっこ遊びなどをする中で、少しずつ親しい友だちができ、連日一緒に遊ぶ姿が見られるようになってきた。
- 寒くても戸外に出ることを喜び、自然にふれたり、体を動かしたりして遊ぶことを楽しんでいる。
- 生活の見通しをもち、身の回りのことを、個々のタイミングやペースで自らやろうとする姿が見られる。

絵本や紙芝居の世界のおもしろさを共有するために

子どもたちのお気に入りの絵本や紙芝居は、何度もくり返し味わうことで、自分たちのリズムや物語が生まれてきます。「僕たち（私たち）の」話として、じっくり味わい、そこから登場人物になりきったり、お気に入りの場面を再現したりして楽しむ経験が、その先の劇遊びの楽しさにもつながっていきます。

	第1週	第2週
子どもの姿ベースのねらい●と内容◆	● 絵本や紙芝居の内容を味わいつつ、自分たちでイメージを広げたり、言葉で伝え合うことを楽しむ。 ◆ 絵本や紙芝居をクラス全体で共有し、そのやりとりやかけ合いを一緒に楽しむ。 [表現][言葉] ◆ 絵本や紙芝居のお話をもとに、友だちとなりきり遊びを楽しむ。 [表現][人間関係] ● 異年齢との出会いやかかわりを楽しむ。 ◆ 凧揚げやコマ回し、羽根突きなど、3・4・5歳児クラスの子どもたちの遊びを見て興味をもち、遊びに参加しながら、遊び方を教わる。 [環境][人間関係] ● 正月遊びなどの伝承遊びを通じて友だちとのかかわりを楽しむ。 ◆ 年上の子どもたちと一緒に凧揚げやコマ回し、羽根突きなどの正月遊びを楽しむ。 [環境][人間関係]	◆ お気に入りのお話からイメージを広げ、登場人物になりきるだけでなく、ほかの役や場面を考え、つけ加えながら遊びを展開していく。 [表現] ◆ 保育者と一緒に凧やコマを作り、自分の凧やコマで遊ぶことを楽しむ。 [環境] ◆ 年上の子どもと一緒に楽しんだ羽根突きを自分たちの保育室でも楽しむ。 [環境]
環境構成★・保育者の配慮◎	**絵本や紙芝居のおもしろさを共有する機会を** ★ 子どもたちの興味や季節に合わせて、保育室の絵本棚の絵本を入れ替え、子どもたちが自分で絵本を選んだり、クラスの集まりの時に読んでほしい絵本を持ってこられるような環境を整える。 ◎ 子どもたちのお気に入りのやりとりやかけ合いがある絵本をくり返し楽しめるように、子どものリクエストに応えながら読んでいくようにする。 **3歳以上児の遊びへの興味を引き出す場の共有** ★ 3・4・5歳児クラスの保育者と連携を取り、3歳以上児用の園庭やホールなどの遊びスペースへ行き、年上の子どもたちが楽しんでいる遊びに参加し、一緒に遊べるようにしていく。	**お気に入りのお話のイメージを共有しながら、なりきるための環境の工夫** ★ お気に入りの絵本や紙芝居などのお話のイメージをもとに、なりきり遊びを展開していけるよう、お話に出てくる道具や衣装をそっと用意しておく。 ★ 子どもたちが自分で作った道具や見立てなどを丁寧に拾い、それらを継続して遊びに使えるよう、とっておく場所や飾っておく場所を確保する。 ★ なりきって遊ぶ中で生まれてくる子どもたちの新しいイメージや文脈を丁寧に聞きながら、必要となりそうなものや空間を考え、環境を整えていく。
個別配慮	えりちゃん：休み明け、生活リズムが戻るのに時間がかかるため、眠そうな時はゆったり過ごせるよう配慮していく。 まきちゃん：食事中に周りが気になって食べることに集中できないため、様子を見て座る位置などを工夫する。	**家庭・地域・学校との連携** ・冬に流行する感染症や病気について情報を発信し、手洗い・うがいを推奨していく。 ・年末年始の休み明けのため、生活リズムを整えて心地よく過ごせるよう、子どもの様子について丁寧に情報共有していくことを心がける。

「子どもの姿ベースのねらい●と内容◆」の「内容」は子どもの姿をもとに5つの領域を意識してつくります。5つの領域のマークを入れました。
[健康][人間関係][環境][言葉][表現] ※マークの詳細はP9を参照

月のねらい		健康・安全・食育の配慮	行事
❶絵本や紙芝居の内容を味わいつつ、自分たちでイメージを広げたり、言葉で伝え合うことを楽しむ。 ❷異年齢との出会いやかかわりを楽しむ。 ❸正月遊びなどの伝承遊びを通じて友だちとのかかわりを楽しむ。		・気温や体調、活動に合わせて衣服の調節をする。 ・戸外から戻った時や食前などに手洗い・うがいをこまめに行う。 ・七草粥や鏡開きなどを通して、伝統食に興味をもてるようにする。	・避難訓練 ・鏡開き

第3週	第4週
	◆自分たちで考えたイメージや設定を、新しく参加してくる友だちへも言葉で伝え、一緒に共有しながら遊びを楽しもうとする。言葉 人間関係
◆自分たちの作った凧やコマと、3・4・5歳児クラスの子どもたちの凧やコマの違いを観察、比較し、より揚がる凧や回るコマの特徴や揚げ方、回し方を聞いて、自分たちの遊びに活かしていく。環境 表現	◆進級に向けたランチ交流などの機会を通して、3歳以上児の子どもたちや生活環境に少しずつ慣れ、親しんでいく。健康 環境
◆自分で作った凧やコマで、友だちと一緒に遊びながら、揚げ方や回し方について工夫したり、発見したりしていく。環境 人間関係	

発達に応じたおもしろさを味わえる工夫を

凧揚げやコマ回し、羽根突きなどの伝承遊びも、発達に応じて様々な楽しみ方ができます。この時期の子どもたちに即した凧やコマの作り方、遊び方を検討し、そのための環境の工夫をしていくことが求められます。

新しい遊びを自分たちなりの形で再現できるような遊び方の工夫を

★3・4・5歳児クラスの子どもたちと一緒に楽しんだ伝承遊びのおもしろさを反芻しながら、自分たちでも凧やコマを作って楽しめるよう、この時期の子どもたちに作りやすい形を考え、材料を用意しておく。

★羽根突きなどは、年上の子どもたちと一緒に楽しんだ体験をもとに、自分たちで遊びを再現できるような環境を保育室に設定する（身近な材料で作った羽根を天井から下げておくなど）。

◉自分たちの凧やコマを楽しみながらも、年上の子どもたちとも遊ぶ機会を重ね、新しい刺激をもらって、自分たちの遊び方に活かしていけるようにかかわっていく。

お話をもとに広がる新たなイメージを友だちと共有し、展開を楽しんでいくために

◉いつも一緒に遊んでいる友だちだけでなく、新たな他児が参加している時は、丁寧に寄り添い、自分たちの考えたイメージや設定を伝える必要があることに気づけるように声のかけ方などを工夫していく。

進級後の生活に向けて3歳以上児の環境に親しむ機会を

★遊びだけでなく、昼食や午睡などを、3・4・5歳児用のランチルームや保育室など、幼児クラスでの生活の場で体験する機会をつくっていく。

◉3歳以上児の生活の場では、年上の子どもたちと一緒に昼食や午睡をし、配膳の仕方や午睡までの過ごし方などを教えてもらい、その場と人に親しめるよう配慮していく。

異年齢でかかわる遊びの場の共有を

異年齢の子どもたちとの遊びやかかわりを通して、新しい魅力的な遊びに出会い、年上の子どもたちの姿に憧れ、自分もやってみたいという意欲や興味が喚起されていきます。そうした出会いを生み出すためにも、安全性に留意しつつ、異年齢の子どもたちが共に遊ぶことのできる空間や機会の確保が必要となります。

| 評価（子どもを捉える視点・見通し） | ・絵本や紙芝居の内容を味わいながら、自分たちでイメージを広げたり、言葉で伝え合うことを楽しんでいるか。
・遊びや生活を通して、異年齢との出会いやかかわりが生まれているか。
・正月遊びなどの伝承遊びを通じて友だちとの | かかわりを楽しんでいるか。 |

「月のねらい」は子どもの姿をもとに、資質・能力の3つの柱を意識して振り返りができるように作ります。本書では特に意識したいものに下線を入れています。
「知識・技能の基礎」＿＿＿＿、「思考力・判断力・表現力等の基礎」＿＿＿＿、「学びに向かう力・人間性等」＿＿＿＿　※下線の詳細はP9を参照

2歳児

1月の資料

友だちとのかかわりも広がり、少しずつ遊びのイメージも複雑になっていきます。
日々発展していく遊びの共有を支えている土台についても考えてみましょう。

絵本からの展開

絵本から広がるイメージの世界

絵本や紙芝居を通してお話の世界を楽しんでいる子どもたちは、いつの間にか、自分たちの好きなシーンを再現したり、その登場人物になりきって新しい展開を楽しんだり、お話のイメージを共有しながら遊びを発展させていく姿が見られます。

絵本からごっこ遊びへの発展

お気に入りの絵本を何度もくり返し読んでもらって、そのお話の世界を楽しんでいた子どもたち。次第に、そのお話の世界を実際に遊びの中で再現したり、登場人物になりきって楽しみ始めました。絵本という共通のイメージの土台があるからこそ、遊びが複雑になっても互いに共有しやすく、多くの友だちを巻き込みながら豊かに発展していく様子が見られます。

今月の保育教材

絵本
『ねこのおいしゃさん』ますだゆうこ／文、あべ弘士／絵、そうえん社
鼻の詰まったぞうや首の伸びなくなったきりんなど、どんな動物のどんな病気も「にゃー」という気合い1つで、たちどころに治してくれるねこのお医者さん。気合いを入れる場面がお気に入りの子どもたちは、その場面になると「にゃー」と声を合わせて楽しむ姿が見られます。

お気に入りの絵本は、何度もくり返し読んでほしいとリクエストがあります。椅子を持って来て座って聞く子もいれば、遊んでいた手を止めて、人形を持ったまま、その場で聞く子もあり、聞き方はそれぞれですが、みんな集中してお話の世界を楽しんでいます。

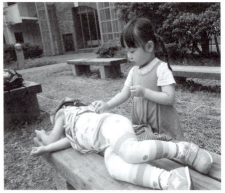

『ねこのおいしゃさん』の絵本を読んだ夏頃からは、お医者さんごっこを楽しむ姿がよく見られました。室内外を問わず、いろいろな場所で「どこが痛いですか？」「背中が痛いです」とお医者さんが患者さんの容態を聞きながら診察するやりとりを楽しんでいます。

お医者さんごっこを重ねるうちに、ブロックで作った注射で人形の治療をしたり、保育者が作った手作りの聴診器で、動物や恐竜になりきっている友だちを診察するなど、遊びの中で共有するイメージが徐々に深まり、複雑になっていきます。しかし、『ねこのおいしゃさん』のお話が互いのイメージの共通の土台になっているため、言葉やものを使いながら、友だちとのやりとりを楽しんでいく様子が見られます。

伝承遊び

正月遊びを通して味わう伝承遊び

正月は、凧揚げやコマ回し、羽根突き、カルタなどの様々な伝承遊びに親しめる時期でもあります。凧揚げや羽子板で体を動かして遊んだり、凧やコマを自ら手作りしたり、多様な経験をしながら、異年齢とのかかわりも広がっていきます。

異年齢児と一緒に伝承遊びを楽しむ

凧揚げやコマ回し、羽根突きなど、この時期、どの年齢でもそれぞれの遊び方で楽しんでいる正月遊び。2歳児の子どもたちも、3・4・5歳児クラスのお兄さん・お姉さんたちが楽しんでいる姿を見て、「おもしろそう」と感じ、「やりたい」という声が上がってきました。

異年齢のかかわりの中で、伝承遊びに出会い、その楽しさを知っていく機会を大切にしたいものです。一方で、そこで知った楽しさを、2歳児の発達に即した楽しみ方でじっくり味わう時間もあると、そこでも新たな発見が生まれてきます。

ビニールの袋に油性ペンで自分の好きな絵を描いて。ヒモをつけてもらって「マイ凧」を作ります。

ある日、ホールから、「カツン」「カツン」と変わった音が聞こえてきました。「なんだろう？」とホールへ行ってみると、3・4・5歳児クラスの子どもたちが天井から羽根突きの羽根をぶら下げて、羽子板で打つ遊びを楽しんでいました。「おもしろそう！」「やりたい」ということで、お兄さんたちに混ぜてもらって一緒に楽しみました。お兄さんたちも「こうやって打つんだよ」「こうするといいよ」とわかりやすく遊ぶ方法を教えてくれました。

3・4・5歳児クラスのお兄さんたちとの羽根突きをとても楽しんでいたため、翌日、クラスの保育室の天井から、ドングリに平テープをつけた即席の羽根を下げておいたところ、それを見つけた子どもたちが、牛乳パックで羽子板を作り、台に乗って、羽根突きを再現して楽しむ姿が生まれてきました。

マイ凧を持って、公園へ行き凧を揚げようと全力で走る子どもたち。でも、ある瞬間、「走らなくても凧が揚がっている」ことを発見。「この中に空気が入るからじゃない？」と子どもたちなりに凧の揚がる仕組みに気づいたようです。

2歳児 2月の指導計画

前月末の子どもの姿
- ごっこ遊びの中では、友だちとイメージを共有し、新しい役柄や設定のアイデアを出し合い、遊びの展開を楽しんでいる様子が見られる。
- 正月休み中の自分の経験を保育者に聞いてもらおうと一生懸命に話す姿が見られる。その一方で、友だちの話にも、保育者が間に入ることで耳を傾け、互いの話を楽しむ姿が見られるようになってきた。
- 身の回りのことを意欲的に行おうとする姿がますます増えてきた。

探究の幅を広げていく環境の工夫

子どもが興味をもって試していることを捉え、そのことをほかの場面や違ったものを使って試したり、探ったりできるように、ものや関連のあるコーナーを用意することで、子どもたちの探究の幅がさらに広がっていきます。

子どもの中から言葉が生まれる過程を大切に

子どもが興味のあることにじっくりかかわり、試行錯誤している時は、そこで感じたことや気づいたことを、保育者が先に言葉で整理してしまうことをできるだけ控え、子ども自身が自分の感じている感覚や発見を説明する言葉を、自分なりに見つけていく過程を保障していくことも大切です。

子どもの姿ベースのねらい●と内容◆

第1週
- ❶興味をもった事象を探究する楽しさを味わう。
- ◆身近な環境の中で興味をもった事象について、自分なりに不思議に感じたこと、疑問に思ったことを試してみたり、探ったりしていこうとする。〈環境〉
- ❸身の回りのことが自分でできるようになったことを喜び、自信をもつ。
- ◆自分から尿意や便意を知らせ、トイレに行って排泄しようとする。〈健康〉
- ◆戸外に出たり、室内に入る際、自分で上着を着たり、脱いだりする必要性に気づき、自分から着脱しようとする。〈健康〉

第2週
- ◆不思議に感じたり、疑問に思ったりしたことを、別の場面や違ったものでも試してみて、探究の範囲を広げていく。〈環境〉
- ❷自分の発見したことを保育者や友だちに伝え共有しようとする。
- ◆興味のあることにかかわり、試行錯誤する中で気づいたことや発見したことを保育者や友だちに伝えようとする。〈人間関係〉〈言葉〉
- ◆靴下や上着を自分で身につけようとし、表裏、左右などを気にして保育者などに確かめる。〈健康〉
- ◆様々な食材に興味をもち、食べることを楽しむ。〈健康〉

環境構成★・保育者の配慮◎

第1週
- 一人ひとりが興味のある事柄にじっくりかかわれるように
- ★ずっと続いている「光」への興味を、それぞれの子がじっくり味わい、より感じられるよう、サンキャッチャーの位置を変えたり、窓ガラスにカラーフィルムを貼ってみる。
- ◎「光」を目で追ったり、捕まえようとしたりする姿に寄り添い、「なんでだろう?」と不思議がる気持ちに共感していく。
- それぞれのタイミングで身の回りのことを行えるように
- ◎トイレや着替えなどは、先回りして声をかけることを控え、少しずつ子どもが自分で気づき、自分のタイミングでやろうとする姿を見守っていく。
- ◎自分でやろうとすることについては、子どもが焦らずに取り組めるよう、保育者間で連携を取り、それぞれのペースに合わせて次の活動に移れるような体制を整える。

第2週
- 興味をもった対象への探究を、広げていけるような環境の工夫
- ★「光」への興味が広がるよう、手持ちライトを数本用意する。また、鏡やレンズの種類や数も増やし、いろいろな試みができるようにする。
- 自らの発見を自分なりに伝えようとする姿を支える
- ◎子どもの発見や試行錯誤を先取りしたり、言葉で整理したりすることを急がず、その子なりにじっくり味わっている姿を見守り、言葉にしたり、伝えようとしたりする姿が生まれるのを待つ。
- ◎自分の発見を保育者や友だちに伝えようとする姿が出てきたら、丁寧に耳を傾け、その内容に共感していく。

個別配慮

あきひこくん:身の回りのことや遊びの中で、できないことやうまくいきそうにないことがあると、すぐに諦めて助けを求める姿が増えてきた。側に寄り添いつつ、必要な部分だけ手伝い、自分でできた実感と自信がもてるようにかかわっていく。

家庭・地域・学校との連携

- 子どもたちのおもしろがっていること、探究している過程を具体的な姿を通して発信し、共有していく。
- 身の回りのことなどで、自分でできるようになったことや、しようとする姿を丁寧に伝え、その成長を共有していく。

180 「子どもの姿ベースのねらい●と内容◆」の「内容」は子どもの姿をもとに5つの領域を意識してつくります。5つの領域のマークを入れました。
〈健康〉〈人間関係〉〈環境〉〈言葉〉〈表現〉 ※マークの詳細はP9を参照

月のねらい	❶興味をもった事象を探究する楽しさを味わう。 ❷自分の発見したことを保育者や友だちに伝え共有しようとする。 ❸身の回りのことが自分でできるようになったことを喜び、自信をもつ。	健康・安全・食育の配慮	・気温や体調、活動に合わせて衣服の調節を行う。 ・感染症が流行する時期でもあるため、手洗い・うがいは子どもはもちろん、保護者・保育者も丁寧に行うよう推奨していく。 ・湿度に気を配り、暖房や加湿器などを用いて快適な室内環境を整え、感染症予防に努める。	行事	・避難訓練 ・豆まき ・懇談会

	第3週	第4週
		◆友だちの気づきや発見をもとに、自分でも確かめてみたり、新しく試したりして、互いのかかわりを通して発見が広がっていく楽しさを味わう。 環境 人間関係 言葉
	◆互いの気づきや発見をおもしろがったり、伝え合ったりする楽しさを知る。 人間関係 言葉	
	◆着替えの際に手間取っている子の手助けをしようとしたり、保育者に知らせようとしたりする。 健康 人間関係 ◆スプーンを正しく持って食べようとする。箸の使える子は箸を使って食べようとする。 健康	◆食事の前の手洗い・うがいやトイレなどを自分で気づいて行うと同時に、周りの友だちの様子にも気づいて確かめたり、声をかけたりする。 健康 人間関係
	互いの気づきや発見の共有を助けるツール ★それぞれの子どもが気づいたことや、その時試していることなどを写真に撮って壁面に掲示したり、関連する図鑑や写真絵本などから抜き出し、掲示するなどして、互いの発見を「見える化」するような環境を工夫する。 **互いの気づきや発見を伝え合う楽しさを知る機会の工夫** ◉その時々の気づきや発見をほかの子どもたちに伝えたり、それをみんなで共有したりする機会として、昼食前の集まりの時などに、その日の遊びの中でおもしろかったことや感じていることなどがある子には話してもらう。	**友だちとのかかわりの中で新しい試みや気づきが広がるように** ◉互いの気づきや発見を共有しながら、一緒に確かめたり、味わったりしている姿を丁寧に捉え、新たな探究につながりそうなものを探っていく。 ◉新たな試みが生まれてきた時には、周囲の子どもたちと一緒に驚き、そのおもしろさに共感していく。 **自分で身の回りのことを行う喜びを感じられるように** ◉身の回りのことを自分でしようとする姿を見守り、できた喜びに共感する。 ◉着替えの際は、靴下の左右や上着の表裏の確認や、ボタンやファスナーなど子どもが自分でできない部分のみを少し手伝い、そのほかは、ゆっくりでもできるまで見守り、できた喜びに共感していく。
評価 子どもを捉える視点・見通し	・自分たちの興味をもった事象について、様々な場面において試行錯誤したり、探究する楽しさを味わったりしているか。 ・自分の発見したことを保育者や友だちに伝え、共有することを楽しんでいるか。 ・身の回りのことを自らやろうとし、それができることに喜びや自信を感じているか。	

発見を共有し、探究が広がる楽しさを味わうための工夫

それぞれが気づいたことや発見したことを写真や資料で「見える化」していくと、互いの発見を共有したり、それぞれの探究をさらに深めたりしていくための手がかり(資源)になります。

子どもの学びを保護者に発信する工夫

子どもたちが日々の生活や遊びの中で、興味をもって取り組んでいることや、そこから生まれている学びや育ちを保護者にわかりやすく発信していきましょう。保護者にも、写真や具体的なエピソードを使って、子どもの学びを「見える化」する工夫が必要となります。

「月のねらい」は子どもの姿をもとに、資質・能力の3つの柱を意識して振り返りができるように作ります。本書では特に意識したいものに下線を入れています。
「知識・技能の基礎」..........、「思考力・判断力・表現力等の基礎」_ _ _ _ _、「学びに向かう力・人間性等」_____ ※下線の詳細はP9を参照

2月の資料

2歳児

身近な事象から興味を広げ、探究する楽しさを感じている子どもたち。
その探究を支えるための環境や保護者への発信の工夫を考えてみましょう。

科学的探究 光と影への気づきから始まる探究

子どもたちにとって、世界は不思議に満ちた探究すべきことの宝庫です。例えば、普段、私たちが当たり前のように感じている「光」や「影」も、実は、不思議さとおもしろさに溢れた探究しがいのある事象の1つであることを、子どもたちの目を通して、改めて気づかされます。

科学的関心から始まる探究を支える

保育室にある鏡やサンキャッチャー、水槽の水の反射などから、床や壁に映る光に気づいた子どもたち。光を捕まえようとする姿や、園庭の水路やタライ、プールの水に反射した光を虫捕りアミで捕まえようとする姿などが、春から夏にかけて見られていました。捕まえようとしても捕まらなかったり、鏡など反射するものの動きに合わせて動いたりする「光」のもつ不思議さに惹きつけられている様子を見て、保育者が手持ちライトを保育室に用意してみました。すると、様々なところを照らし、光の動きを追う様子や、照らすことによって「影」ができることを発見し、おもしろがる姿など、様々な探究が生まれてきました。

鏡の動きで光が動くことに気づいたり、捕まえようとしても捕まえられなかったり、「光」という事象の不思議さを感じています。

保育者が用意した手持ちライトで、いろいろなものをいろいろな方法で照らしてみる姿が。

手持ちライトで棚に置いてある人形などに光を当てると「影」ができることを発見。

いろいろな場所に生まれている「影」に気づき、自分でも「影」を作ってみる姿が……。「影」も光の当て方によって、形や大きさ、数などが変わってくることへの気づきが生まれています。こうした経験を重ねながら、子どもたちは科学的な事象の不思議さやおもしろさを味わっているようです。

182

学びの可視化　子どもたちの学びを可視化して発信する

子どもたちの日々の遊びや生活の中の「学び」や「育ち」を丁寧に捉え、それを保護者にわかりやすく発信していくことも重要です。一見、ただ遊んでいるように見える姿の中に、どのような「学びの過程」が生まれているのか、それを保護者と共有する方法を探っていきましょう。

子どもの学びのプロセスを「見える化」するドキュメンテーション

日常の中で子どもたちがどのようなことに出会い、どのようにかかわり、どのような「学び」や「育ち」が生まれているのかを保護者にわかりやすい形で「見える化」し、丁寧に発信していくと、園での子どもの生活や経験していることへの理解が深まるだけでなく、保護者自身の子どもを見るまなざしも少しずつ変容していきます。

そのためには、それを発信するツールも重要です。事務的な連絡だけでなく、子どもの活動や学びの過程が見えるよう写真とエピソードを入れて紹介する「おたより」や日々の「ドキュメンテーション」など、その発信の方法を検討していくことも大切な意味をもちます。

保護者に、子どもたちの何気ない遊びやかかわりがもっている「意味」が見えてくると、表面的な「できる」「できない」ではない、子どもの「学び」や「育ち」のプロセスをおもしろがり、一緒に見守ることのできる関係が生まれてきます。さらに、その時々の子どもたちの遊びや活動への理解や協力が生まれてくるなど、子どもの「学び」を支える協働的なパートナーとなっていってもらえることでしょう。

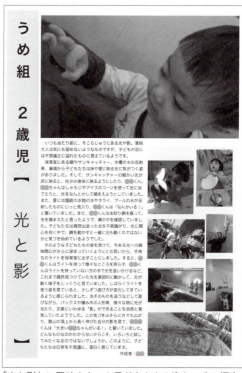

「光と影」に興味をもった子どもたちの姿と、その探究のプロセスをまとめたドキュメンテーションの例。ほかにも、一人ひとりの子どもの育ちのプロセスを丁寧に追ったものも月に1回ずつ発信しています。

今月の保育教材

歌
「ゆき」「おにのパンツ」

絵本
『ねずみくんとゆきだるま』なかえよしを／作、上野紀子／絵、ポプラ社
雪遊びを実際に体験した後は、ねずみくんの雪遊びをワクワクしながら楽しむ様子が見られます。

毎日1枚ずつ、その日のクラスの子どもたちの遊びの様子を発信している例。日々のドキュメンテーションをたどっていくと、子どもの活動の深まりや、育ちの様子が見えてきます。

2歳児 3月の指導計画

前月末の子どもの姿
- お医者さんごっこの道具や段ボールの仕切り（家）やお面などをつけて、それぞれ役になりきりながら遊んでいる様子が見られる。
- 光や雪や氷など自然の事象に興味をもち、探究する中で、新たな発見を友だちと伝え合い、共有することを楽しむ姿が見られる。
- 3歳以上児用の園庭やホールなどで異年齢児とかかわって遊ぶことも楽しくなってきている様子が見られる。

日常の遊びをもとに発表会を展開していく

一人ひとりの子どもが主体的に行事に参加するために、子どもたちの普段の遊びから発展していく形で発表会のプログラムを作ります。日常のやりとりをもとにしていれば、どの子も自信をもって楽しんで参加することができます。また、そのためには、そうした日常の子どもたちの遊びの様子や、そのプログラムが生まれるまでのプロセスを丁寧に保護者に発信して、当日に楽しんでもらえるような配慮も求められます。

	第1週	第2週
子どもの姿ベースのねらい●と内容◆	❶友だちや保育者と言葉でやりとりし、イメージを広げながらごっこ遊びを楽しむ。 ◆言葉や動きで自分たちのイメージをやりとりし、ごっこ遊びを楽しむ。 人間関係 言葉 表現 ❷クラスみんなで過ごす楽しさや安心感を味わう。 ◆友だちとのかかわりの中で、信頼感や、相手を大切に思う気持ちが出てくる。 人間関係 ❸進級を控え、新しい環境へ期待をもつ。 ◆進級を見通し、大きくなることの喜びと新しい環境への期待と不安を感じ、その気持ちを保育者へ発信するようになる。 健康 人間関係	◆新しく生まれたイメージや発想を友だちや保育者に伝え、共有することを楽しむ。 人間関係 言葉 表現 ◆新しい環境に少しずつ慣れていく中で、楽しみな気持ちをもち始める。 健康 環境
環境構成★・保育者の配慮◎	**ごっこ遊びの中で言葉や動きのやりとりを楽しめるように** ★それぞれに楽しんでいるお医者さんごっこのイメージをより具体的に共有できる環境を用意し、新しく参加する子もお決まりのやりとりを言葉や動きで楽しめるようにしていく。 ◎子どもたちが楽しんでいるやりとりを保育者も共有し、一緒に参加して楽しんでいく。 ◎ごっこ遊びの中でやりとりにうまく参加できない子に対しては、保育者も一緒に参加することで、そこで期待されるやりとりをさりげなく伝え、ほかの子に聞いて、やりとりを共有できるように配慮していく。	**伝えたい気持ちを大切に、伝わる喜びを味わえるように** ◎それぞれが自分のイメージや発想を伝えようとする姿に寄り添い、その発信を丁寧に受け止めていく。 ◎発信したイメージやアイデアのおもしろさを周囲の子どもたちと共有し、みんなの遊びの中で活かされる喜びを味わえるようにする。 ◎友だちのイメージや発想のおもしろさに気づけるよう、互いの発信を援助していく。 ◎お楽しみ会（発表会）では、そうして共有し、展開してきた遊びを保護者に見てもらい、喜んでもらうことで自信をもてるようにする。 **新しい環境に出会い、慣れていく機会を** ◎3歳児の保育室や3歳以上児用の園庭など、進級後に過ごすことになる新しい環境へ出かけ、実際に遊んだり、食事をしたりするなど、その環境での生活を体験していく。 ◎不安や緊張を感じている子どもには丁寧に寄り添い、それぞれが楽しさを感じられるようなきっかけや環境を探していく。
個別配慮	ゆうきくん：進級に少し不安も感じているのか、3歳児の保育室やホールなどに行っても遊ぼうとせず、保育者の側にいる。不安な気持ちを受け止めながら、興味のもてそうなものを一緒に見つけていく。	
家庭・学校・地域との連携		・お楽しみ会（発表会）に向けて、日々の遊びの様子を丁寧に伝えていく。 ・新年度の準備や持ち物、3歳児クラスでの生活について説明する。新しい環境に遊びに行った時の様子を伝え、安心して新年度を迎えられるよう配慮する。

184 「子どもの姿ベースのねらい●と内容◆」の「内容」は子どもの姿をもとに5つの領域を意識してつくります。5つの領域のマークを入れました。
健康 人間関係 環境 言葉 表現 ※マークの詳細はP9を参照

月のねらい	❶友だちや保育者と言葉でやりとりし、イメージを広げながらごっこ遊びを楽しむ。 ❷クラスみんなで過ごす楽しさや安心感を味わう。 ❸進級を控え、新しい環境へ期待をもつ。	健康・安全・食育の配慮	・気温や体調、活動に合わせて衣服の調節を行う。 ・湿度に気を配り、暖房や加湿器などを用いて快適な室内環境を整え、感染症予防に努める。 ・春からの新しい環境で安全に遊べるよう、危険な場所や遊び方の注意点などを一緒に確認していく。	行事	・避難訓練 ・お楽しみ会（発表会） ・ひなまつり ・大きくなったねパーティー

	第3週	第4週
	◆友だちと一緒に遊ぶ中で、イメージが広がり、遊びが発展していく楽しさを味わう。 人間関係 言葉 表現	→
		→
		→
		◆大きくなったことを周りに喜んでもらうことを通して自信をもち、新しい環境への期待を膨らませる。 健康 人間関係 環境
	イメージの広がりや遊びの発展を楽しめるように ◎お楽しみ会（発表会）終了後も、自分たちで余韻を楽しみ、お医者さんごっこだけでなく、「劇ごっこ」に興味をもった子どもたちの遊びを支えられるよう小さなステージなどの環境を新たに整えてみる。 **新しい環境の中での過ごし方を学ぶ機会を** ◎3歳以上児用の園庭やホールなどで、危険な場所や遊び方に注意が必要な場所などを子どもと一緒に確認し、安全な遊び方を伝えていく。 ◎実際に一緒に遊ぶ中で、安全に楽しく遊ぶ方法を共有し、その楽しさも味わい、「進級したら○○して遊びたい」という期待をもてるように配慮する。	**自分の成長を周りに喜んでもらう体験を** ◎「大きくなったねパーティー」をして、園内の保育者や職員から祝ってもらい、一人ひとりの子どもが、自分の成長を喜んでもらえていることを感じられるようにする。 **新しい環境への期待感を育むように** ◎新しい環境での遊びを保育者も一緒に楽しむことを通して、新年度からの生活や遊びに期待がもてるようにしていく。 ◎新しい環境の中で、年上の子どもたちと食事や遊びの場面を通してかかわる機会を大切にし、年上の子どもたちから食事の仕方や遊び方を伝えてもらった喜びや、「○○ちゃんと一緒に遊びたい」という期待をもって進級できるようにする。

進級に向けて期待と安心感をもてるように

春の進級に向けて、子どもたちの中には期待とともに緊張や不安も生まれてくる時期です。それぞれの子どもが、進級してからも安心して新しい生活を始められるように、様々な配慮と準備が必要になります。3月になる前から（できれば1年かけて）、折にふれて、3歳以上児用の園庭や保育室など進級後に過ごすことになる環境で遊ぶ経験を重ね、そこでの過ごし方や遊び方について理解し、「○○したい」という具体的な期待をもって新年度を迎えられるようにしていけるとよいでしょう。

評価（子どもを捉える視点・見通し）	・保育者や友だちと言葉でやりとりしたり、イメージを広げながらごっこ遊びを楽しんだりしているか。 ・クラスみんなで過ごす楽しさや安心感を味わっているか。 ・進級を見通して、新しい環境へ期待をもち始	めているか。

「月のねらい」は子どもの姿をもとに、資質・能力の3つの柱を意識して振り返りができるように作ります。本書では特に意識したいものに下線を入れています。
「知識・技能の基礎」........「思考力・判断力・表現力等の基礎」＿＿＿＿「学びに向かう力・人間性等」＿＿＿＿ ※下線の詳細はP9を参照

2歳児

3月の資料

進級に向けて、子どもたちも期待と不安を感じ始める時期。
新しい生活を安心して始められるような工夫と配慮が求められます。

劇遊び・行事

日常の遊びをもとに展開されていく発表会

子どもたちの日々の育ちを保護者と共有する発表会。どの子も楽しんで参加できるようにするには、子どもたちが日常の中で生き生きと楽しんでいる遊びをもとに、それぞれの子が楽しめるプログラムにアレンジしていく工夫が必要となります。

日常の遊びの中から ヒントを見出す

発表会だからと言って、特別な出し物や演出をしようとすると、子どもたちが緊張してしまったり、普段の生活とは切り離された行事になってしまったりすることがあります。一人ひとりの子どもが主体的に生き生きと参加するためにも、子どもたち自身が普段から楽しんでいる遊びの中から手がかりを探し、子ども自身が伸び伸びと楽しむことができるようなプログラムにしていく工夫が必要です。

今年の発表会では、子どもたちが普段からよく遊んでいるお医者さんごっこ、大好きな絵本『ねこのおいしゃさん』のお話をベースにした劇遊びをすることにしました。

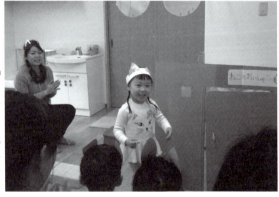

普段から、お医者さんごっこでは、それぞれの子が仲のよい友だちと一緒にいろいろな場面で遊んでいました。発表会の少し前から、ドアや聴診器などの道具を用意すると、自然な流れでみんな参加してきて、クラス全員で楽しむことができました。

今月の保育教材

絵本
『**おおきくなったら**』ふくだとしお・ふくだあきこ／作、幻冬舎

春の進級を控え、大きくなった自分を感じている時期。いろいろな生き物に出会いながら「大きくなったら何になるのかな？」と考える小さなアリが最後に辿り着いた大きな夢から、子どもたちもそれぞれに感じることがあるようです。

それぞれの好きな動物や乗り物のお面を保育者と一緒に作ると、毎日お面をつけて過ごし、お医者さんになりきった遊びがますます盛り上がっていました。当日も、普段のようになりきって生き生きとやりとりする姿が……。特に、『ねこのおいしゃさん』の絵本の中で、大好きな、「ニャー」と気合いで治してしまう場面では、声を合わせて「ニャー」と気合いを入れる姿もあり、子どもたちが普段から楽しんでいる様子が保護者に伝わったようでした。

新年度準備 春の進級に向けて

2歳児クラスから3歳児クラスへの進級は、子どもにとって環境の変化も大きいものです。
4月に向けて、子どもが新しい環境に不安を感じることなく、
進級を楽しみに迎えられるよう、徐々に準備をしていきましょう。

新しい環境に安心感と期待感をもって進級を迎えられるように

2歳児クラスから3歳児クラスへの進級時には、保育室以外にも、園庭やランチルームなど、普段の遊びや生活の環境が変わることも少なくないと思います。

そのため、子どもたちにとっては、新しい環境への期待と同時に不安や緊張も生まれてくる時期ですので、進級してから安心して過ごしていくためにも、少しずつ新しい環境や過ごし方を知り、慣れていく機会が大切です。

新しい環境の中で楽しい遊び方を見つけたり、年上の子どもたちとの交流で顔馴染みができたりすると、「早く〇〇で遊びたい」「〇〇ちゃんと一緒にご飯を食べたい」と進級を楽しみにする様子が生まれてきます。

いつもは3歳未満児用に区切られた小さな園庭で遊んでいる子どもたちですが、2歳児クラスになった時から、3歳以上児用の園庭にも時々お邪魔して、3・4・5歳児のお兄さん・お姉さんに交じって遊ぶ経験をしてきました。特に、1月以降は、進級に向けて大きな園庭で遊ぶ日も増えています。この日は、今まで使ったことのない大型遊具に初めて保育者と一緒にやって来ました。

高さもあって、スリルを感じる大型遊具に、少しドキドキしている様子も。保育者から使う時の注意事項を聞いている表情も真剣です。その後、それぞれに実際に遊んでみると、楽しかったのか、「また行きたい」「〇〇組になったら、またやるんだ」という声も……。

2歳までは自分たちの保育室で食べていたお昼ご飯も、3歳以上児からは、ランチルームでとることになるため、夏から何回か3歳以上児とランチ交流をしてきました。最初は緊張していた子どもたちも、年上のお兄さん・お姉さんに世話をしてもらったり、お昼ご飯の準備の仕方を教えてもらったりして、少しずつ安心して食事をし、春から一緒に食事をすることを楽しみに待つようになってきました。

2歳児の遊びの環境
大切にしたいポイント

「子どもの姿ベース」の指導計画と保育を進めていくために、大切にしたい遊びの環境のポイントを解説します。世田谷仁慈保幼園の園長・佐伯絵美先生にお話をうかがいました。
2歳児クラスの保育室の環境から、いろいろな工夫の一例を紹介します。

ままごとの環境

2歳児になると見立てることが上手になってきます。ままごとのスペースに、実際に家庭で使うおたまやトング、洗剤の空容器、デリバリーのメニューなどを置くなど、リアルな体験ができるように工夫します。

ままごとスペース。床にはマットを敷いて。弁当の出来上がりの写真や妊娠中のお母さんの写真などが貼られています。見立て遊びに使う素材はかごに分けて入れ、出し入れしやすくします。

子どもが見立てることができる環境があると、食べ物を作ったり、ママになって赤ちゃんのお世話をするなど、なりきる遊びが生まれてきます。

ほかのごっこ遊び
- お医者さんごっこ：聴診器、レントゲン写真、白いワイシャツ（白衣の代わりに）
- プリンセスごっこ：おしゃれな鏡、きれいな色の布（子どもが自分で考えて、腰に巻いたり、肩にかけたりできるように）、職員の古着（スカートなど）、子どもが作ったビーズアクセサリー

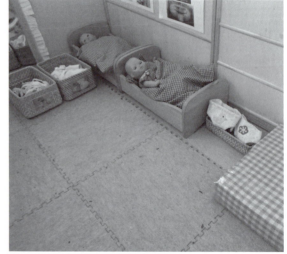

子どもたちが大好きなお世話ごっこ。赤ちゃんのコーナーを設けています。人形の服やおむつ、人形をおんぶできるよう、おんぶヒモも手作りです。

手を使う遊びの環境

2歳児では、細かい手指の動きができるようになってきます。
子どもたちのやりたい気持ちに応えられるような、手指を細かく使う遊びの準備も大切にします。
集中できるよう、大きく体を動かす遊びのスペースとは仕切るとよいでしょう。

積み木コーナーで、橋を作り、電車を走らせます。子どもたちの作品を写真に撮って壁に貼ることで、ほかの子にも刺激になり、作ろうとする姿が見られます。

小さな穴にパーツを差し込むおもちゃ。

パーツを組み合わせて作りたい形を表現。

安全への配慮

手指の動きが滑らかになり、小さなビーズなども扱えるようになります。誤って鼻や口に入れてしまうといった心配もあるので、扱う際は必ず保育者が一緒に行います。興味のある子どもたち数人と安全を守りながら、遊びを保障していきます。

細かいビーズをテグスに通して、アクセサリーなども作ります。

見本の写真（右下）を見ながら、同じ形を作ろうとすることもあります。2歳の頃になると左右対称の形を作ることもできるようになります。

ヒモを通す、ボタンをかけるなど、そうしたおもちゃがあることで、指先を使った遊びを積極的に行うようになっていきます。

絵本が読める環境

絵本の表紙が見えるように、1冊ずつ、重ねずに棚やラックに置きましょう。
その時々の子どもたちの興味に合わせて、関連する写真を壁に貼ったり、素材を置いたりします。
クッションも置いてゆったりと絵本を楽しめるスペースにします。

2歳児クラスの絵本のスペース。絵本を読むだけでなく、ゆっくりくつろげる場所でもあるので、クッションやジョイントマットで居心地よく。

絵本が取り出しやすく、また、じっくり読めるような空間があると、自分で取り出して読む姿が増えてきます。

オタマジャクシを飼い始めたので、関連する絵本をスタンドに立てかけておきます。

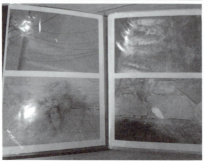

散歩に出かけるといろいろな発見があります。散歩で見つけたものの写真を、写真集のように1冊にまとめて、絵本棚に置いています。散歩で興味をもったことがその場限りにならないように、日常でも探究が続いていくように配慮しています。

自由に作って遊べる環境

2歳児クラスでは、いろいろなものを作りたい子どもが増えてきます。
できる限り自分で紙や道具を選べて、自由に取り出せるような環境をつくりましょう。

> 子どもが描いたり、作ったりして表現できる環境を用意します。できたものを飾っておく環境があることで、表現することが楽しくなってきます。

描きたいな、作りたいなと思った時、いちいち保育者に頼まなくてもよいように、保育室には安全に使える画材や紙、粘土などを揃えておきます。

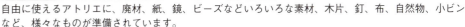

自由に使えるアトリエに、廃材、紙、鏡、ビーズなどいろいろな素材、木片、釘、布、自然物、小ビンなど、様々なものが準備されています。

粘土、はさみ、お絵描きなど、思い思いの活動に取り組みます。はさみは、自由に手に取れる場所には置かず、使いたい子どもがいたら、その都度渡すようにします。

子どもの作品を目にふれる場所に飾ることで、作った本人の自信や意欲につながったり、それを見て別の子どもがやってみようと興味が広がったりします。部屋の入り口のロッカーの棚は、保護者の目にもふれやすい場所です。その上に作品を置き、どのように作ったかをドキュメンテーションで掲示し、保護者にも活動のプロセスを知ってもらうようにします。

[編著者]

無藤 隆 (白梅学園大学大学院特任教授)

2017年告示の3法令の文部科学省、内閣府の検討会議に携わり、「幼稚園教育要領」「幼保連携型認定こども園教育・保育要領」の改訂を行う。改訂時の文部科学省中央教育審議会委員・初等中等教育分科会教育課程部会会長、幼保連携型認定こども園教育・保育要領の改訂に関する検討会座長

大豆生田啓友 (玉川大学教育学部教授)

専門は、幼児教育学、子育て支援。厚生労働省「保育所等における保育の質の確保・向上に関する検討会」座長代理、一般社団法人日本保育学会副会長。講演会やNHK Eテレ「すくすく子育て」のコメンテーターとしても活躍

[執筆者]

0歳児 **和田美香** (東京家政学院大学准教授)

1歳児 **齊藤多江子** (日本体育大学准教授)

2歳児 **髙嶋景子** (聖心女子大学准教授)

[P22-23監修] **猪熊弘子** (名寄市立大学特命教授)

表紙・本文イラスト／イイダミカ
巻頭シートイラスト／井上雪子
本文イラスト／すぎやまえみこ　さくま育
編集協力／こんぺいとぷらねっと(巻頭シート／絵本)
DTP ／エストール
校正協力／鷗来堂

[資料提供・協力園] ※五十音順

巻頭シート／子どもの育ちMap
・フレーベル西が丘みらい園（東京都）
巻頭シート／絵本
・絵本と保育の研究会
指導計画のきほん
・鳩の森愛の詩保育園（神奈川県）
0歳児
・私立保育園（東京都）
・世田谷仁慈保幼園（東京都）
・山手保育園（東京都）
・よこはま夢保育園（神奈川県）
1歳児
・足立区立中央本町保育園（東京都）
2歳児
・逗子市立小坪保育園（神奈川県）
・世田谷仁慈保幼園（東京都）
・文京区立お茶の水女子大学こども園（東京都）
・ゆうゆうのもり幼保園（神奈川県）
・若葉台バオバブ保育園（東京都）
環境
・世田谷仁慈保幼園（東京都）

0・1・2歳児 子どもの姿ベースの 指導計画
新要領・指針対応

2019年 5 月30日　初版第 1 刷発行
2025年 7 月 1 日　初版第 7 刷発行

編著者　無藤 隆　大豆生田啓友
発行者　吉川隆樹
発行所　株式会社フレーベル館
　　　　〒113-8611 東京都文京区本駒込6-14-9
電　話　営業：03-5395-6613
　　　　編集：03-5395-6604
振　替　00190-2-19640
印刷所　株式会社リーブルテック

表紙・本文デザイン　blueJam inc.（茂木弘一郎）

©MUTO Takashi, OMAMEUDA Hirotomo 2019
禁無断転載・複写　Printed in Japan
ISBN978-4-577-81469-7　NDC376
192 p ／ 26×21cm

乱丁・落丁本はお取替えいたします。
フレーベル館のホームページ
https://www.froebel-kan.co.jp